新时期高校财务管理创新探索与发展

冯佳慧　龚婕　刘丹◎著

吉林大学出版社
·长春·

图书在版编目（CIP）数据

新时期高校财务管理创新探索与发展 / 冯佳慧，龚婕，刘丹著 . -- 长春：吉林大学出版社，2022.5

ISBN 978-7-5768-0206-1

Ⅰ . ①新… Ⅱ . ①冯… ②龚… ③刘… Ⅲ . ①高等学校—财务管理—研究—中国 Ⅳ . ① G647.5

中国版本图书馆 CIP 数据核字 (2022) 第 139485 号

书　　名　新时期高校财务管理创新探索与发展
　　　　　XINSHIQI GAOXIAO CAIWU GUANLI CHUANGXIN TANSUO YU FAZHAN
作　　者　冯佳慧　龚　婕　刘　丹　著
策划编辑　殷丽爽
责任编辑　董贵山
责任校对　安　萌
装帧设计　王　斌
出版发行　吉林大学出版社
社　　址　长春市人民大街 4059 号
邮政编码　130021
发行电话　0431-89580028/29/21
网　　址　http:/ / www. jlup. com. cn
电子邮箱　jldxcbs@ sina. com
印　　刷　天津和萱印刷有限公司
开　　本　787mm × 1092mm　1/16
印　　张　16.75
字　　数　298 千字
版　　次　2022 年 5 月　第 1 版
印　　次　2022 年 5 月　第 1 次
书　　号　ISBN　978-7-5768-0206-1
定　　价　72. 00 元

前 言

随着时代的变迁，我国社会经济飞速发展，高校的传统财务管理模式已经不能适应新时代的变化，无法满足新时代发展的需求。因此，进行财务管理改革，提高财务工作管理质量也成了高校财务管理人员必须要面对的挑战。近年来，我国高校的办学规模不断扩大，高校的教育经费来源渠道增加，不再仅仅依靠国家财政拨款。资金渠道实现了多样化发展，高校的财务管理工作重要性不断增加，但现行的财务管理模式还存在一定的弊端，导致高校的财务管理始终无法达到预期目标，因此高校的财务管理改革还需要不断深化。

本书整体分为十一个章节。第一章为高校财务管理总论，阐述了高校财务管理的背景、高校财务管理创新的必要性；第二章为新时期高校财务管理的创新背景，论述了新会计准则对高校财务管理的影响、为互联网背景下高校财务管理的发展、疫情防控常态化下的高校财务管理；第三章为高校财务资源配置，介绍了高校财务资源的内涵、高校财务资源的宏观配置情况、高校财务资源配置中的效率与公平、高校财务资源配置管理产生的作用；第四章为高校内部控制理论研究，内容包括高校内部控制理论基础、高校内部控制基本思路、高校内部控制优化分析；第五章为高校收入与支出分配研究，阐释了高校收入与支出概况、高校收入与支出现状及问题、优化高校收入与支出分配的建议；第六章为高校会计基础工作管理，阐明了高校会计基础工作的现状、高校会计审核及账务处理存在的问题、规范高校会计基础工作的解决措施；第七章为高校全面预算管理改革创新研究，介绍了高校全面预算管理概述、高校全面预算管理的流程及框架构建、高校全面预算管理的现状和建议；第八章为高校资产管理改革研究，内容包括高校资产管理概述、当前高校资产管理存在的问题及原因分析、强化高校资产管理的应对策略；第九章为高校科研经费的创新管理，阐释了高校科研经费管理概述、高校科研经费管理的常见问题、高校科研经费管理的对策建议；第十章为高校财务绩效管理研究，内容包括高校实施财务绩效管理的意义、当前高校财务绩效管理现状及问题分析、高校财务绩效评价指标体系研究；第十一章为高校财务管理信息化创新研究，介绍了高校财务管理信息化概述、为高校财务管理信息化的应用、高校财务管理信息化的现状及问题、高校财务管理信息化的创新建议。

在撰写本书的过程中，作者得到了许多专家学者的帮助和指导，参考了大量的学术文献，在此表示真诚的感谢。本书内容系统全面，论述条理清晰、深入浅出，但由于作者水平有限，书中难免会有疏漏之处，希望广大同行及时指正。

作者

2021 年 9 月

目 录

第一章　高校财务管理总论

高校财务管理作为高校整体管理工作的一个重要组成部分，为高校的可持续发展提供资金支持，为高校教育事业的长期有效发展提供必要的物质保证。本章从高校财务管理的背景、高校财务管理创新的必要性出发介绍了高校财务管理的重要性。

第一节　高校财务管理的背景

一、我国高等教育财政政策概况

研究高校财务管理问题就需要了解我国高等教育的财政政策情况，这是高校财务管理的政策支持，是其改革和发展的重要背景。在复杂的经济环境下，掌握财政政策是高校开展科学财务管理的基本前提。

（一）我国高等教育的财政来源

我国的高等教育财政体制与行政管理体制和财政管理体制之间具有紧密联系。从国家管理的高度来看，国家行政管理体制中包含了高等教育管理体制，并且该体制随着我国社会发展不断更新和改革。在中华人民共和国成立后，我国高等教育管理体制先后经历了条块分割时期两级管理，以省为主时期、教育成本分担时期。

1. 条块分割时期

中华人民共和国成立后，我国开始实行计划经济体制，这是由中央统一管理的高度集中的经济体制，针对不同行业中央设立了很多管理部门。基于该项经济体制，为了加强人才培养，各管理部门专门设立了为本部门输送人才的高校，如交通大学和铁道学院就是原铁道部为了培养专业人才设立的高校，这些高校会根据行业发展的实际需要培养相应的人才。地方政府按照属地原则管理本地高校，同时还需要适应当地发展需要而适当地在本地开设高校。可以看出，在这样的管理体制下，我国当时的高等教育是由中央直接经办和垄断，中央各部门所属的高校称作“条”，将地方所属的高校称作“块”，所以该时期是高校管理的条块分割时期。在当时这种管理体制下，管理者负责自己管辖的高校的投资事项，并且不向学生收取学费，同时还需要为困难学生提供较大数额的助学金，以此维持贫困学生的基本学习和生活。

我国高等教育实行的管理体制是条块分割的体制，这是因为这种教育管理体制可以适应当时的计划经济体制。这种体制的好处是，可以为各地区输送大量的高质量人才，这些高质量人才到达各行各业，可以根据自己所处的岗位有针对性地开展研究，同时也能运用自己的知识为行业做出贡献。但是这种管理体制也存在一定的缺陷，因为实行的是计划性的办学体制，学校本身不具有办学的自主性，这样的情况导致的结果是部门分割，且权力重叠，办事效率低下，不利于高校长远的发展。

之后由于我国的经济体制改革为社会主义市场经济体制，条块分割的教育管理体制更加不能适应这种经济体制，我国高等教育管理体制改革迫在眉睫。

2. 两级管理，以省为主时期

我国自 1993 年开始对高等教育管理体制进行改革，并将“共建、调整、合作、合并”作为体制改革的主要方式，我国实行高等教育管理体制改革是为了实现“由中央和省两级管理，以省统筹为主”的管理目标，管理体制改革的关键在于高校的重新布局、结构重组，中央与地方的职责分工，政府与高校关系重铸等，这些改革关键点都会对我国高等教育发展带来重要影响，由于人才对社会具有重要意义，高等教育管理体制的改革也直接涉及社会的进步和发展。

我国高等教育财政进行了改革与调整后，除中央所属高校外，形成中央和省级人民政府两级管理、分工负责，以省级人民政府管理为主的新体制。继 1993 年的高等教育管理体制改革，2000 年我国再次对高等教育管理体制进行改革，这次改革对当时的高校布局结构进行了适当调整，自此以后，我国高校管理体制仍然随着社会发展不断改革和调整。

实际上，我国财政管理体制可以从某些方面影响高等教育的财政管理体制。通过建立分税制的财政分权体制，可以有效调动地方政府加大教育投资的积极性，这就可以为我国高等教育的健康发展提供重要条件。同时，我国近年来十分重视教育投资和建设，各省级政府为了响应中央的号召确实在实践中优先发展，2003—2005 年，地方政府的教育投资不断增加，并且教育财政支出在总财政支出中所占比例也始终居于首位，由此可以看出新制度对高等教育发展的推动作用。

3. 教育成本分担时期

随着我国社会的发展和变革，高等教育财政来源越来越丰富，除政府财政投入外，还有事业收入、上级补助收入等。

讨论高等教育财政来源多样化就需要研究教育成本分担，教育成本分担改变了传统的教育财政来源结构，社会各界逐渐成为高等教育财政分担主体，也就是将“谁受益谁负担”的市场经济原则作为基础依据，确定不同主体在教育成本方面承担的责任，从而构建学校、政府、家庭和社会各方共同参与的教育成本分担结构。高等教育的个人收益率高于社会收益率，即使社会经济不断发展，办学规模不断扩大，相较于高等教育收益率来说，个人收益率下降得也比较缓慢。随着我国社会主义市场经济的不断发展，学生（家庭）在高等教育成本分担中所占比例不断增加，当前学生（家庭）已经成为仅次于政府财政的主要高等教育财政来源。为了适应社会发展，我国自 1994 年开始实行高校生“并轨”，也就是取消公费生、自费生的划分，而是对学生统一收费。随着高等教育的发展，高等教育学费收入不断提高，学费收入已经成为高校的主要财政来源之一。

从实践中可以看出，我国高等教育的成本分担政策有效地促进了我国高等教育的健康持续发展，尤其是在财政紧缩情况下起到了重要作用，但在这样的政策下，个人需要承担的教育成本较高。因此，对高等教育进行科学管理，必须处理好个人成本分担与高等教育发展之间的关系，这是促进我国高等教育发展的关键。

（二）我国高等教育的财政拨款体制

公办高校在数量、教职工人数和在校生数量方面均占绝对优势。2019 年，全国共有普通高等学校 26 88 所，教职工约 257 万人，专任教师约 174 万人，在校生人数约 4844 万人。高校的财政投入主要来自国家财政拨款和事业收入。《中华人民共和国教育法》和《中华人民共和国高等教育法》规定了公办高校“以财政拨款为主、其他多种渠道筹措高等教育经费为辅”。2018 年，国家财政性教育经费总投入的 36996 亿元。其中，高等教育经费总投入为 12 013 亿元，比 2017 年增长 8.15%。

中华人民共和国成立后，公办学校办学经费几乎全部来自财政拨款。改革开放后，办学经费来源趋向多元化，形成国家财政性教育经费、社会捐赠经费、事业收入和其他教育经费等经费结构。

1. 我国高等教育财政投入体制变革

1949—1979年，我国实行计划经济体制。对于高等教育领域来说，当时一小部分高校是由地方政府直接领导，剩下大部分高校则由中央各部委领导和管理。从总体上来看，在该时期，我国高等教育财政投入体制大致经历了以下四个发展阶段：

第一阶段为统收、统支阶段。在该发展阶段，教育经费由中央、大行政区和省进行三级管理，实行统包制度，中央政府和地方政府根据高校的管理关系对办学经费进行分别安排。

第二阶段为统一配置、分级管理阶段。国家预算包括教育经费这个项目，国家对教育经费进行统一配置，地方需要向中央申报教育经费需求，由中央权衡后进行经费划拨。

第三阶段为条块结合、以块为主阶段。各级人民政府财政部门在编制经费预算和核定下级经费预算时与同级教育部门协商拟订，在下达经费预算时将教育经费单列。

第四阶段为财政单列、“戴帽”下达阶段。也就是说，上级部门按照指标直接向下级部门分配对应的教育经费。

我国财政管理体制自1980年开始发生了本质改变，1980年前的调整与改革都是以财政统一管理为基准的，而1980年之后，我国从统一财政分级管理体制转变为分级财政分级管理体制，这种转变意味着中央对财政管理施行了分权，我国财政体制转变为中央和地方分级管理。在这样的财政制度下，可以秉承事权与财权相统一的原则，实现高等教育财政资源配置下移，也就是更多地发挥省级政府在促进高等教育发展方面的财政作用，减轻中央财政负担。在该时期，我国高等教育的财政投入体制发展大致上经历了以下两个阶段。

第一阶段为财政切块、分级负责阶段。中央财政和地方财政在该时期对高校教育经费进行切块安排，分级负责。

第二阶段为分税制阶段。从1994年开始，我国正式实行分税制，该税制的基本特征在于明确划分了中央收入和支出与地方收入和支出，并且明确了各级政府在教育投资方面的具体职责。分税制强调，各级政府都应该按照实际情况在教育投资方面承担一定的责任和义务。分税制有效地推动了我国高等教育的健康、稳定、持续、快速发展。

2. 我国高等教育财政拨款模式变革

（1）“基数 + 发展”拨款模式

我国高等教育财政拨款最初采用的是“基数 + 发展”的拨款模式，这种财政拨款模式遵循定员定额原则。具体来说，就是财政拨款会以机构规模、事业需要等实际情况确定具体的人员编制、房屋和设备标准等，这种拨款模式将上一年的经费所得作为当年的拨款基数，从而以此为基础合理分配当年的教育经费。需要注意的是，这种经费分配方式是以上一年的支出结果作为依据的，而并没有进行合理的成本分析，这就可能造成经费分配不合理现象的发生，即单位成本越高的学校获得经费越多，这对于高校开展科学的成本控制造成了影响，同时还不利于高校提高经费的使用效率。

（2）“综合定额 + 专项补助”拨款模式

我国为了适应社会发展，推进高等教育健康发展，于 1986 年推行高等教育财政拨款模式改革，明确了高等教育财政拨款采取“综合定额 + 专项补助”模式。1986 年 10 月我国出台了《高等院校财务管理改革实施办法》，明确规定了我国高等教育经费预算核定办法。高校年度教育事业经费预算由主管部门负责核定，需要根据教育种类、学生实际需要及高校所在地实际情况，参考国家实际财力情况进行核定，这种办法称为“综合定额 + 专项补助”的核定办法。

这种财政拨款模式基于平摊思维，也就是将维持高校正常运营的支出平均分摊到每个学生身上，以学生在校人数为基准拨付相应的财政补助金。

二、高校理财环境的变化情况

近年来，我国的市场经济体制不断完善，教育体制改革也逐步深化，教育市场的开放程度也不断加深，这就导致我国高校理财环境发生了一定的变化，对我国高校财政管理产生了深刻影响。

（一）高校校外理财形势

1. 高校有关发展和管理的内部形势

高校的办学规模不断扩大，资金问题日渐突出，建立高校的多渠道的融资体制已迫在眉睫。

2. 国家有关高校的外部形势

在全新背景下，我国高等教育体制改革的目标发生了变化，具体来说，要建立政府宏观管理、高校面向社会自主办学的高等教育体制，只有这样才能满足市场经济体制下高等教育发展的现实要求，就要建立并不断完善适应高等教育改革的现代大学制度。

（二）高校校内理财环境

1. 财务管理模式转换需求加大

不同地区的经济发展水平不同，这也决定了不同区域的高校发展不均衡，这是我国经济发展不均衡造成的必然结果。目前有不少高校尚未步入内涵发展的轨道，尚需 2~3 年的转型期或者调整期。实际上，高校的财务管理目标与发展目标一致性很高，并且处于不同发展阶段的高校有不同的财务管理目标，一些高校财务管理相对低效与粗放，强调的是资金的筹集和投入；一些高校的财务管理比较精细，这些高校追求的是更好的办学效益。不同高校的实际情况不同，这就导致它们的财务管理模式不尽相同。从高校办学实际来看，随着办学规模的不断扩大，不仅高校的财务运行规模持续扩大，为了适应发展要求，高校财务管理职能不得不相应拓宽，财务管理的内容越来越丰富、战线越拉越长，而这也导致高校财务管理的边界模糊。在这样的背景下，高校财务管理内涵提升速度缓慢，这就导致财务管理点脱节，大量校级财务工作堆积，没有精力对更深层次、趋势性做出前瞻性的思考和研究，导致当时的高校财务管理模式很难适应新的变化。

2. 高校债务化解压力增加

随着外延发展的繁荣，高校为了进一步发展积攒了大量建设性、发展性债务，一些高校甚至为了推进建设和发展欠下超出自身偿还能力的债务。

3. 高校管理决策信息有用性需求趋强

一方面，高校承受着缓解规模扩大与内涵提升的双重压力，同时还需要承担加强财务风险防范能力的压力，这就进一步加深了高校财务管理的难度。高校无法从财务部门提供的财务信息中获得全面信息支撑，在做出关乎学校发展的重大战略决策时，没有信息支撑是一个巨大隐患。在高校的运行管理过程中，需要解决各种利益问题，必须处理好复杂的校内外利益关系，这就要求高校必须及时完善管理运行机制，而这也体现在对财务信息的管理决策分析方面。

第二节　高校财务管理创新的必要性

高校应加快推动财务管理创新发展，通过财务管理工作对校内的资金进行科学的分析和管理，将有限的资金运用到高校运行的所需环节，合理地划分教学活动经费、科研活动经费等资金量，减少不必要的资金使用，大大地提高高校资金的利用效率。加强财务管理工作，借助大数据和计算机软件技术动态实时地把控高校内部各项资金和资产的流向及用途，有效地整合高校的各项资金和资源，避免出现资金浪费现象，杜绝挪用资金的不法行为的出现。

高校各个项目活动和工作都需要拥有一定的资金支持，才能够顺利地开展。通过创新高校财务管理工作，整合高校资金，高校的财务部门可以实现对资金收支的高效管理，按时有序地发放给学校每个部门的运行资金和每个教职人员的薪资报酬，让每个部门和各项活动有充足的资金开展各项活动，实现各个部门的交流和协调，使得不同部门之间相互配合，共同完成高校内的各项工作，从而提升高校办学质量，提高高校各项工作效率。

随着高校财务管理改革的深入发展，高校的财务管理工作存在着许多的问题亟待改善。高校创新财务管理路径，符合新会计制度下财务管理工作的开展要求。同时，信息化时代下，财务管理工作与以往有很大的不同，高校走财务管理信息建设道路，顺应时代发展的潮流，有利于整合财务管理数据，实现各项资金流的高效运转、处理，极大地提高财务管理的工作效率。一旦出现财务资金或者资产问题，可以进行及时的处理，有效地规避财务风险，降低高校的经济损失。

一、高校财务管理创新的动因

（一）高校财务管理创新是高校自身发展的需求

首先，在重大经济决策方面缺乏科学性和规范化，一些高校在没有充分论证的情况下做出重大经济决策，这就导致了决策效果不明显。在决定重大经济事项、使用大额资金时，很多高校并没有对此进行集体决策。

其次，缺乏高效的财务管理体制，财务运行绩效不高，一些高校甚至没有建立校、院两级财务管理体制，很多高校即使建立了校、院两级财务管理体制也并不健全，这就导致高校与各院系之间的权利、职责和利益不够清晰，在处理经济事项上容易出现扯皮推诿的现象，这就严重阻碍了高校财务的顺畅运行，导致了财务运行绩效在一定程度上有所降低。

最后，违规从事投融资活动，投资效益低下，一些高校在使用贷款时没有严格遵循相关规定，为学校带来一定的损失，校企之间存在产权不明确、职责不清晰的问题，在对外投资方面缺乏科学的管理方式。

（二）高校财务管理创新是高等教育发展的需求

随着经济全球化的不断推进和我国改革开放程度的不断加深，我国高等教育也需要与国际接轨，逐渐向国际化方向发展。在国际化环境中，我国高等教育面临着一系列复杂的问题，高校发展需要处理一系列财务问题，这就要求高校开展科学、有效的财务管理活动。就我国高校财务管理的发展现状而言，财务管理已经成为与高校人才培养、科学研究、社会服务等同样重要的工作内容，并且随着市场经济的发展，高校财务管理将会起到越来越重要的作用。

目前我国对高等教育的财政投入，还是无法满足不断扩大的办学规模带来的资金需求，高校仍然面临着办学经费紧张的问题。造成这一问题的原因很多，其中最主要的原因包括以下几个方面：一是政府和社会投入不足，二是没有充分发挥办学资源的作用，三是由于经费支出结构不合理、支出控制不严格造成了资金浪费。

二、高校财务管理创新的方向

（一）加强高校财务管理意识培养

随着高等教育的发展，教职工的福利待遇也相应地有所改善与提高，这就导致高校经费收入已经无法充分满足高校继续发展的需要，因此很多高校开始通过向金融机构融资的方式满足自身发展需要。随着高校融资渠道的增多，高校财务管理面临着新的问题。为了有效开展高校财务管理，就需要引入资金的成本意识，只有这样才能使高校财务管理适应新形势，才能充分发挥财务管理对高校发展的作用。

（二）加强高校财务管理观念创新

高校必须加强自身的成本核算，财务管理部门需要树立正确的效益观念，加强对经费支出的控制。高校财务管理人员应该充分运用职权，为广大师生提供相应的服务，财务管理人员应该树立正确的服务观念，强化服务职能，不断提高自身的服务质量。

（三）加强高校财务管理技术创新

网络的发展一方面为高校发展带来了新的机遇，另一方面为高校发展带来了新的挑战，这在财务管理方面就有所表现，财务管理信息化已经成为网络信息时代高校财务管理的必然发展趋势。在校园网络化为财务管理信息化提供技术保障的条件下，财务管理信息化实际上就是实现高校资源在管理机制、管理理念、工作方式等方面的改革和创新。

（四）加强高校财务制度创新

要想真正使高校财务经营活动管理变得更加规范，保证高校内部财务安全，就必然需要对高校内部财务管理规章制度进行完善，为促进高校持续发展壮大提供有效保障。第一，内部成本控制管理制度建设要想真正发挥出产出最大化的效力，就需要与高校内部管理体制结构相一致，让高校改革发展更具有有力保障。同时，要保证相互之间的高度制约性，实现部门职务之间的相互监督指导作用，划分清晰的财务经济管理责任。第二，发挥内部财务审计师的职能。与外部财务审计机构相比，内部财务审计机构具有更大的优势，内部财务审计更容易准确发现高校存在的财务问题，让高校能够对自身财务的风险问题进行积极合理预防。高校在进行相关部门机构设置时，需要适当增加内部财务审计，并认真组织执行内部审计工作，分析内部审计工作结果，为高校的稳定运营与发展奠定坚实的基础。

（五）加强高校财务管理人员素质培养

在过去很长一段时间，我国高校财务业务单一，对高校财务管理人员的素质要求较低，一般只要求财务管理人员具备一定政治素养和职业道德修养。但是新时期，除政治素养和职业道德修养外，业务素质成为财务管理人员必须具备的重要素质。

1. 增强技术能力

随着科学技术的不断发展，财务工作的复杂程度不断加剧，同时向一体化方向发展。而技术进步不仅促进了财务工作的发展，还对财务管理人员提出了新的要求。财务管理人员在这样的发展环境中，不仅要不断更新业务知识、提高业务能力，还需要掌握现代化办公手段，熟练地掌握和运用不断更新的计算机和网络技术，只有这样才能不被时代淘汰。

2. 增强决策与管理能力

随着高校财务管理的发展，财务管理人员的工作内容发生了很大变化，财务管理人员不仅负责账目记录、现金款项的收支流通等基础性工作，还要在一定程度上参与高校管理，可以说财务管理已经成为高校管理中的核心组成部分，并且财务管理的重要性还在不断提升，已经对高校的发展产生了决定性影响。高校财务管理水平十分重要，虽然高校的科研水平、教育水平会影响高校的管理和发展，但是高校财务管理水平对高校发展的影响是直接性的，甚至能通过财务管理水平看出高校的发展水平。财务部门在高校的所有部门中的重要性毋庸置疑，不仅担当财务管理的职能，而且对学校整体发展发挥着越来越重要的作用。财务管理人员要不断提高自身的能力，促进高校财务管理的发展。

3. 增强知识涵养

社会的发展促进了传统行业的变革和升级，包括财务工作的内容也在发生变化，财务的业务更加丰富，职能更加多样，在这种情况下，财务管理人员为了不被淘汰，更要抓住机遇，不断学习，提高认识，掌握新的技能，提升自己，这样才能在财务管理工作中游刃有余，确保财务工作的严谨性和科学性。

三、高校财务管理创新引入现代企业财务管理的必要性

（一）现代企业财务管理与高校财务管理的比较

1. 管理个性的差异

企业与高校具有不同的管理责任机制。企业发展是以市场为导向的，因此在责、权、利的划分方面比较清晰，并且企业内部具有比较完善的激励、约束机制。高校与企业不同，作为公益组织的高校更注重责任和服务，因此在高校内部更注重建立和完善监督约束机制，以此保证服务的有效落实。

2. 管理环节的差异

虽然高校属于公共部门，现代企业属于私人部门，但从整体上看，二者在财务管理方面的环节基本一致，这也是由二者自身特性决定的，因此将现代企业财务管理融入高校财务管理的过程中，要把握这种管理手段上的差异。

3. 管理内容的差异

（1）高校财务管理的内容和方法。

开展高校财务管理活动，要求高校按照规定通过多种渠道筹集事业资金，科学合理地编制学校预算并在实践中落实预算计划，同时还要对预算执行的全过程进行科学有效的控制和管理；高校要根据实际需要合理配置学校资源并进行不断优化，尽可能做到资源的节约利用，充分发挥制度的作用，使高校经济活动有序运行。此外，财务管理活动还要求相关部门必须如实反映高校财务状况；要加强对高校经济活动的监督，以此保证资金使用的合理、合法。

（2）企业财务管理的内容和方法

从本质上来看，企业财务管理就是对资金运作进行管理，对资金运作过程中产生的各种关系进行管理。

（二）高校财务管理引入现代企业财务管理的重要意义

1. 有利于建立高校财务预算体系

高校财务预算通常只是进行财务经费的简单归集，并不像企业那样进行全面的预算，因此高校编制的财务预算可行性较低，执行效果也并不理想。对于高校财务预算来说，应该适当地引入企业财务管理手段，以此提高高校财务预算的科学性，促使高校建立健全适应高校发展需要的财务预算体系。加强财务管理手段创新，利用具有先进性、时代性和技术性的财务管理手段开展高校财务管理活动，建立健全高校财务分析体系。在传统高校财务分析中，主要采用定量分析方法，而通过对影响高校收支的主要因素进行科学分析，可以弥补定量分析的不足，从而提高财务分析的真实性、客观性，以此为基础可以促进高校实现持续发展的目标。

2. 有利于提高高校财务分析质量

当前我国高校财务分析主要是进行量化分析，重视财务总体“量”的财务分析，包括年度收入、年度支出、支出经费比重、收入预算完成情况等。

高校开展财务管理活动，其中一项重要的内容就是财务分析，高校必须建立健全财务分析体系，只有这样才可以科学客观地分析高校财务状况，才可以为高校科学管理提供可靠的依据。当前我国已经进入知识经济时代，在市场经济的推动下高校投资主体也呈现出多元化特征，因此高校必须加强财务分析，只有这样才能有效地降低办学成本，提高资金使用效益。

第二章　新时期高校财务管理的创新背景

在我国经济快速发展的前提下，财务管理方面也应随着经济的发展需要得到加强与创新。本章从三个方面介绍了新时期我国高校财务管理的创新背景，分别为新会计准则对高校财务管理的影响、互联网背景下高校财务管理的发展、疫情防控常态化下的高校财务管理。

第一节　新会计准则对高校财务管理的影响

一、新政府会计制度

（一）新政府会计制度的改革

以改革开放为契机，我国在经济、社会、科学、人文等各方面都发生了巨大的变化和并取得了卓越的成就，为符合经济快速发展带来的对财政数据处理的要求，我国政府会计也正在加快推行改革。

改革开放前，我国政府会计模式主要体现了与计划经济相适应的原则，单一的收付实现制和收支决算报告无法为政府提供完善的财务数据和成本信息。改革开放后，政府和市场在社会经济中的作用更加明确，我国政府的执政目标开始由“吃饱穿暖”向“美好生活”转变。随着目标的改变，政府的财政重点也从“分配手段”转变为“综合管理”。基于收付实现制的预算会计体系已逐渐暴露出其局限性。它不能完全反映政府在财务受托责任和绩效评估方面的信息需求，只具有单一的会计核算功能，不利于控制财政风险。1997 年发布的《财政总预算会计制度》规定了医院、高校、科研机构等按单位类型分类的会计制度。在此期间，政府会计改革进入了积极探索的阶段。医院会计由于其差额拨款的财政收入特点，首先冲出了行政事业单位传统的预算会计模式，创新地采纳了权责发生制进入会计核算当中。实践研究在继续，理论研究已经开始，政府会计的概念已经被提出，并具备初步研究成果。

21 世纪以来，财政部决定实施部门预算管理，随后，有关政府采购、收支分类及国库集中收付制度等规定陆续颁布。2009 年，财政部为配合财政预算制度改革，陆续修订了医院和高校适用的会计制度。2013 年，十八届三中全会提出打造现代化国家治理体系的要求，会议提出要建立基于权责发生制的政府综合财务报告制度。2014 年,《高等学校会计制度》(以下简称“旧制度”) 落地，我国全部高校开始执行。2015 年起，财政部公布了《政府会计准则基本准则》。2017 年，财政部印发了《政府会计制度——行政事业单位会计科目和报表》，要求各高校自 2019 年起开始执行，“旧制度”不再执行。

1. 改革的必要性

（1）政府会计制度改革是政府部门多元化财政管理的现实诉求

宏观经济政策有经济增长、物价稳定、充分就业和国际收支平衡四大核心职能。针对政府部门的职能正在由原来单一的财政收支平衡拓展到行政费用测度、地方债务管理、政府资产管理等多个目标的转型这一事实，分析我国政府会计制度改革就显得迫在眉睫了。政府部门实施这些多元化目标的一个先决条件是精准核算财政收支、债务风险及财务运行的内在成本，而原有的政府会计制度存在诸多弊端和缺陷，只有对政府会计制度进行改革，引入责权发生制，才能为政府部门提供更为科学准确的数据信息，真正实现政府部门职能的多元化目标。因此，政府会计制度改革是政府部门多元化财政管理的现实诉求。

（2）政府会计制度改革是改进预算会计的迫切要求

我国以前的预算会计的计量方式是现收现付制。具体来说，就是以政府各职能部门实际收入和实际支出的费用作为计量依据，该制度的一个缺陷是很难厘清各项具体的支出，导致预算支出无法精准测度预算成本。从微观角度来看，该项制度不利于行政事业单位的内部成本核算；从宏观角度来看，对我国财政政策的实施效果也会产生不利影响。新的会计制度的实施基础是责权发生制，该制度可以准确核算政府部门的财务收支，完善政府会计核算制度，因此政府会计制度改革是改进预算会计的迫切要求。

（3）的局限性影响政府的管理

在过去的研究中，学者们主要从核算的准确性、会计报告的全面性、会计目标的可监督性等角度研究了原制度的局限性，进而得出政府会计制度应当进行改革的结论。加速会计制度改革的主体中，政府扮演主要的角色。政府规模可以促进政府会计改革的步伐。居民收入的持续增长，给政府带来大量税收的同时，也出现了政府资源分配管理难的问题，这无疑对现有的管理调控系统提出了新的要求。为了解决这一管理问题，政府会计改革就显得更加必要了。政府绩效代表着政府管理公共事务的能力、政府管理的绩效水平以及财政资金和资源的投入产出率。政府会计应当提供财政数据来计算政府绩效的结果。成本核算是高校会计核算和管理的迫切需要，为此政府所实施的会计制度要着力围绕高校教学的成本与实际回报这两个方面，不断地提升高校的会计认知水平，同时还需要最大化地利用教学经费，转变当前低效的高校核算模式，秉持公平、公正、公开的态度，提高管理效率。

英国从 1890 年开始不断探索政府会计改革的方向，其间也参考过企业会计的核算思路。2009 年后，英国开始转变思路，运用国际化的会计准则，该准则按照企业会计进行设计，除英国以外，其他的发达国家也纷纷地采用以权责发生制为导向的会计制度，并以此为数据支撑来确认并衡量国家政府部门的经营活动，如新西兰，瑞典等。政府的受托责任在从征税到参与市场经济的过程中形成。民众意识的觉醒和市场经济的蓬勃发展，使社会公众开始关注和监督政府的受托责任履职情况。政府会计制度所提供的财务数据正是迎合了这一历史背景才受到学界的关注。政府会计制度改革的目的是更好地服务于会计目标。当前，我国政府会计目标不注重外部监督群体的会计需求，花费了大量的精力在预算管理上，财务信息披露范围不够全面。过去收付实现制是会计制度的主要方向，但其中隐藏着诸多的风险。例如，负债状况被掩盖，未能真实地反映在账目中，从而增加了政府决策的风险。会计报告作为会计信息的有效载体，我国政府会计制度没有将预算会计和财务会计分开，财务报告制度单一，仅限于以较少的信息内容和狭窄的财务报告给出财政数据等信息，不能完整、透明地反映出政府受托职责的完成度。罗列在政府财务报告中的各项财务数据才是提升政府财政管理绩效的关键所在，社会公众要求政府财政信息愈加透明，是推动政府会计制度改革的动力。政府会计制度从公开财政信息、规范财政活动、考核政府绩效等方面对行政事业单位提出了改革目标。同时，我国事业单位、行政机构的特点是不以追求利润为主要目的的公共服务提供者。

目前，我国各级政府和财政部门主张以市场为导向，完善当前的政府建设目标。为此，政府会计制度的革新是符合时代要求的科学举措。政府具备强有力的契约精神，政府预算契约的关键是加强了对预算会计的重视程度，并从契约关系的角度阐述了政府会计制度改革中双轨制的必要性。高等学校会计制度中，预算部分和财务部分并未分别进行核算，暴露了很多制度上的缺陷。因此，原制度下的财务报表能够提供的信息相对匮乏、涵盖范围不全面等问题，导致政府的受托责任履行绩效难以进行有效的监督。

2. 改革的内容

2017 年印发的《政府会计制度——行政事业单位会计科目和报表》(以下简称《制度》由正文和附录组成。主要内容如下：

第一部分为总说明，主要规范《制度》的制定依据、适用范围、会计核算模式和会计要素、会计科目设置要求、报表编制要求、会计信息化工作要求和施行日期等内容。

第二部分为会计科目名称和编号，主要列出了财务会计和预算会计两类科目表，共计 103 个一级会计科目。其中，财务会计下资产、负债、净资产、收入和费用五个要素共 77 个级科目，预算会计下预算收入、预算支出和预算结余三个要素共 26 个一级科目。

第三部分为会计科目使用说明，主要对 103 个一级会计科目的核算内容、明细核算要求、主要账务处理等进行详细规定。本部分内容是《制度》的核心内容。

第四部分为报表格式，主要规定财务报表和预算会计报表的格式。其中，财务报表包括资产负债表、收入费用表、净资产变动表、现金流量表及报表附注，预算会计报表包括预算收入支出表、预算结转结余变动表和财政拨款预算收入支出表。

第五部分为报表编制说明，主要规定了第四部分列出的 7 张报表的编制说明，以及报表附注应披露的内容。

附录为主要业务和事项账务处理举例。本部分采用列表方式，以《制度》第三部分规定的会计科目使用说明为依据，按照会计科目顺序对单位通用业务或共性业务和事项的账务处理进行举例说明。

3. 改革的特点

（1）财务会计与预算会计的两极趋势

当前政府财政工作有两个方面的基本需求：一是更好地实现财务会计职能；二是满足预算会计的需求。单一的收付实现制或者是权责发生制都无法同时满足这两个需求。因此，为了更好地满足政府财政工作的需求，最好是在核算基础上，将收付实现制引入预算会计，将权责发生制引入财务会计，最终会计要素主要表现为预算收支表和资产负债表两种形式，财务会计与预算会计表现出两极趋势。

（2）财务会计与预算会计相统一

政府会计改革之前，政府部门中行政单位与事业单位等由于性质不同，财务会计与预算会计之间差异很大。随着政府会计改革的进行，政府会计准则和政府会计制度为财务核算管理工作提供了相同的标准，行政单位与事业单位会计工作基本一致，财务报表的内容、形式及会计科目基本一致，这给各级政府行政单位和事业单位的财务核算管理工作提供了巨大的便利。

（3）财务会计与预算会计相互完善

财务会计与预算会计的相互完善体现在它们共用一个会计核算系统，并且各核算要素之间存在相互协调的关系。在这样的关系下，政府预算报告与财务报告之间的数据能够互相补充完善，全面、准确地表现出政府财务和预算信息，为政府财务管理工作提供科学的依据。

4. 改革的创新要点

（1）会计核算模式的转变

当前正处于政府会计准则制度新、旧衔接的关键时期，高校必须客观、理性地认识会计准则制度的创新要点，如此才能对制度分离及相互衔接的要点进行精准把握。具体来说，新会计核算模式引入了权责发生制，与传统意义上的双分录记账方式相比，这种会计核算模式更适用于机关事业单位的财务信息统计及预算执行。

（2）会计核算职能的丰富

新政府会计准则制度要求行政单位和包括高校在内的事业单位财务部门必须具备财务会计和预算会计双重功能。也就是说，财务部门要侧重使用财务会计和预算会计来办理纳入部门预算管理（包括未纳入年初批复的预算但纳入决算报表编制范围的非财政收支）的现金收支业务，但对于除此以外的业务只需进行财务会计核算。与此同时，高校财务部门在核算收入和费用具体内容的过程中，必须严格遵循权责发生制的匹配原则，并处理好资产及固定设施的折旧和摊销工作，确保当月收入、费用相匹配。

（3）财务报告模式的创新

传统意义上的高校会计制度对于财务报表的定义比较狭窄，仅包括资产负债表、收支总表等会计报表，以及附表、附注等，自然也只能形成财务报告。然而，新政府会计准则制度要求行政事业单位不仅要提供财务报告，还必须提供预算会计核算形成的预、决算报告。这一模式的创新显然能够为高校财务管理工作的开展提供更全面的数据基础，使高校财务报告逐渐呈现出财务报告和预算会计报告相结合的发展方式，一定程度上提升了高校财务管理工作的公开性和透明度，使会计信息情况能被更清晰地反映和实时管控，为高校管理层决策提供可靠的数据支撑。

（4）会计核算范围的整合

2019 年 1 月 1 日实施的新政府会计制度，不仅要求将大金额的基建账务并入“大账”，还要求将以名义金额为 1 和账面价值为 0（无偿调拨）的固定资产进行入账处理，从而实现“碎片化”到“整体化”“规整化”的统一管理，提高财务管理效率，提升财务信息质量。新政府会计准则制度第二章第十三条明确提出，政府会计主体应将发生的各项经济业务或事项统一纳入会计核算，确保会计信息能全面反映政府会计主体的财务状况、运行情况、现金流等。在旧会计制度下，高校基建账并不纳入事业单位会计制度核算范围，高校单独对学校经济事项进行会计核算，这种核算方式存在很大弊端，反映的财务信息不完整，并且违背了高校作为会计主体的事实。另外，高校的资金除了教育收费和创收，其余资金都是通过财政拨付获得，理应纳入预算管理。

（5）会计信息精准地体现

旧会计制度下，行政事业单位的会计仅仅是在做“计量”和“记录”工作，并无科学管控可言，会计制度、信息健全的单位也仅停留在粗放型管理阶段。以某地高校为例，调研发现，2019 年 1 月 1 日之前，学校固定资产从入账之日起，从未计提过“累计折旧”和“累计摊销”，固定资产达到年限后全部做报废处理；由于没有明确的责任人，有些固定资产无法入账等问题频繁发生。《政府会计准则制度解释第 1 号》明确规定：“按规定由本级政府机关事务管理等部门统一管理（如仅持有资产的产权证等），但具体由其他部门占有、使用的固定资产，应当由占有、使用该资产的部门作为会计确认主体，对该资产进行会计核算。”

（二）新政府会计制度改革的意义

1. 有利于建立科学有效的管理体制

随着社会经济的发展，社会环境发生了巨大的变化，原有的社会制度及经济秩序也随着发生了变化，但是由于我国社会发展的速度比较快，秩序以及制度的建设在有些地方落后于社会发展的趋势，导致部分工作需要加强改进。政府会计准则和政府会计制度的改革是我国进行制度建设和完善的一项重要工作，是对政府财务管理制度及管理体制的创新与完善，以保证政府会计准则和政府会计制度的科学性与合理性。

2. 有利于加强政府部门廉政建设

过去实行的政府会计制度等存在一定的漏洞，部分财务数据不公开，不利于广大人民群众及政府有关部门的监督，在长期的财务管理工作实施过程中，甚至出现了一些违规操作，损害了国家利益。政府会计改革针对这方面的内容进行了针对性的改变，现行的政府会计制度要求各行政单位及事业单位的财务报告与预算报告等财务数据面向社会公开，接受广大人民群众及社会的监督。这种会计制度的改变不仅使相关管理部门和监督部门的监督工作更加方便，而且使群众能够了解并掌握政府信息动态，加强对政府工作的认同及对政府工作的监督，促进政府廉政建设。政府会计财务信息的公开化、透明化说明政府工作变得更加民主、科学，说明社会主义建设走在正确的道路上。

3. 有利于强化政府部门负债与资产管理

现行的政府会计准则与政府会计制度是对之前所行制度和准则的进一步完善，是科学化、合理化的变革，能够使政府各行政单位和事业单位的会计财务报告准确反映当前资产负债情况，使政府财务管理工作有科学的依据。财务管理风险是财务管理工作中不可避免的问题，政府通过落实会计改革的准则和制度，使国有资产得到合理的配置，优化国有资产的使用情况，强化管理的流程与标准，减少财务管理风险，加强财务管理工作。

二、新政府会计制度下的高校财务

（一）新政府会计制度对高校财务管理的影响

1. 会计核算方面的影响

随着时代的进步和社会经济的发展，会计核算的业务也变得越来越多样，这对于传统的会计核算方式来说，已经不能够与当前的经济发展相适应，严重影响了当前的工作效率。

首先，新政府会计制度科学合理地整改了会计核算的要素，使高校会计核算更加细化和准确，会计信息披露更系统全面地对科学合理地掌握各种财务信息创造了有利条件。其次，新政府会计制度的实施，重新规范了财务报表。会计报表是会计核算的重要组成部分，对会计核算有着决定性的影响。高校应当编制预算会计报告和财务报告，预算会计报告综合反映高校预算收支的年度执行结果，财务报告反映高校财务状况、运行情况和现金流量信息。高校双报告形式，解决了单报告的滞后性和可理解性不高的问题，保障了报告使用的时效性，能够真实、全面地反映资产和负债情况，强化了资产和资源的配置，呈现高校的实际情况与发展趋势，促进了会计核算的可持续发展，满足了社会公众和报表使用者的决策和监督管理需要。

再次，新政府会计制度的实施，规范了会计人员的工作行为。高校依据会计核算的法律法规，结合自身的客观实际，制定出科学有效的会计核算制度，合理规范会计核算工作人员与档案管理工作人员的行为，使得会计审核信息具备完整性，确保会计核算的行为操作具有合法性，能够严格按照制度要求来进行有效的核算工作，健全科学有效的会计核算管理制度体系，保证高校会计核算的良性发展。

最后，新政府会计制度的实施，完善了监督管理机制。由于高校经费来源的特殊性，在引入市场竞争监督管理机制后会强化高校财务管理理念，严格控制成本和预算的投入，一定程度上避免了资源浪费，降低了财务风险。新政府会计制度使得高校形成“双功能、双基础、双报告”的新会计核算模式，采用“平行记账”方式，统一了会计核算方法，提高了会计核算的精准度与透明度，增强了行业之间的会计信息可比性，强化了市场的监督及制约机制，使财务状况更加透明。

2. 预算管理方面的影响

（1）促进高校预算管理信息化建设的升级

对信息化建设的重视程度低、技术水平落后使高校的全面预算管理难以满足政府会计制度的变革要求。当前，我国政府会计制度对信息化建设的要求不断提高，明确提出“调整和升级信息系统”的方案，因此高校不得不提高对信息化建设的重视程度，在信息化建设的基础上，促进预算管理工作的全面开展。

（2）促进高校预算管理体系架构的完善

政府会计制度的变革促使高校预算管理体系必须调整和完善。政府会计核算体系下的预算会计与财务会计相互衔接，两大体系在同一财务系统中进行平行记账。严格控制了预算开支和不必要的资金流出，有利于明晰财务资金情况，精确核对收入和支出账目，防止虚报资金预算支出、挪用资金等情况的发生，促进预算会计和财务会计相互监督、共同发展。“双分录”下，将收付实现制和权责发生制相结合，从根源上改变高校预算管理体系，促进高校财务管理和预算管理的发展，不断推动预算编制向精细化发展，为预算有效监督和执行奠定了基础。

（3）促进高校预算项目库的构建

多数高校普遍存在“先分资金、再找项目”的观念，预算管理意识薄弱、资金使用情况不明朗、与会计制度中对预算管理的要求不相符，预算管理等问题也逐渐暴露出来。因此，构建预算项目库成为提高预算管理水平的首要任务。随着政府会计制度的不断改革和深入发展，预算项目库逐渐应用到预算管理的各个环节，对于项目申报、审核、监督、执行等严格按照流程进行，实时进行动态监控，减轻资金混乱情况，促进预算管理的正常运行。

（4）促进高校预算绩效考核力度的提升

引入权责发生制后，政府会计制度对成本核算提出了新要求：将家庭和个人补助、商品和服务支出、工资福利支出等进行核算，并且以“费用”取代“支出”，将费用划分为业务活动费用和单位管理费用两类。另外，在计量要求下，又加入了收付实现制，多角度、多方面核对资金使用情况。这为预算执行和考核打下了坚实基础，有利于提升绩效考核力度，促进绩效管理水平的提高。

3. 固定资产方面的影响

新政府会计制度要求对固定资产计提折旧，其中《政府会计准则第3号——固定资产》规范了固定资产确认计量和相关信息的披露事项，专门制定了固定资产的确认、初始计量、后续计量、处置和披露的规则，在应用指南中明确了固定资产的折旧年限，改变了过去高校固定资产不计提折旧的问题，从而使得新政府会计制度下高校财务报表能够更加真实、准确和全面地反映高校资产状况，为财务报表使用者提供了更加准确的信息，也为高校党委、行政决策层进行科学决策提供了更加可靠的基础数据。相比不计提折旧模式下，部分高校资产的账面余额和实际价值相差较大，资产账面数据往往不能真实反映高校真实资产价值状态，新政府会计制度下对高校固定资产的管理、核算、监督提出了更多、更精细化要求，使得高校固定资产管理模式必须从粗放式管理模式向精细化模式转变。

4. 内部审计方面的影响

（1）审计流程

在新政府会计制度的要求下，高校内部审计部门需要推动财务工作与教学科研等业务之间的融合交流，加强内部审计工作对高校业务的管控，能够为各业务提供及时、准确的财务信息。运用信息管理系统，实现财务信息的全过程管理，保证资产数据的完整性和可靠性，也应当与资产负债及预算管理相结合，拓展内部审计工作的范围，使高校内部审计人员能够获得更多的数据信息与审计内容，以便准确掌控高校的经济效益和风险隐患，为业务审计的日常流程和管理提供支撑。

（2）管理转型

新政府会计制度将财政收支内容进行了细分，这就要求高校内部审计能够对财政补贴收入、科研教育收入、经营支出等各项收支进行准确把控，提高审计工作的合理性，在政府会计视角下，高校内部审计人员应重点关注资产信息、收支情况对高校与各单位的影响，为转型管理会计做准备。也应进一步加强高校内部审计的信息化水平，运用信息系统提升内部审计工作的质量，提高工作效率。

（3）理念提升

传统会计制度中内部审计注重监督高校经济活动的规范性，而新政府会计制度则需要内部审计人员重视审计工作的防范效果，从防范意识到优化改善，将过往监督管理转变为管理服务，能够为高校各单位业务活动开展提供优质保障，并能够正确引导，以树立成本管控和信息公开理念为基础，实现高校内部审计的现代化、精细化管理模式，有利于高校在发展过程中清算资产、整理收支，解决过往产权、经费等遗留问题。

（二）高校实行新政府会计制度的难点

此次新政府会计制度的改革，对于单位统筹管理能力的要求较高，各单位要牢固树立“业财融合”的理念，推动本单位经济业务与财务管理的深度融合与发展。其次，引入权责发生制等相关规定和要求，导致核算和管理信息量的剧增，对信息化水平有较高要求。新政府会计制度在实施中存在以下几个方面的问题。

1. 财务模式落后

实施新政府会计制度改革所涉及的各项内容复杂、涉及面广、时间紧、任务重，需要大量的前期基础工作，既涉及财务会计新旧科目、新旧系统的衔接转换，又涉及国有资产的清查与折旧、往来款项专项清理和账龄分析、全校各类经济合同的清理规范、基本建设会计账务清理、按照“业财融合”理念完成信息系统升级等相关工作。因此，要顺利完成新政府会计制度改革实施要求，仅仅依靠财务部门是不可行的。在实施过程中，调查发现，有些高校还是停留在传统的财务管理模式上，以财务部门为核心，重视财务会计科目的转换，在财务部门内部分工非常明确和细致，账上各类科目、部门、项目的新旧编制对照、分录编制、余额转换都有固定格式，由专人负责，工作模式非常成熟，但存在忽视业务的梳理和重构等现象，在全校缺乏能够调动各部门合作的领导工作机构及缺乏科学合理的设计实施方案，来落实主体责任、明确工作任务、加强部门协同。

2. 信息系统不能满足新制度要求

高校会计电算化起步较早，经历几十年发展，已取得了显著成效，财务管理水平和效率都得到了极大的提升。在政府会计平行记账核算模式下，政府会计财务软件系统升级是政府会计准则制度顺利实施的关键。随着新政府会计的实施，对新系统建设的要求也越来越高，信息化系统建设未能适应新制度要求，存在诸多问题。

一是信息化建设模式落后，各高校财务部门在软硬件购买、网络架设、系统安装初始化等方面，都是依靠自身力量与软件公司一起完成，学校信息化部门缺乏参与，系统建设、应用及软硬件维护都是独家完成，从而导致机房安全性存在比较大的隐患、升级系统的预算经费无法保障、专业人员不足、配置投资浪费、内部模块分散及与学校数字化校园嵌入程度不高等问题。

二是高校财务信息系统未能实现与业务信息系统有效对接，实现数据互通共享。

三是由于缺乏具备财务和信息技术背景的复合型人才，难以解决在系统需求、实施过程中的软硬件建设及验收阶段遇到的各种复杂问题。

3. 观念转变不及时

高校未能适应双基础核算模式要求的财务会计实行权责发生制，以权利或者义务的取得为标志进行会计核算，预算会计则以收付实现制为基础进行会计核算。原高等学校会计制度的记账基础是收付实现制，高校财务会计人员都比较熟悉。新政府会计制度重新构建了双基础的核算模式，即财务会计实行权责发生制，预算会计还是实行收付实现制，对于权责发生制的内容，高等学校相关财务工作人员比较陌生，适应这一变化还需时间。新政府会计制度与原高等学校会计制度在固定资产、科研间接费用、计提坏账准备、涉税业务、收入业务、支出费用业务及预算结余净资产等方面会计账务核算都存在差异。例如，固定资产取得时的会计账务处理，原高等学校会计制度在确认收支时，还需同时确认固定资产和非流动资产基金的增加，在计提折旧时冲减非流动资产基金，而非计入支出，因此属于虚提折旧；而新政府会计制度，则需按照财务会计和预算会计要求平行记账，财务会计方面分别确认固定资产和收入的增加，预算会计方面在确认事业支出等科目的同时，确认财政拨款预算收入等科目，在计提折旧时不再冲减基金，而是直接计入业务活动等相应费用。

（三）高校实行新政府会计制度的措施

1. 完善预算管理体系

在高校财务管理中，预算编制是评价高校财务管理质量的重要依据之一，预算管理体系是高校财务管理的重要组成部分。传统高校财务工作主要集中于预算工作上，在本次改革之后，财务核算将会把预算会计和财务会计合并，形成统一的体系，核算的复杂程度和要求都有了较大的提升。核算内容也发生了改变，过去仅仅是收入和支出这两项内容，目前核算又加入了资产、收入、净资产、负债、费用等各项内容，其范围相对传统核算有明显的扩大。这要求财务工作人员要根据不同的经济核算要求进行精准分类，需要财务管理人员不断提高自身财务管理能力，这样才能够适应新政府会计制度的要求。

2. 加强财务管理人员培训工作

随着新政府会计制度对传统会计制度的革新，高校又是特殊的群体，在进行会计制度的替换时必须要认真谨慎，以新的财务准则为指导，结合高校的实际情况，逐渐调整财务要求。

首先，高校要在宣传方面加以重视，要对新政府会计制度进行宣传。在学校方面，可以组织讲座、访谈会等形式，邀请专业人员进行讲解宣传，使教职工认识到新准则的重要性；在职工方面，可以通过网络新闻等了解新的会计制度，增加对新制度的熟悉程度，增强认同感。

其次，高校依据新政府会计制度制定学校的财务制度时，一定要要求教职工进行学习，增加了解，尤其是财务管理部门，财务管理人员一定要加强对新政府会计制度的认识，严格执行新的财务制度。

最后，高校为促进新制度的实施，可以定期对财务管理人员进行培训考核，同时将考核的结果计入绩效考核当中，这样既能增加财务管理人员学习新制度的热情，也能促进新制度的实施。

在新的财务制度实施的过程中，高校可以多举办相关的专题学习研讨会，或者举办趣味性的财务知识考核比赛，并颁发一定的奖项，不仅能提高参赛者的积极性，也能提高财务管理人员的会计处理水平和财务管理水平。

3. 加强会计信息披露

传统的会计制度下，财务报表一般只提交给上级部门，信息披露范围较小，对于财务的监督和管理是不利的。新的会计制度对于披露的信息规定更加完整，如现金流量表、资产负债表、决算报表、收入费用表等都需要披露，同时披露的完整性要求也更加严格，无形中增加了财务工作的联系性。

新政府会计制度推出后，在一定程度上会影响高校的信息披露时间和方式，所以，财务信息必须大范围的公开透明，同时也要接受社会的监督，这样也便于社会对高校进行献言献策，杜绝资金浪费及腐败行为的发生。

4. 强化绩效管理

在绩效管理方面，新政府会计制度规定了需要规范绩效管理，高校可以根据自己的实际情况，制定既符合新制度的要求，又符合实际的高校绩效管理制度。

当前，高校的教育改革在逐步推进，高校需要科学的绩效制度进行管理，这不仅体现在教学环节上，也体现在发展的环节和财务管理上。新政府会计制度比传统的财务绩效制度更加科学清晰，同时也为高校的绩效制度的更新提供了可靠的依据。总体而言，科学的绩效管理制度不仅可以提高高校财务管理的效率，在高校的整体改革中有着举足轻重的地位。

科学合理的高校财务绩效管理制度可以激发学校每个职工的工作热情，同时也是一种有效的监督手段，这是对教育工作的负责。绩效管理制度要求考核合格的人员才可以胜任本职工作，不合格的暂时离开本职工作，这样可以激发职工的工作积极性，同时也可以通过社招引进一批经验丰富的财务管理人员，并通过这些专业人员优化考核制度，增加考核的严谨性和科学性。

第二节　互联网背景下高校财务管理的发展

一、大数据下的高校财务信息化建设

大数据是当代社会高速发展所应运而生的产物，大数据时代的到来为高校的财务管理工作带来了全新的发展与机遇，同时也是一项巨大的挑战。高校必须做到跟紧时代发展的脚步，与时俱进地制定有效策略，让大数据带来的优势及重大作用得到充分的发挥，以此不断推进及完善财务管理信息化建设工作。科学且规范运用大数据技术来更好地加强高校财务管理的信息化建设，全面提资金的使用率，更好地把控与规避相关的资金运作风险，从而有效地为高校的长期可持续发展提供科学的决策依据。

随着国内高校规模的快速扩大，以及教育体制改革与创新的逐步推进，在大数据时代这一特殊的发展背景下，高校对数据信息的收集、处理及运用也成了其财务管理工作中的重要组成部分。因此，高校建立一套完善的财务信息化平台已迫在眉睫。

（一）高校财务管理信息化的意义

1. 提高了财务管理中数据提取工作的效率

全面运用信息化技术建立的财务管理信息化平台，可以很轻松地从庞大的数据当中提取出所需的重要数据，信息化技术从数据的收集整理到计算整合都很便

捷，能够实现数据使用者对数据输出模式的不同要求。高效率的信息化服务，摆脱了以往手工摘录数据并录入整理的传统方式。

2. 简化了工作流程，提高了工作效率

高校通过搭建一整套完善的信息化平台，能够实现电子化审核、阅览、反馈信息等流程，可以有效地简化财务工作流程。一方面，相关人员可以通过平台查阅及阅览准予公开的财务信息，这样不仅提高了工作效率，也充分体现了财务部门高质量的服务工作。另一方面，财务部门可以通过信息化平台，发布一些财务政策、通知、简报等信息，相关人员可以通过平台了解学习，这样财务工作人员可以有时间完成其他财务工作，充分地提高了工作效率。

3. 提高了数据存储的安全性

以前，财务数据以纸质保存的方式存在很多缺陷，如纸张容易丢失毁损、数据难查找、保存占用大量空间等。目前，大数据时代的信息化技术实现了财务数据的云储存，可以实现数据的永久保存，通过信息技术手段进行数据的实时备份。即便是出现了数据删除、毁损等，也可以实现数据找回，并且电子数据能实现即时查阅，只需要在搜索引擎里输入关键字便能很快地查阅相关数据。

（二）高校财务管理信息化建设的历程

1. 会计电算化建设阶段

会计电算化是会计发展史上的一次重大革命。高校会计电算化阶段主要是单机版核算软件的应用，即在一些会计工作的关键节点上使用单机版的核算软件代替手工操作，提升了会计核算工作的效率和准确性。这些单机版的核算软件主要包括账务处理、工资核算、固定资产核算、往来款核算、报表系统、财务分析等核算功能模块。在这个阶段，还未建立起预算管理模块，更没有将预算、核算和决算模块连成一个整体，因此还没有形成财务管理信息化的概念。

2. 财务网络化建设阶段

随着中国教育和科研计算机网（CERNET）在高校的全面普及，高校财务信息化建设也有了质的飞跃。这一时期的财务网络化建设不仅注重基础设施的建设，也注重财务信息系统的自身建设及与其他业务系统的互联互通建设、财务信息系统产生的数据资源建设及师生与财务信息系统的交互层建设。

基于互联网的财务系统架构初步形成，如图 2-2-1 所示，主要包含基础设施层、数据资源层、业务应用层和人机交互层。

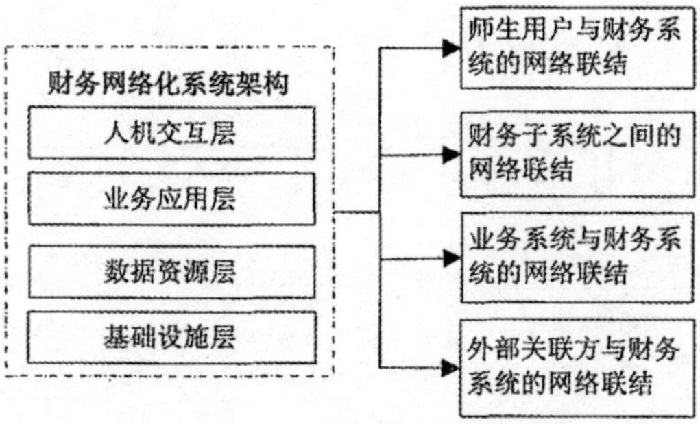

图 2-2-1　财务网络化系统架构

财务系统的预算系统、核算系统和决算系统之间实现了网络联结，如图 2-2-2 所示，不仅极大地提高了财务信息内部传递的效率和准确性，而且形成闭环式的预算管理系统，提升了预算管理的效能和水平。

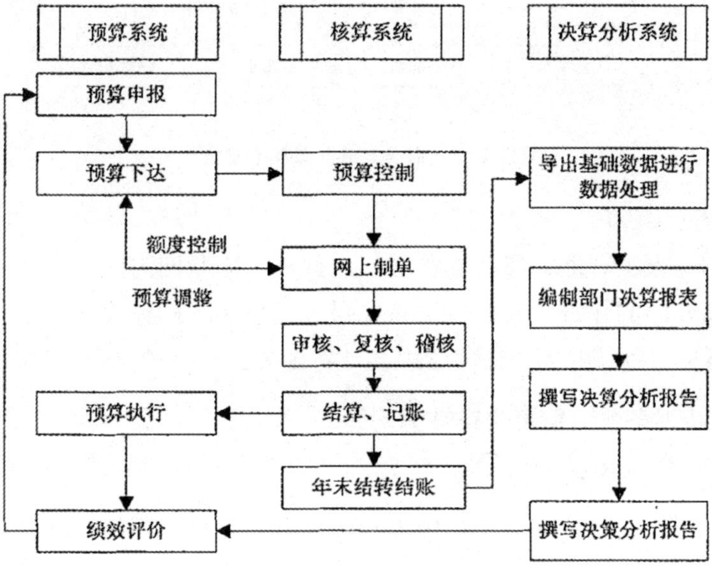

图 2-2-2　预算、核算、决算系统网络联结示意图

高校内各业务系统与财务系统通过网络联结，初步实现了业务数据与财务数据的传递与共享。

3. 财务集成化建设阶段

自 2006 年起，高校信息化建设重点逐步转向数字校园信息系统建设，高校财务信息化也逐步从网络化步入了集成化发展阶段。

财务集成化架构如图 2-2-3 所示，为基础设施层、数据资源层、应用支撑层、业务应用层和人机交互层。

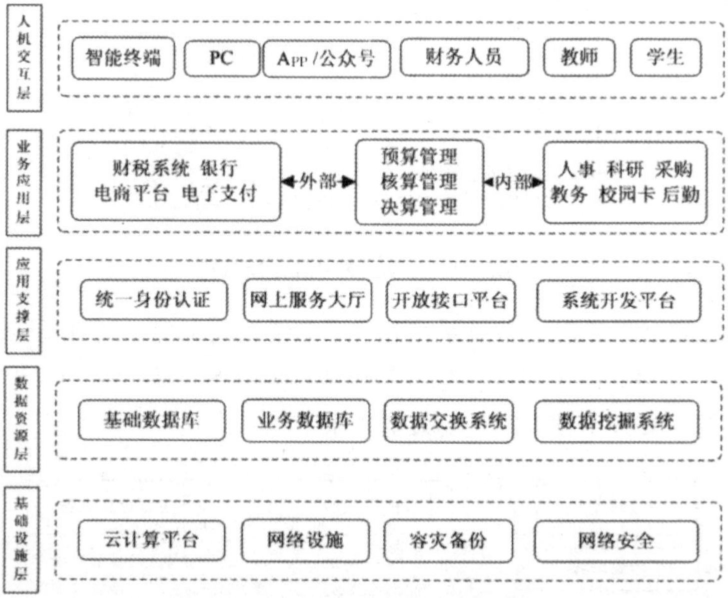

图 2-2-3 财务集成化架构示意图

4. 财务智能化阶段

以大数据、人工智能、移动互联网、云计算、物联网为代表的新一代信息技术推动了智慧校园的建设，同样也给高校财务信息系统的建设注入了新鲜的血液和动力，从财务服务、财务会计和管理会计各个方面提升了财务信息系统的效能。

（三）高校财务管理信息化存在的问题

1. 信息化技术要求与现实技术应用水平不相匹配

当前，应用信息化技术对于管理效率的提升及管理流程的优化其重要性不言而喻，财务管理中引入信息化手段和模式，可以利用信息技术完成数据的统计、收集和分析，促进复杂工作简约化、精细化，时间、管理成本持续降低，工作效率和效果得以大幅提升。然而，现阶段高校财务管理信息化技术发展缓慢，直接制约了财务信息资源整合的效率。

另外，高校财务管理信息化建设尚处初级阶段，对其内涵的把握有待深化，应用先进的信息化技术，有助于预期管理目标的达成。可以说，高校财务管理信息化技术的应用广泛性直接反映了高校财务信息化管理的规范性、现代性与先进性程度。

2. 信息保密性特征与信息资源公开需求未相契合

财务信息本身具有一定的保密特征，有着自身规律性要求。在信息保密得以维护周全的同时，需要积极满足信息资源公开需求，并且保持动态有序平衡。

3. 信息化发展预期愿景与财务管理实践流程相背离

高校财务信息化建设整合高校各个部门的资源，利用现代化技术，将财务数据进行共享，方便了各个部门的工作，提高了工作效率，使得学校运行更加有序规范，办学效益最大化。但是在实际的高校财务管理工作中，一些部门领导因为对财务管理的认识不足，不能看到财务管理的重要性和必要性，同时缺乏专业性，做出的统筹规划并不能实现效益最大化，信息化的发展也未能得到有效发挥。财务管理部门的主要业务仍然集中在核算部分，资源不能得到合理配置，财务管理信息化不能得到有效推进，阻碍了信息化的发展，因此需要建立信息支持共享的新的财务管理体制。

4. 财务管理由会计核算型向决策服务型过渡尚需磨合

财务管理信息化的引入，可以加快转变财务管理职能，促进其由简单的核算操作转变为决策管理服务。财务管理人员应用信息化技术后，将有更多的时间、精力参与预测、分析、决策等若干管理过程。在管理决策目标指引下，随着数据互联需求的加大，需要丰富高校财务管理工作的质效性，打造财务共享服务平台，更好地履行财务管理职责。可见，开展高校财务信息化管理，将会推进并完善其服务高校管理决策的内在功能。

（四）高校财务管理信息化的建议

1. 健全财务管理体系

重新制定财务管理制度，在制度上进一步保障财务管理。在信息化市场环境下，促进高校发展存在着不同程度的潜在风险，而想要更好地保证高校财务的安全性，需要从内部控制的角度着手，进行风险评估。风险评估是进行内部控制的重要工作，它能保证内部控制工作的有效开展。

对于高校来说，需要依托信息化系统，明确岗位职责，并进行科学、合理的岗位分工。需要将网络安全技术引入其中，保障信息化财务管理系统可以安全运行，避免不法分子侵入系统。高校重新制定财务管理体系的时候需要重点建立数据安全管理模块、网络维护管理模块及计算机管理等模块，建立科学、有效的信息化管理系统，确保财务管理更具规范化和程序化。就数据安全管理而言，需要设置数据信息获取的各项权限，对软件进行升级，以防止系统遭受黑客和病毒的攻击。财务管理工作人员还需要将财务信息数据进行精准备份，禁止在工作计算机中使用携带病毒的软件。为了更好地构建财务管理体系，除了加强内部控制，还需要进行财务管理制度的建立。财务管理制度包含的内容主要有两点：一是财务预算制度的建立；二是财务内控制度的建立。

2. 再造和优化财务管理业务流程

当前，在推进高校财务管理进程中，学院与部门间有效的数据联接不够健全，影响了全局规划与全面统筹，存在一定程度上的财务信息“孤岛”问题。没有统一的信息资源共享平台，财务管理人员就无法及时获取全面有效的信息数据，进而无法进行科学的精准决策和全面的系统管理。财务管理信息化发展就是要打破“信息孤岛”效应，整合财务信息与有关部门信息，打通预算、核算、薪酬等财务系统内部信息和人事、科研、资产等系统外部信息，实现信息和数据流通共享，进而推动高校信息资源一体化发展。在高校不断发展的形势下，理应加强财务管理工作，充分考量业务流程再造和优化。管理制度再造表现为结合财务工作需要和信息化特点，确定契合高校发展需求的财务管理制度，丰富高校内控体系。业务流程优化表现为对各项业务流程进行有效管控，在信息数据的支撑下，凸显财务管理功能，结合业务规模设置核算对象，形成业务流程、信息系统、内控体系无缝衔接、有效契合的良好局面。

3. 增强风险防范意识

首先，增强财务管理人员的风险防范意识、信息化管理财务意识，加强核算监督与管理意识，确保资产与实物资产不会因为疏忽造成损失。同时，做好日常财务管理人员的教育培训工作，使工作人员具有较强的业务能力与良好的道德品质，具有参与财务信息化管理工作的能力，可以将财务信息化管理工作融入项目的各个环节，为财务管理提供优质服务，做好财务监督与控制。

二、“互联网 +”与高校财务管理

（一）“互联网 +”背景下高校财务管理的必要性

在传统的高等学校财务信息数字化水平及财务管理观念下，“报账难、花钱慢”的问题一直尚未解决。《现代职业教育体系建设规划（2014—2020 年）》中指出，将云计算技术作为基础并且强化高校财务管理的职能，通过互联网形成网络化财务管理，全方位地进行财务创新与财务信息化。因此，财务管理结构呈现扁平化，使财务管理迈向更高层次，由核算会计转变为管理会计。“互联网 +”背景下，云计算技术实现了财务数据虚拟化，并进行云端储存，由于财务信息数量庞大并且信息的性质复杂，而云计算的快速发展使得财务信息得以有效储存和传递，会计核算更加规范化，数据处理更加安全，会计活动处理及其他工作高效化，部门与部门之间数据共享更加便捷。

（二）“互联网 +”高校财务管理工作中存在的问题

1. 信息化财务管理理念认识不足

有些高等学校存在“重核算、轻管理”的传统观念，只片面注重会计核算、数据分析等财务基础工作。一些决策者认为，高等学校是非营利性组织，不存在风险，使很多资金配置无法体现出均匀性，浪费现象极为严重。

2. 财务数据集成化程度低

高等学校财务管理系统相对独立于校内的教务管理系统、人事劳资管理系统和 OA 办公管理系统，并且与校外财政系统、税务系统等不太契合，导致校内管理部门与其他部门包括校外的系统无法实时分享相关的业务及财务信息，重复的数据加大了信息管理的成本，使有效数据利用率降低，容易产生“信息孤岛”现象。大多数高校尚未建立远程财务数据系统。近年来，高校的招生规模持续扩大，要求相关财务管理人员对大批的财务数据进行汇总和处理，但由于传输渠道落后且单一，容易出现财务漏洞。

（三）“互联网 +”高校财务管理工作创新策略

1. 做好思想观念的转变

思想观念的转变是财务管理工作创新的基础，要想将互联网与财务管理有效融合起来，就必须从转变思想观念入手。这就要求高校的相关领导要认识到互联网对财务管理工作的积极作用，并加强对财务管理人员的培训与教育，使其了解互联网的优势与作用，并积极对传统的财务管理理念进行创新，融入互联网思维，以发展的眼光看待财务管理工作。

2. 加大财务管理信息化建设的力度

要构建以高校为主体的数据中心，推动各个院系、部门实现数据共享。高校要不断探索新的财务管理模式，以学校为单位构建数据中心，借助于数据中心对各个院系、部门等进行深入融合，并为财务部门更好地获取信息提供便利。

对会计核算系统进行升级，构建一体化系统。高校要对传统的会计核算系统进行升级，结合当前的实际情况进行信息系统的构建，并通过该系统与高校管理子系统进行链接，实现核算效果的提升。

构建“互联网+”报账流程。“互联网+”报账流程的构建，能够提升报账的效率。

3. 不断提升财务管理人员的综合技能与素质

在“互联网+”背景下，要想实现高校财务管理工作的创新，必须提升财务管理人员的综合素质与技能，使财务管理人员更好地适应互联网的发展与变化，推动财务管理工作效果的有效提升。

积极对财务管理人员进行培训，使其掌握更为丰富的信息化知识，不断提升信息化技能，以更好地运用信息化系统。

第三节　疫情防控常态化下的高校财务管理

为贯彻教育部办公厅联合财政部办公厅于2020年2月7日发布的《关于切实做好学校疫情防控经费保障有关工作的通知》，要求各直属高校结合疫情防控工作特点和实际需求，积极筹措资金并及时调整支出结构，确保疫情防控资金及时到位，高校财务必须发挥好疫情防控工作的重要保障作用。

一、疫情防控常态化下的高校财务体系面临的挑战

（一）财务体系服务理念需要改变

高校的财务部门作为整个高校管理的一个重要部门，它需要兼顾会计核算、财务管理的职能，同时还兼具服务学校广大师生的社会属性。这就使得学校财务工作具有了一定的复杂性。疫情防控期间，学校的教学方式发生了巨大变化，许多新的教学形式都有效地减缓了疫情的冲击，保证了教学活动的顺利进行。但学校的管理工作难以跟上，缺少应对和创新精神，不能及时解决整个教学活动中断后所产生的问题，许多时候只能“头痛医头，脚痛医脚”，缺乏危机意识，理念上还没有适应整个时代的变化和进步。

（二）财务工作方法需要变革创新

由于疫情的突发，高校的整体教学和管理秩序都被打乱。随着疫情的有效控制，社会经济秩序逐步恢复，财务工作也开始正常运转，这就使得高校原有的各类面对面服务的工作方法面临新的挑战。社交距离的控制，现场办理业务人数的

控制，极大地降低了财务人员的工作效率。后疫情时代是对高校整个管理体系的一次挑战和检验，作为学校管理体系的重要组成部分，财务管理体系显得尤为重要，创新工作方式，转型管理体系的任务也非常紧迫。

（三）财务管理人员的能力素质需要提升

疫情防控常态化下。后疫情时代，对财务管理人员的能力素质提出了新的要求。突发的疫情考验着财务管理人员的心理承受能力，增加了工作的难度，业务流程面临的革新挑战更需要财务管理人员加强学习，提高业务水平，适应新的工作方式和业务流程。由于非接触式业务办理的逐渐深化，财务管理人员的工作方式会发生变化，这对平均年龄较大的财务管理团队是一个不小的挑战。

二、疫情下高校财务管理的现状

（一）"面对面"的审签、报销形式效率低

虽然目前高校的财务报销已经实现了网上预约的功能，但是真正的报销形式仍然是纸质的报销，同时网上的预约单也是需要打印出来的，预约单需要找经办人、验收人等签字，如果遇到特殊的事项还需要主管财务负责人等更高的上级部门负责人签字，既浪费时间，又效率低下，在疫情防控期间会存在疫情传播的风险。目前，虽然电子发票报销具有唯一认证性，但是发票最终仍旧需要粘贴，这完全不符合电子发票的理念。一些高校已经实现财务收单机器化，但是利用率并不高，投递机每单一扫一投，箱满后工作人员再开箱取单，有的师生不扫描直接投递，最后还是需要财务人员分拣，反而增加了工作量，也增加了疫情传播风险。

（二）数据共享和多部门联通环节薄弱

高校的科研、人事等部门大部分都是按照自己的运行系统运营的，部门之间虽然有业务往来，但是往往各自为政，没有统一性和综合性，由于各个部门独立运行，数据共享程度不高，如果涉及多个部门的业务处理，常常会消耗更多的人力和精力，造成人力和实践的浪费，运营成本提高。以某高校 G 为例，G 高校的财务部门和科研部门只在一部分业务上有对接，如经费到账认款业务等，涉及的业务很少，互动性不高，一些其他重要的业务如预算执行进度、经费预算调整等都需要对接。针对这种情况，需要利用互联网技术创新线上财务管理手段，加强部门之间的互动，提高信息化管理水平。

（三）系统预算控制弱，业务类型同质化

目前，一些高校的财务预约系统可以实现财务业务预约、工资和助学金的查询、科研项目的查询和授权，但是该系统还没有实现控制预算执行进度、分析预算执行结果、凭证档案查询等功能，系统预算控制功能薄弱，预约系统综合功能还有很多局限性。而高校财务核算中材料费、差旅费占大部分，由于业务内容、核算方式高度重复，同质化现象严重，仍然以 G 高校为例，如图 2-3-1 所示，可以看出材料费、差旅费报销占据 2020 年全年 44 % 的业务比重，报销量大、逐笔处理效率低，每当遇到项目节点、上一年度发票报销截止日、年底国库资金节点时，报销工作负荷量极度增加，加大了财务人员的工作压力，重复性地浪费人力资源。

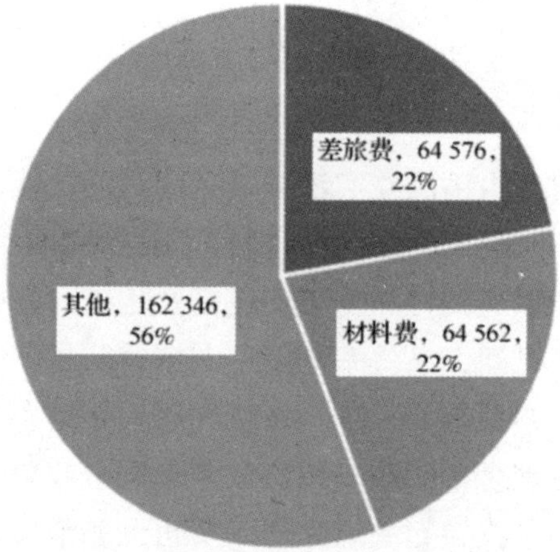

图 2-3-1　2020 年 G 高校凭证结构对比图

（四）退单率高，物流状态不完整

一方面，经济发展水平越高对财务管理的规范程度和要求程度越高，财务管理的细节越多；另一方面，国家出台了对高校科研实行“放管服”简政放权的管理政策，师生对高校财务管理的“服务”理念愈加提高。由于高校师生教学、科研压力大，报销细节内容多，对财务知识了解有限，有些理解甚至有偏差，很多信息不对称，造成高校退单率高。

三、高校财务管理应对疫情的建议

（一）调整预算，保障资金

疫情发生后，财政会拨付防疫专项资金，这就需要学校对财政专项资金与学校资金进行统筹安排。若无财政专项资金或是专项资金并不够防疫用开支，需要对学校预算方案进行调整，增加防疫预算项目，设立专项用于防疫专项工作，对防疫经费预算进行专项管理和动态管理，动态调整防疫预算，保障疫情防控。

（二）梳理政策，合理应对

1. 税务方面

疫情出现后，高校需梳理对学校及教职工税收优惠及减免政策。首先需要确定哪些税收优惠政策涉及高校，接下来再研究税收优惠的相关要求、办理所需提供和上传的信息数据资料，再了解办理税收优惠的流程操作步骤，按税务部门的相关流程和要求来操作，为学校和教职工争取到税收优惠。了解税务部门因疫情调整办理时间及“非接触式”办税缴费事项的政策，使得学校可以按疫情防控要求办理税务事项。

2. 了解因防疫抗疫出台的相关政策

疫情出现后，高校应高度关注财政部与各省财政部门出台的防疫抗疫相关的政策，分析其对学校的影响，针对新政策的执行情况，研究学校的应对措施和具体的实施办法。合理安排财政专项资金，了解专项资金的使用情况，为学校争取更多的防疫资源。此外，对财政部门部署安排的专项工作要求，是否因疫情发生变化，学校如何安排才能按时按质完成工作任务。

（三）报销信息化，建立电子档案

在5G趋于成熟的信息化时代，无纸化办公时代即将来临，推动财务报销无纸化、电子化势在必行。尤其是在当前疫情防控工作常态化下，确保人员安全和“零接触”是高校财务管理推崇的办公模式。如果电子发票在全国各个行业普及，并且完全取消纸质发票和票据，高校财务部门可以联合相应的软件公司进一步深入开发现有的财务软件，开发新预约系统能实现电子发票归集，电子发票上传，自动识别师生勾选报销发票的内容、真伪和金额等信息，减轻师生粘贴纸质发票的负担，同时避免了计算金额错误引起的退单风险。

在高校内部控制建设中，通过风险管控、流程管控、数字签章内嵌财务规章制度和审批制度，按照审批权限级别审核，以科研经费合同出账为例，审批签字环节从经办人发起，经费负责人审批认可，中间经科工院过程管理中心、国资处招投标采购中心审核，最后到计财处审批人审核，大额经费再经校级领导审批签字，全部流程线上审签，线上审批既解决了签字不齐、材料不齐导致退单率高的问题，又加强了内控管理流程。同时，针对高校财务管理，需要进一步加大财务软件的研发力度和硬件的保障力度，前端设置精拍仪、手机扫描软件等影像处理硬件、软件。

（四）厘清业务，明晰核算

厘清高校防疫抗疫经济业务，明晰核算。根据政府会计制度，针对不同类别的经济业务核算中的要求，提出高校防控疫情所涉及的经济业务核算思路。在确定财务处理方式时，有必要需向财政部门对所涉及核算业务的办理要求，以及向主管部门落实，是否在行业内有统一的业务处理要求，使学校在进行核算时，既在行业内统一口径，同时为年终决算做好基础数据保障，提高核算的规范性与科学性。

（五）调整方式，服务内外

在对外服务时，不见面办公、不见面办理业务、不见面提供财务服务成为疫情防控期间高校财务部门对外服务的主要方式。不见面办公和办理业务，需要对相关业务做出调整。首先，运用高校信息系统不见面办理业务。报销单网上签批、网上报销，通过网上银行收费或汇款，网上申报预算管理事项等，改变原现场办理业务的方式为线上办理。其次，设计相关流程，保证信息资料交接过程的安全性。对财务内部服务需要针对疫情防控政策要求，统筹考虑职责分工，做出具体安排和调整，既能够保证财务业务正常开展，又能保证防疫信息报告及时上报。

第三章　高校财务资源配置

财务资源是高校赖以生存和发展的物质保障。通过对高校财务资源的优化配置及分析财务发展潜力，正确引导财务管理，可为高校教学、科研事业的可持续发展提供坚实的物质保障。本章从高校财务资源的内涵、高校财务资源的宏观配置情况、高校财务资源配置中的效率与公平、高校财务资源配置管理产生的作用四个方面介绍了高校财务资源配置。

第一节　高校财务资源的内涵

一、传统财务学视角财务资源内涵

（一）财务资源的概念

财务资源概念始于资源概念的不断推演，无论是资源还是财务资源概念都经历了一个随着社会经济和相关学科发展而不断丰富完善的过程。“资”即“有用、有价值”的东西，“源”指“来源”，《现代汉语词典》中“资源”的释义是“生产资料或生活资料的天然来源”，这是对资源狭义方面的界定。英国古典经济学家威廉·配第（Willian Petty）从经济学视角解释资源，指出劳动是财富之父，强调劳动力也是资源。马克思在《资本论》中指出，能够满足人们物质和精神需求的自然及社会要素都是资源。《经济学解说》认为，资源是组织生产运营中使用的投入，此时的资源概念已具备经济学内涵，即资源是指生产要素。

由于研究角度和划分标准的不同，传统财务学中的资源存在以下三种界定：第一，强调组织的控制或拥有，资源指组织所控制或拥有的、能够为其带来价值增值或收益的价值附属物，通常是指货币资金等实物资源，均属于硬财务资源的范畴；第二，强调组织的投入要素，资源是组织在生产运营过程中投入的要素，如资金、机器设备、员工及其具备的专业技能等；第三，强调为组织创造价值，这里资源的概念较为宽泛，如企业资源观的奠基人，如资本、声誉、技术经验、外部联系、机器设备等都可视为资源。组织资源是组织所控制或可利用的，用来制定和实施各种战略以实现其收益增加的各种资产和能力的加总。

传统财务学中的高校财务资源指高校所拥有或控制的资金和固定资产等，也属于硬财务资源范畴，包括计算机等办公办学设备，以及需要支付给教职工的福利，资助给学生的经费（如奖学金、困难补助金等）。

（二）财务资源的构成及分类

在财务资源构成和分类方面，一般包括有形的财务资源和无形的财务资源两大类，但具体的构成指标存在争议。有形的财务资源指客观存在的、可以反映在资产负债表上的各类实物资源，包括固定资产和货币资金等传统的财务资源。无形的财务资源是建立在智力基础上的，包含隐形的、存在潜在收益的知识资源，如组织在财务层面的信息资源、治理结构资源、人力资源、组织资源，以及理财文化资源等。科利斯和蒙哥马利、希特等认为财务资源的分类除包含上述实物资源和知识资源之外，还应包括组织能力，并指出组织能力是组织各种资产、劳动力与组织投入产出过程的结合。

现有研究认为财务资源存在广义和狭义之分。狭义的财务资源通常仅指货币资金、固定资产等实物资源，可以反映在资产负债表上；广义的财务资源不仅包括实物资源，还包括组织所占的、难以被模仿的财务专用资产，如组织特有的财务关系资源、财务组织运行机构、具备独特财务技能的财务人员等。

高校财务资源也存在狭义和广义之分。狭义的高校财务资源指高校维护其日常活动所消耗的货币资金和固定资产等要素；广义的高校财务资源除可反映在资产负债表上的货币资金和固定资产等要素外，还有高校的财务制度和规定、财务分配与决策工具、具备财务技能的财务人员、财务人员知识水平和业务能力、财务数据信息资源、财务时间资源等。无论是从狭义还是广义，对高校财务资源的概念界定及其部分构成要素的多数研究都仅局限于组织实物资源和财务信息范围内，缺乏对基于智力和知识的软财务资源的探查。

二、泛财务资源视角财务资源内涵

随着经济社会和相关学科的发展，有关财务资源概念及其构成要素的研究日趋完善，经历了一个从传统的硬财务资源到包含软、硬两个维度的泛财务资源不断丰富的过程。

泛财务资源指组织所拥有或控制的能创造价值的资源和其价值附属物的集合。泛财务资源观下，组织财务资源的范围包括但不限于财务方面，强调只要能给组织带来收益或创造价值的都属于财务资源。泛财务资源由传统财务资源的概念拓展而来，涵盖硬财务资源、软财务资源两个维度。硬财务资源指在一定条件下能够被组织投入使用的有形或实物资源，可以反映在资产负债表上，主要包括货币资金和固定资产等；软财务资源是组织的无形资源或以智力和知识为基础的资源，如时间、市场、知识产权、人力和组织管理等资源。此外，朱明秀指出，在新的经济背景下，迫切需要拓展财务资源的含义，并指出现代财务学下的财务资源是泛财务资源概念，主要包括物质资源、人力资源和顾客资源。物质资源是指客观存在的、能够反映在资产负债表上的实物资产，如厂房设备、材料物质、资金等，属于硬财务资源范畴；人力资源是指个人所拥有的、能被组织利用的，且能为组织创造价值的知识、技能、经验和健康等的加总；顾客资源主要是指组织拥有的客户及组织与顾客之间建立的关系网络。

现有文献对高校传统的财务资源及包含硬财务资源、软财务资源两个维度的广泛财务资源的具体构成进行了一些研究。高校传统的财务资源仅指货币资金和固定资产等，属于硬财务资源范畴。在广义的财务资源概念中，高校硬财务资源是指高校控制或拥有的有形资源，包括货币资金和固定资产等有形资产，软财务资源指无形的或以智力和知识为基础的资源。例如，财务制度和规定、分析和决策工具、人员、数据信息、时间等现有研究强调要扩大高校财务资源的范围，重视无形财务资源或软财务资源对高校财务实力的影响和贡献，但未进一步探查其构成要素。其中，泛财务资源视角下的高校财务资源概念及构成研究还处于起步阶段，而且高校财务资源仍局限于反映在财务报表上的资源，仍需要进一步的研究与探讨。财务范围之外的财务资源是高校总资产和总收入的关键组成要素，如专利著作、国家重点实验室数、国家重点学科数、校友捐赠等。此外，高校出版的专著、出售的专利和技术成果转让等也可以为高校创造经济价值。

三、拓展高校财务资源的构成建议

（一）开展科学高效的“开源”活动

高校要不断拓宽筹资渠道，多渠道汇聚资源，积极谋求自主发展。由研究结论可知，高校财务资源构成指标多样，不同指标对高校财务资源水平的重要程度和贡献程度不同。因此，首先，高校要明确从哪些方面入手进行“开源”活动，明晰自身财务资源的构成；其次，切合各高校自身实际情况选择侧重点进行“开源”活动，重视软财务资源，加大“融智”力度；最后，探索关键财务资源指标的获取措施。

第一，明确从哪些方面入手能更有效地拓展财务资源的总量。在高校财务资源构成指标体系中，基础办学资源占比 48 %、智力资源占比 27 %、学术成果资源占比 15 %、社会关系资源占比 10 %。其中，权重较大的财务资源指标包括生均校舍面积、生均图书量、财政补助收入、优质生源、教学科研仪器设备值、教育事业收入、教学科研合作网络、两院院士、国家级重点学科数、校企合作网络、国家重点实验室数、科研事业收入、毕业生一次就业情况、学科带头人、专职财会人员等，增加其投入能够为高校创造出更多的效益。

如果财政支持占据更大的比例，那么就要大力争取财政支持。高校应研究财政拨款政策，根据拨款因素有针对性地采取措施。加大人才引进和培育力度，提高学生培养质量，加快学科发展，优化科研环境，提高学校在各拨款因素上的竞争力。树立优先争取财政支持的观念，主动与财政部门沟通，及时汇报学校遇到的困难，争取财政部门的理解与支持，尤其是基建等重大项目，要积极尝试财政专项资金立项并获得拨款支持。加强与兄弟高校沟通，对于拨款标准、拨款范围等共性问题，联合向财政部门提出意见和建议，争取更多的政策支持。

高校相关部门要在努力增加中央财政拨款方面寻求突破，由基建处负责基建专项、发展规划处负责双一流专项、本科生院和研究生院负责教改专项、科研院和社科院负责基本科研业务费专项、总务处负责改善办学条件专项、发展联络办负责捐赠配比专项，分析各专项的拨款增长点、建立和完善项目库、加强项目论证和绩效评估、加快预算执行，全面提高财政资金的支撑水平和使用效益。

第二，有选择、有针对地拓展某类财务资源。各高校要明确自身的优势财务资源，扬长避短，从优势资源上发力，在劣势资源上积极争取。例如，某高校在长江学者和国家级重点学科数等财务资源指标上处于劣势，但其在杰出校友和社会捐赠上较有竞争力，因此可以凭借优势财务资源提升其财务实力水平。而一些理工类、医学类等高校可以通过开发和利用自身优势学科和高端人才，或是争取国家或企业支持的科研项目等创造学术成果和经济价值。

第三，对待硬财务资源下的固定资产要加强自我建设，盘活既有资源。对于厂房、体育馆、实验室等固定资产，高校可通过资源整合和管理，提高其利用效率，实现创收。对于流动资产要积极争取社会资源的投入，在多方面融资的同时，重视“融智”。对待软财务资源，高校要提高重视程度，加大开发和培植的投入，只有经过投入孵化期后的软财务资源才会成为影响高校财务实力的关键因素，才能对高校财务资源总量起到增值作用。

（二）完善财务资源分类管理机制

高校的经营是非营利性的，在优化内部财务资源的配置时，更要依赖科学的指导，厘清各类各项财务资源的特征与功能，通过分类管理与共享使用，发挥财务资源的最大效用。

第一，明确所拥有或控制的财务资源的类别和属性。高校财务管理中应细化软财务资源、硬财务资源。硬财务资源是高校财务资源的基础，而软财务资源是高校持久竞争优势的来源，是其核心竞争力所在，但其难以获取和开发利用。因此，要提升高校对软财务资源的重视程度和管理意识，加大力度进行开发与利用。

第二，建立各类财务资源配置管理的权责机构，明确各个财务资源配置管理部门的职责。高校应科学安排财务资源生命周期内的各项活动，尤其是软财务资源的“选、育、用、留”等。

第三，厘清自身拥有或控制的财务资源的总量及其类别属性。高校应明晰自身财务资源的优势和劣势所在，扬长避短，不断盘活内部现有财务资源及拓宽财务资源的来源渠道。高校应及时关注和了解外部其他高校的财务动态，结合自身实际，借鉴财务实力强劲的高校的财务经验和措施，取长补短，以提高财务资源总量和财务实力，实现高校的健康、可持续发展。

第二节　高校财务资源的宏观配置情况

一、高校财务资源的宏观配置情况

高校财务资源的宏观配置是指国家和地方财政部门根据预算拨款等制度，将高等教育经费分配于其所属高校的过程。财政拨款作为高校经费来源的主要渠道之一，建立基于高校经费使用效率的财政拨款制度，对提升其内部的财务资源配置效率具有重要作用。

新时代背景下，国家对高等教育机构的管理也逐步引入竞争机制，即更加注重对高校的办学质量和经费使用效率的考察。因此，改革和完善基于高校经费使用效率的预算绩效拨款制度，对提升其内部的财务资源配置效率具有重要的导向作用。

随着我国高等教育管理体制改革的不断深化，高校的办学经费由国家财政包揽的局面逐渐转变为多元化来源的情况，“985 工程”和“211 工程”建设高校是我国高校中占绝对比例优势的公办高校的代表，其财务资源的配置管理对整个高等教育界起到模范带头作用。

虽然近几年公立高校的筹资渠道有所拓宽，资金由以往国家财政拨款的单一来源，转变为财政拨款收入、事业收入等各种筹资渠道并存的形式，但政府财政拨款仍占高校经费来源的一半以上，事业收入次之，其他渠道来源的资金还很少。

公立高校由于其办学经费仍主要依靠政府的财政拨款，若继续采取传统投入导向的预算拨款的分配方式，势必会影响高校产出各项职能成果的积极性。国际上公认的世界一流大学大都集中在欧美国家，这些国家的政府对高校的经费拨款制度，大都建立在系统的高校财务资源微观配置的评价指标体系和评价方法之上，并依据高校财务资源投入及教学与科研各项成果产出两个方面的情况，通过高校间公平竞争的方式决定。现有研究普遍认为，我国高等教育财政拨款配置效率不高的根本原因在于，现有的财政拨款模式不能有效地引导高校积极提升经费的使用效率。由于国家和地方财政拨款分配制度设计的导向性对提升高校经费使用效率具有重要意义，现有研究建议通过对高校财政拨款经费使用效率评价的理论与方法的研究，为各级政府建立和完善新的预算绩效拨款方式，以及评估体系与激励机制相结合的政策实施提供决策支持。

总的来说，高校财务资源的宏观配置制度与方式对其内部的微观配置效率的提升具有积极的作用，而财务资源微观配置效率的评价标准又是宏观配置制度制定的依据。我国高等教育财政拨款制度的“效率配置”方式改革势在必行，而改革的基础就在于建立导向明确、科学、客观的高校微观配置效率的评价体系。因此，对高校内部的财务资源配置效率评价方法的研究具有重要的理论意义与现实需求。

二、高校财务资源的微观配置情况

高校财务资源的微观配置是指将财务资源分配到各教学、科研、行政和后勤等部门及各项教学、科研和文化等活动中，并通过财务资源的使用最终获得各项成果的过程。

在微观配置中，经费作为高校最具代表性的财务资源，其分配一般实行“统一领导、分级管理”的财务管理体制。其中，学校层面的财务资源配置工作，重点在于制定分配管理制度和监督考核评价，各学院层面的财务管理工作由学校统一领导，主要通过财务资源配置完成具体的教学、科研和社会服务等任务。在高校内部的财务资源配置管理中，学校根据财权与事权相结合的方式，给予学院一定的收入责任和部分财务资源的配置权力，以调动学院提升财务资源使用效益的积极性。因此，在高校财务资源的微观配置中，建立科学适用的配置效率评价体系，有利于学校加强对财务资源分配与使用等环节的管理与监督，进而提升财务资源配置效率。

通过现有研究从经费支出结构和财务资源配置管理两个方面，对高校财务资源微观配置状况的分析，可以看出我国高校财务资源微观配置中存在着支出结构不合理、经费使用效益不高和管理措施不完善等问题。

经费支出结构方面，现有研究考察了各类经费支出占比与经费总体使用效益的关系。通过对美国 20 所世界一流大学的经费支出结构的研究发现，研究型大学缩减管理经费支出并增加在教学、科研、公共服务等职能上的经费支出，有利于科研产出效率的提升。我国高校人员经费支出占比偏低，制约了教育经费使用效益的提升。我国高校科技经费支出结构不合理且集中度较低，从而难以满足优势学科和科研领域发展的需要。现阶段，高校科技经费支出缺乏过程管理，科技经费的分配与科研活动的实际需求相脱节，由于对科研活动失败的容忍度低，严重影响了原创性科研成果的产出。高校科研经费支出中的奖励部分占比不合理，并且与学科特点和科研活动规律不匹配，未能细化配置到科研项目的各个环节中，导致科研经费使用效益不高。

高校经费支出结构直接影响到财务资源的使用效益，其中人才培养经费支出有利于提升财务资源配置的整体效率，而学科建设经费支出则由于过于分散，阻碍了优势学科的发展。

财务资源配置管理方面，现有研究对财务管理中影响经费使用效益的措施进行了探讨。通过对英国大学的研究表明，在财务资源配置管理中，应该以各学院和科研项目的需求为基础，给予学院对预算盈余配置的自主权，并提高财务信息的透明度，从而提高财务资源分配的公平性与有效性。美国公立高校的财务管理措施，由于建立了包括内部独立审计和外部内控评估在内的全方位监督评价机制，美国公立高校的财务资源配置效率得到了有效提升。通过对我国高校科技经费配置管理的研究发现，由于缺乏以效益评估为基础的科研经费配置管理制度，因此高校虽然整体办学实力较强，吸引国家和社会大量的科技经费投入，但从投入产出视角看，其资源配置效率和经费使用效益并不高。

总的来看，由于财务资源支出结构不合理和财务管理措施不完善，我国高校对资金和资产等财务资源使用效益的重视不足，财务资源配置效率不高的现象普遍存在。具体来看：第一，在财务资源分配方面，由于缺乏产出导向的基于效率评价的分配机制，高校仍然存在财务资源配置不合理的现象。上述分析表明，由于基于效率评价的竞争性经费分配机制还不健全，高校仍存在着重点学科建设经费不足、资产闲置、人员经费比例低等财务资源配置不合理的情况，制约了高校的健康、快速、可持续发展。第二，在财务资源配置管理方面，由于财务资源分配与使用过程中的监管机制还不完善，高校财务资源配置效率低下的现象没有得到有效改善。上述分析表明，高校对财务资源配置过程中低效率因素的监管与考察不足，缺乏从成果产出主体出发的系统性影响机制探索，使得财务管理措施的制定缺乏针对性和科学性，导致高校的核心竞争力未得到充分发挥。第三，在财务资源配置效率提升方面，由于缺乏对人才培养和科学研究等成果产出过程的探索，高校财务管理措施的制定缺乏针对性。上述分析表明，高校在制定财务管理措施时，对人才培养和科学研究等成果生产的实际过程与规律考虑不足，使得成果产出主体的激励和考核机制作用效果欠佳。

第三节　高校财务资源配置中的效率与公平

一、高校财务资源配置有效性评价原理

（一）有效性的评价原理

高校财务资源配置管理的目标在于提升财务资源配置效率，使各项经费、资产等都得到有效的使用。现代大学制度建立的关键因素之一在于高校财务管理体制的建设，财务资源配置效率直接反映了高校财务资源的管理和使用情况。

高校作为具有公益性质的非营利组织，应以福利经济学的帕累托最优准则为基础探讨财务资源配置的相对有效性。在福利经济理论中，帕累托最优被确立为衡量社会资源配置有效状态的准则。帕累托最优描述的是一种资源达到最优配置的状态，即在不损害任何一个成员福利的前提下，无法通过资源的重新配置使得任何成员的福利再增加，从而说明社会福利已达到最大化。新古典经济学中的资

源配置理论以资源稀缺性为基本假设，并以均衡价格理论为基础，主张资源的优化配置通过市场均衡实现。其中，福利经济学将社会资源的最优配置作为一项重要的研究内容，主要探讨在何种条件下怎样才可以达到社会福利最优状态的问题。1939 年，英国经济学家卡尔多将以序数效用论和无差异曲线分析为基础的帕累托最优引入福利经济理论，从此，帕累托最优成为判断社会资源配置的重要标准。虽然公立高校不同于自由市场下以价格机制自发调节的经济体，其财务资源配置受国家、政策等宏观调控因素的影响极大，不能实现自发流动，但从本质上看，高等教育的资源优化配置是追求社会福利最大化的帕累托改进过程。因此，高校财务资源配置的相对有效性要从社会福利最大化角度衡量，在理论上以帕累托最优为准则。

高等教育内涵式发展背景下，我国政府拨款更强调依据产出效益分配资源的“效率配置”方式，对高等教育机构的管理也逐步引入竞争机制，更加注重对高校的办学质量和效率的考察。国家各项相关政策和措施都表明要进一步给高校简政放权，扩大高校自主办学的权力，对高校财务资源配置的相对有效性进行评价。

积极建立竞争性的财务资源分配制度，以提高国家财政性教育经费与科技经费的配置效率。高校财务资源最主要的来源是政府的财政拨款，其财务资源配置是社会资源配置的一个重要方面。帕累托最优从社会福利角度衡量资源配置的有效性，与高校的财务资源来源、构成和非营利等属性相适应，适用于财务资源配置的相对有效性衡量。

（二）资源配置效率的影响因素

研究型大学财务资源配置划分为两个阶段：第一阶段的配置目标是积累无形资源，投入一部分财务资源，产出无形资源；第二阶段的配置目标是获得职能成果，投入其余的财务资源和积累的无形资源，产出各项职能成果。由此，研究型大学财务资源配置效率评价的理论模型如图 3-3-1 所示，为考察财务资源配置效率的提升路径提供了理论基础。

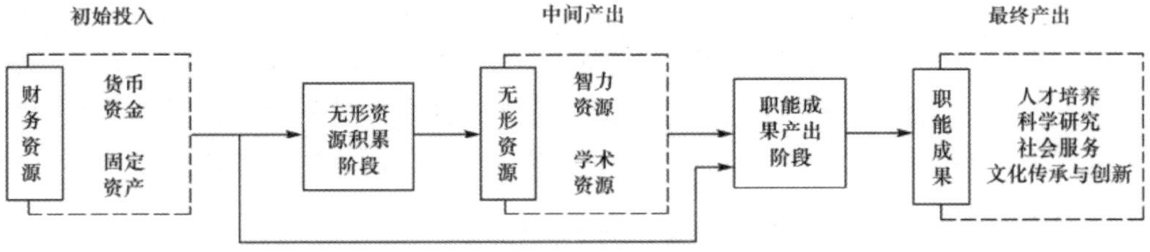

图 3-3-1 研究型大学财务资源配置效率评价的理论模型

研究型大学的财务资源使用者享有财务资源的使用权，是财务资源分配的客体，同时也是积累无形资源和产出各项成果的主体，包括教师、科研人员、在校生、各类学科和课题项目等。因此，财务资源使用者对两个阶段财务资源的配置效率具有决定性影响。

根据理论分析并结合实际情况，研究型大学财务资源配置阶段性目标实现的具体过程如图 3-3-2 所示。

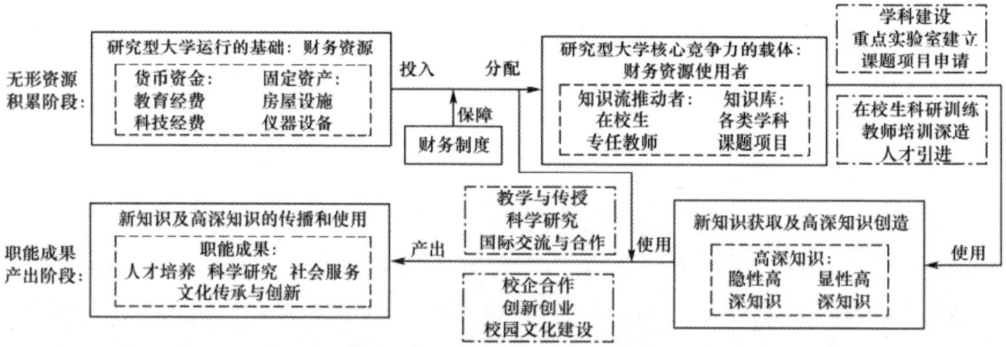

图 3-3-2　研究型大学财务资源配置阶段性目标实现的具体过程

二、高校财务资源配置有效性与公平性的平衡

高校财务资源配置是否合理，既要从投入产出角度考虑到资源配置的效率问题，又要从配置客体角度考虑到资源配置的公平性。资源配置的有效性是一个效率问题，如何分配则涉及公平问题，处理好二者的关系是资源合理配置的关键。随着中国高校扩招和大众化教育进程的加快，财务资源的相对短缺成为制约高校发展的重要因素。在面对提升财务资源配置效率挑战的同时，迈入大众化行列的高等教育还需满足“兼顾公平”的理论要求。因此，我们需要结合高等教育的正外部性、公益性等属性，明确高校财务资源配置领域有效性与公平性的关系，进而构建兼顾效率与公平的高校财务资源配置评价方法。

有效性与公平性是对立统一的关系，只有做到效率与公平的有机结合，才能实现高校财务资源的合理配置。从中国特色社会主义制度的发展历程来看，社会资源配置的有效性与公平性之间的权衡关系随着社会的发展越来越受到重视。高等教育资源作为社会资源的一部分，既重视通过提高财务资源配置效率来提升高校承担各项职能的能力，又重视公平配置促进高等教育的均衡发展。

高等教育财务资源宏观配置的多主体性，同样表明了高校财务资源配置对公平与效率的双重追求。近年来，基于中国国情的研究不断丰富，现有研究普遍认同高等教育资源配置受政府、市场、高校三个主体共同影响。

在高等教育研究领域，现有研究表明，教育资源配置的公平和效率相互作用共同促进高校各项职能的实现，可以通过补偿机制和政策制定实现二者的和谐共生。并且，现有研究同样认为，解决教育不公平问题的关键在于明确指导思想，处理好公平和效率的关系，从而实现高等教育资源的合理分配。

在高等教育中，研究生教育不仅是高水平人才培养的中流砥柱，而且是科技创新的源头活水，能够为国家提升国际竞争力和综合国力提供持久力量。研究生教育经费资源配置的公平与否事关高等教育整体的科技创新职能能否有效实现。因此，在高校研究生教育经费分配中，也应权衡效率与公平的关系，进而评价资源配置的公平性，为高校财务资源的合理配置提供有益探索。

三、提高高校财务资源配置的效率与公平建议

（一）提升高校财务资源配置效率的对策

1. 深化改革教师激励与发展机制

通过深化改革教师激励与发展机制，提升教师队伍的教研积极性，并为青年教师的职业发展提供更为广阔的空间，有助于高校财务资源配置效率的提升。

首先，推进高校教师薪酬制度改革。高校应以知识创新价值和知识传播效果为导向，兼顾不同学科、不同类型教师工资的平衡，通过年薪制、项目工资等多样化的分配方式，形成具有正向激励效应的薪酬分配体系。其次，建立完善的青年教师培训体系。高校应发挥“传帮带”的优良传统，指导青年教师加强专业理论学习，提高授课技巧和相关业务能力，并引导青年教师融入教研室的科研活动，推动青年教师综合职业能力的发展，形成系统的青年教师培养机制。最后，加强对教师兼职的规范管理。高校应制定适合的教师科技创业等管理办法，加强对教师科技成果入股企业、知识产权创业等行为的监督管理，并完善职务发明股权和分红奖励制度，给予成果完成人和团队更大比例的收益，建立健全教师履行社会服务职能的激励机制。

2. 建立健全学科专业的动态调整机制

高校重点学科比例在无形资源积累阶段能够促进高校财务资源利用率的提升，而在职能成果产出阶段降低了高校财务资源利用率。因此，高校应建立健全学科专业的动态调整机制，不断优化学科专业结构，强化重点学科优势的发挥，

从而提升高校财务资源配置效率。

首先，推进特色化学科发展战略。高校应凝练办学特色，聚焦特色和优势学科建设，并发挥重点学科、重点实验室的辐射优势，带动整体学科建设水平的提高。其次，制定多样化的学科交叉融合管理办法。高校应以学术前沿发展规律为导向，通过增加交叉学科课题、不同专业联合培养研究生等方式，一方面，促进基础研究学科的交叉与融合发展，以学术前沿发展规律为导向，实现学术研究领域的创新突破；另一方面，培育新兴应用学科增长点，面向经济社会发展需求，解决生产实践中的技术难题，建立基于学科专业评估的动态调整机制。

3. 完善研究生过程考核机制

研究生比例在无形资源积累阶段对高校财务资源利用率产生了负向影响，且研究生参与项目比例在职能成果产出阶段对高校财务资源利用率产生了负向影响。因此，应加强研究生的过程管理，明确不同类型研究生的培养目标，提高研究生的培养质量，从而提升高校财务资源配置效率。

深入挖掘学术型研究生的科技创新潜能，完善研究生创新实践能力和独立科研能力的培养机制。改革专业学位研究生的考核机制。高校应通过校企联合培养等方式，对专业学位研究生实行双导师制，以技术创新、研发能力和实际问题解决能力等为目标，综合考察学位论文的创新性与实用性，并将研究生创新创业成果纳入培养考核机制，改革完善专业学位研究生的综合考核机制。

4. 创新科研成果市场化模式

高校应通过创新各类科研成果的市场化模式，提升高校各类科研成果的质量和转化率，从而加强课题项目对财务资源配置效率的积极作用。

首先，高校要提高成果完成人及研发团队的分配比例，释放高校科研成果转化的创新活力。其次，探索基础研究成果的市场价值实现新模式。高校应通过技术研究在解决生产实践中关键技术难题中的作用，更好地发挥基础研究在创造新知识、新理论、新方法推动产业创新发展中的优势，实现基础研究成果对经济社会发展的价值贡献。最后，实施高校科技园区的转型升级计划。高校应与合作企业建立网络信息数据共享的服务平台，为科研成果与企业实际需求提供对接服务，促进高校与企业建立长期稳定的合作，建立科研成果转化的校企合作新模式。

（二）提升高校财务资源配置公平性的对策

1. 优化配置，发挥资源集聚效应

资源配置要有前瞻性，聚焦国家重大战略，聚焦前沿科技，将资源更多地投入具有引领性和开创性的领域，并以此带动其他资源的投入，以小博大，形成资源集聚效应。高校应结合高校发展规划，首先从优化财政专项经费配置入手，加强项目论证和绩效评估、加强对中央专项和地方配套经费的统筹、适当放大预算并引入竞争机制，提高资源对重大建设项目和主要建设目标的支持力度。

（1）加强资源保障顶层设计

明确事业发展规划的资源保障机制和拓展规划。一是要明确事业发展规划必须有匹配的资源保障机制，对事业发展的资源缺口明确承担机制，属于学校层面的由学校负责资源拓展，属于单位层面的则由单位想办法筹集资源，缺乏相应资源支撑的事业规划不予纳入学校或单位规划。二是结合学校事业发展规划，制定学校中长期资源拓展规划，建立资源拓展审查机制，规范资源拓展流程，对符合规划的项目鼓励支持，对不符合规划的项目及时进行调整，提高资源拓展与事业发展的关联度。

（2）加强资金统筹

高校应加强资金统筹力度。用好用足财政专项资金，明确项目资金（包括科研项目）、基本拨款、自有资金的资金使用顺序，充分挖掘财政拨款和科研经费对学校财力的贡献，减少自有资金压力。加强院系经费统筹，研究制定将科研项目管理费、发展联络经费统筹用于人才培养和学科建设的管理办法，建立资金统筹机制。对于校内各部门、院系积存大量的结余资金，一方面，将结余资金与以后年度预算安排挂钩，将结余抵入下一年度预算；另一方面，可以将闲散资金收回重新安排，对高校预算安排的未使用资金进行清理收回结余资金，之后分配给院系使用。

2. 建立高校联盟，提升资源共享性

虽然自 2012 年起，我国的财政性教育经费拨款占 GDP 比例超过 4 %，实现了《国家中长期教育改革和发展规划纲要（2010—2020）》的要求，但与其他教育发达国家相比，国内的投入力度仍有较大差距。同时，考虑到高校多重功能的实现效果是教育资源配置能力的体现，也是教育经费应用的最终结果，政府作为资源配置的主体，应搭建平台促成高校间的合作以提升研究生教育产出。构建的平台应能实现科研成果互通、地区资源协调及就业资源共享等功能。

3. 资源共享，提高资产利用效率

做好资产的排查和分类工作，提高可共享资产和专用资产的利用效率。对于可共享资产，摸清资产状况、用途、存放场地、使用频率等，有针对性地搭建资产共享平台，并向全校开放，并积极开发校外使用者，增加资产共享收入。建立共享激励机制，将资产的共享情况纳入单位绩效的考核。对于专用资产，做好资产使用跟踪，可考虑对资产的使用频率进行排名并在一定范围内公开，减少资产重复购置、过渡购置。高校要优化资产配置结构，校级财力更多地支持可共享资产的购置，专用资产尽量使用专项资金或科研经费购置，部分使用率极低的资产购置可考虑用购买服务替代。

重点建设校院两级公共技术支撑平台引领大型仪器开放共享，可赋予和强化设备与实验室管理处在设备采购论证、大型仪器设备使用共享、学校公共平台建设等方面的职责，并通过完善平台收入分配制度，规范服务收费管理，打通校内外服务收费的通道，探索建立以仪器设备共享服务和产出为基础的评估考核办法，调动大型仪器设备开放共享的积极性，鼓励仪器管理人员做好优质服务，全面提升仪器设备资产的产出效益，为全校教学科研及社会提供优质的技术服务。

4. 创新机制，积极拓展财力资源

从财政、社会和自身教育服务等多渠道、多层次拓展资源。高校内部凡涉及资金筹措功能的部门和单位，均要积极拓展筹资渠道，提高对学校财力的贡献；高校可将筹资结果纳入单位负责人的绩效考核中，激发筹资内生动力，形成有效的资源筹措机制。

（1）争取财政支持

高校应研究财政拨款政策，根据拨款因素有针对性地采取措施。加大人才引进和培育力度，提高学生培养质量，加快学科发展，优化科研环境，提高学校在各拨款因素上的竞争力。树立优先争取财政支持的观念，主动与财政部门沟通，及时汇报学校遇到的困难，争取财政部门的理解与支持，尤其是基建等重大项目，要积极尝试财政专项资金立项并获得拨款支持。加强与兄弟高校沟通，对于拨款标准、拨款范围等共性问题，联合向财政部门提出意见和建议，争取更多的政策支持。

高校相关部门要在努力增加中央财政拨款方面寻求突破，由基建处负责基建专项、发展规划处负责双一流专项、本科生院和研究生院负责教改专项、科研院和社科院负责基本科研业务费专项、总务处负责改善办学条件专项、发展联络办负责捐赠配比专项，分析各专项的拨款增长点、建立和完善项目库、加强项目论证和绩效评估、加快预算执行，全面提高财政资金的支撑水平和使用效益。

（2）拓展社会投入

社会捐赠是高校办学经费的重要补充，争取社会捐赠是高校扩宽财力资源的重要渠道。高校要建立多渠道和多层次的发展联络工作体系，梳理完善发展联络相关规章制度，修订完善捐赠工作指南，适时出台学校捐赠配比奖励办法和细则奖励经费使用办法细则，调动院系筹资积极性。创新校友联络机制，完善校友工作指导手册，发挥校友媒介作用，吸引更多资源流入。做好捐赠项目设计，修订完善项目管理制度，提高捐赠项目执行效率，重点开发非限定性的捐赠项目，在支持学校建设的同时带来更多的财政配比资金。

社会投入的另一个方面是科技成果转化。搭建科技成果转化平台，配备专门机构和专业人才，形成教师出成果、学校提供平台、专业人士推动转化的格局，提高成果转化效率。完善转化收入分配机制，除了激励成果创造者，也要注重对院系和转化机构人员的激励，激发他们的工作积极性，同时还要增加转化收入对校级财力的贡献度。

（3）拓展教育服务收入

教育服务收入是高校自筹经费的重要来源，也是弥补和平衡高校日常运行经费不足的主要收入。高校可进一步拓展研究生专业学位教育，加强成本核算，准确地测算学生的培养成本，为学费标准提高提供有力的支撑，规范学费标准审定流程，加强学费收费管理。加强继续教育培训项目设计，紧跟社会需求和社会热点，发挥学校和地域优势，实施差异化培训战略，开发更多具有学校特色的课程，通过差异化管理等政策鼓励中高端培训。加强部门和院系的联动，完善留学生教育管理体制，提高学校对国际学生的吸引力。

第四节　高校财务资源配置管理产生的作用

一、高校财务资源合理配置对高校发展的影响

中国高校教育经费的来源趋于多样化，其中政府、学生、高校三个主要渠道的资源获取已难有新的突破，而社会资金来源的发展空间巨大。在中国教育经费越来越紧缺的当下，国家和政府对高校拓展经费来源渠道，特别是对增加社会资金中的捐赠收入的支持力度不断增强。2009 年 10 月 12 日，财政部、教育部联合制定了《中央级普通高校捐赠收入财政配比资金管理暂行办法》，明确将捐赠收入的地位正式提高到实现高校筹资渠道多元化的重要来源。该办法中“中央财政设立配比资金，对中央级普通高校接受的捐赠收入实行奖励补助”的举措体现了政府层面对高校探索社会资源的吸引方式予以积极的引导，这样既可以调动高校

筹资的积极性，也能够激发社会公众的捐赠热情。

在高等教育经费的非政府投入中，捐赠收入所占的比重很小。高校教育经费的几项重要来源中，财政拨款的增长率近年来不断下降，依靠学费与校办产业补充办学经费也难以有较大突破，而捐赠收入来源与国外教育发达国家相比，可谓是一片“蓝海”。据统计，美国私立高校的捐赠收入占高等教育经费的比例为14.4 %。高等教育经费收入中，由学生和家长承担的学费也难以有大的突破，特别是在2012年高校学费“限涨令”到期后，部分高校已经通过上调高校收费标准来增加高校经费收入。不同类型的非政府投入占中国高等教育经费总投入的比例如表3-4-1所示。

表3–4–1　不同类型的非政府投入占中国高等教育经费总投入的比例

经费类型	年份											
	2006	2007	2008	2009	2010	2011	2012	2013	2014	2015	2016	2017
民办学校中举办者投入	—	0.85%	0.69%	0.69%	0.48%	0.47%	0.31%	0.42%	0.22%	0.30%	0.46%	0.34%
捐赠收入	0.64%	0.73%	0.67%	0.55%	0.53%	0.62%	0.52%	0.53%	0.46%	0.51%	0.46%	0.41%
事业收入	42.22%	46.94%	44.47%	43.57%	40.45%	35.07%	31.66%	33.58%	33.88%	32.25%	31.84%	31.42%
学杂费	29.63%	33.95%	33.92%	33.33%	30.64%	26.53%	23.88%	25.05%	23.31%	21.62%	21.50%	20.99%
其他教育经费	6.88%	7.67%	6.73%	6.53%	5.86%	5.50%	4.97%	5.15%	4.89%	4.65%	5.06%	5.71%

由表3-4-1可知，政府和学生所分担的教育成本在现阶段的高校发展中基本保持稳定，难有新的进展，而捐赠投入还有很大的提升潜力。2013年，中国高校教育经费非政府投入总额为0.336万亿元，而学杂费收入为0.212万亿元，约占当年高等教育经费投入总量的25 %，学费水平已超过普通学生家庭的承受能力。

高校开展的校办产业收入也并不乐观，少数校办企业，依靠学校自身的高知名度与独特优势，拥有较好的业绩和较高的资产总额，但多数校办企业的绩效普遍不佳，且可能因破产而成为高校的负担。最后，社会捐赠经费虽然也是中国高等教育拓宽经费来源的重要渠道，但从表3-4-1中可以看出，截至2017年，中国高校的捐赠收入占全国高等教育经费总投入的比例甚至不足1%。

中国高校的捐赠收入总量较少，相关的监管机制还不完善。截至2016年12月，全国高校累计接收校友大额捐赠总额突破230亿元，然而远低于美国在2016年一个财年获得的、校友仅以个人名义捐赠的99.3亿美元。这组数据反映了中国捐赠收入的状况，一方面，捐赠收入作为中国高等教育经费的来源之一，起步较晚，虽然在多元化筹资中的作用日益受到重视和认可，但与国外相比，捐赠收入在其中所占的份额偏小；另一方面，高校捐赠收入的管理机制仍处于探索阶段，尚不成熟，对促进高校发展发挥的作用相对有限。学术界对高校捐赠收入的研究尚处于初始阶段，主要集中在高校捐赠收入的必要性及捐赠策略等方面，而在捐赠收入的运行机制、影响路径等方面的研究相对较少。因此，对高校捐赠收入的研究有着重要的理论意义。

中国高校的捐赠收入存在严重的“马太效应”，分布极度不均。捐赠收入主要集中在少数办学水平较高且资金较为丰厚的高校。据统计，2016 年，北京的教育部直属高校教育基金会捐赠收入占 2016 年所有教育部直属高校教育基金会捐赠收入的比重超过 40 %。如果按获捐金额越多，配比资金越多的原则，则获捐越少的高校，捐赠资源越少，从而高校捐赠筹资热情也会大受打击，如此就会形成多的越多、少的越少的“马太效应”。配比政策在规定中明确对财力薄弱的高校倾斜的做法有效规避了“马太效应”现象的发生，不仅在一定程度上保证了配比的公平性，也能更加促进教育相对落后地区高校的筹资积极性。

综上可知，高校捐赠收入可以补充高校经费来源，能够多方面地促进高校的发展。高校的捐赠收入作为多样化筹集经费的重要组成部分，对缓解高校资金压力、提升高校基础办学条件、改善高校教学环境及提升高校的形象与声誉等具有积极作用。因此，对于高校而言，重视捐赠收入的重要作用，提升高校财务资源配置的有效性，是保证高校实现可持续发展的必然要求。

二、高校财务资源合理配置对地区经济发展的影响

高校财务资源合理配置具有较强的正外部性，能够通过知识溢出效应对社会科技与经济发展产生积极作用。高校财务资源的有效配置，有利于高校输出优质的人才和丰富的科研成果，进而转化为可带来经济收入的商品或资本，实现高校产学研相结合，推动地区经济发展。此外，高校开放拥有的图书馆、活动室、实验室等，使得该地区居民能够享受这些知识与服务，可以提升地区的知识流动、文化水平，为地区经济建设与发展打下良好的基础。

党的十九大报告提出要“加快一流大学和一流学科建设”，从习近平新时代中国特色社会主义发展的战略高度，进一步明确了高等教育的发展方向。站在“两个一百年”奋斗目标的历史交汇点上，中国经济增长和国家核心竞争力的提升均

面临挑战，而高校作为稳定的技术创新与知识创造载体，必将发挥重要作用。因此，正确看待高校科学研究是国家技术创新源头的本质，通过优化高校科技经费配置效率来实现高校知识与技术创新，进而推动国家技术进步并提升经济发展水平和竞争力具有重要意义。在理论界，随着由内生增长理论派生出的研发驱动经济增长理论的发展，创新、研发与经济增长被联系起来。改革开放四十余年，中国经济增长模式已然改变，从中国制造到中国创造，研发创新已经成为推动中国经济增长的中坚力量。中国经济发展水平进入新阶段，全球化竞争对科技创新提出了新要求，因此提高研发能力、促进科技创新成为重要任务。

高校财务资源的合理配置会对地区经济发展存在直接或间接、短期或长期的影响。一方面，高校财务资源合理配置会对地区经济发展存在直接或间接的影响。高校财务资源合理配置能够保障高校的科研活动对经济增长具有直接促进作用，也能通过其他方式间接推动经济发展，如高校的研发投入有利于催生地区高新技术企业的建立，从面推动地区经济增长。另一方面，高校财务资源合理配置会对地区经济发展存在短期或长期的影响。研发成果从研究开发到转化为生产力产生经济效益，需要一定的时间来实现。研发活动对经济增长的滞后性，首先，对研发资金、研发人员等的投入受到限制，研发活动效率较低，使得研发活动缺乏必要的支撑，影响研究成果的顺利转化；其次，研发活动本质上存在的不确定性、研发周期较长等特征，使得研发成果何时顺利产生并实现经济效益难以准确估计。此外，从科研经费的内部支出结构来看，基础研究、应用研究和试验发展活动性质不同，实现的目标和研发周期存在差异，使得其经济增长的作用强度与作用机制也有区别。因此，高校科技经费的内部支出结构会对地区经济的长期或短期增长产生一定的影响。

高校财务资源中的科技经费占据着重要地位，并且相较于教育经费等其他财务资源对地区科技创新和经济发展有着更为直接的影响。近年来，中国高校科技经费支出不断增加，但高校科技经费支出占科技经费总支出的比值整体呈现下降趋势，表明中国科技经费支出存在不均衡状况。高校承载者科技兴国、人才强国任务，成为科研活动开展的重要机构，高校研究与发展活动情况对中国整体科研活动具有重要的战略意义。

高校科技经费的内部支出结构可以分为基础研究经费、应用研究经费、试验发展经费，各类经费对地区经济发展的促进作用存在差异。各类研发活动具有不同的特征：基础研究是为了揭示客观规律获得新发现进行的探索性研究，往往需要较长的研究周期；应用研究是为了达到预定的目标对相关研究成果进行的应用性探索，由于既定的目标和实用性特征，研究周期相对较短；试验发展是针对基础研究和应用研究成果进行生产加工或者改进相关技术，常见于校企合作的生产活动。

总体来看，高校财务资源合理配置产生的影响和价值能够作用于高校的内部和外部两个方面。一方面，是对高校内部的直接影响。在高校教育经费制约高校进一步发展的背景下，实现高校财务资源合理配置对拓展高校经费来源并实现高校的可持续发展具有重要意义。另一方面，是对高校外部地区经济的间接影响。实现高校财务资源合理配置有助于推动高校知识创新和技术进步，进而推动地区经济和竞争力的稳定增长。高校财务资源合理配置对地区经济发展影响的分析，有利于完善高校财务资源合理有效配置与推动地区经济增长的逻辑关联与动态进程，以及揭示高效资源配置的公平性、有效性对经济增长的影响规律。

三、高校财务资源配置中捐赠作用

高校捐赠资产既包含高校资产，又包含高校捐赠。具体来说，高校资产包括了国家财政拨款、社会捐赠及高校自身创造或购入的资产等归高校占有或使用的各类资源。而高校捐赠在此主要是指接受捐赠，即高校接受由个人或组织向高校捐赠的实物、资金或某种权利的行为。必须强调的是，在这一行为发生过程中，作为受赠方，高校是主动而非被迫接受捐赠；而作为捐赠方，个人、企业或其他社会组织也是自愿对高校进行捐赠，且捐赠方这一行为不以获利为目的。因此，高校捐赠资产是指个人或组织自愿的、无偿的、以非营利的方式向高校捐赠的自身资产或资源的统称。

（一）高校捐赠收入的影响

1. 高校捐赠收入的状况

（1）高校捐赠收入管理

高校捐赠收入管理的研究分别从高校内部环境和外部环境两个视角进行分析：从高校内部环境来看，高校越来越重视捐赠收入在高校发展中的重要作用，主动吸引投资；从高校外部环境来看，捐资助学兴办教育具备历史基础，并且经济的发展为高校捐赠收入提供了社会条件。

现有研究发现，现阶段中国高校捐赠收入的来源与管理等方面仍存在较多的问题。专家认为，虽然中国新时期的慈善捐赠环境在逐渐完善，国家制定相关政策法规引导教育捐赠，许多高校也建立了校友会、基金会等社团组织和筹资机构，但仍面临许多困境，包括教育捐赠组织发展艰难、基金运作模式不完善、捐赠信用机制和激励机制等制度尚未落实、缺乏社会公众的参与等。有专家从中国高等教育捐赠政策、捐赠主体及受赠情况三个方面指出高校社会捐赠存在的问题除收入规模小、形式单一之外，还存在高等教育捐赠管理缺乏专业性、民间慈善机构发展不充分、社会参与度不高等缺陷，并且认为这与相关法律政策缺失、捐赠文化氛围缺失、捐赠收入管理机制缺失等方面有关。从高校捐赠收入的构成来源、数量占比及增长态势、分布状况三个方面分析中国高校捐赠收入的状况，总结出中国高校捐赠收入存在的两个问题：一是高校捐赠收入规模小、所占比例低；二是捐赠形式单一、捐赠主体缺乏多元化。

（2）高校捐赠收入的国际对比

现有研究对中美高校捐赠收入情况和管理方式进行了对比，可以归纳为高校自身特征的微观管理视角和国家制度等宏观环境视角两类研究。

微观管理视角的研究，通过中美高校的对比分析来展开，以美国各类高校为研究对象，分析其捐赠规模、来源、用途、管理等情况，对比中国高校的捐赠收入状况，总结不足、提出建议。有专家以美国公立高校为研究对象，对其高校捐赠收入的捐赠规模、捐赠来源、获赠情况、捐赠形式，以及高校对捐赠的管理、促进捐赠收入的外部环境进行分析，并对比中国公立高校捐赠收入的情况，从捐赠规模、来源用途、捐赠管理三个方面总结中国高校捐赠收入的状况，从中发现中国公立高校捐赠收入发展的不足。从美国高校捐赠收入的筹集途径、捐赠方式、资金用途及对捐赠资金的管理等方面总结美国高校肩赠收入的特点，由此分析中国高校获得捐赠收入较少的原因可能为捐赠收入还缺乏群众基础、激励捐赠收入的法律政策不够完善、缺少具有慈善性质的非政府组织。

宏观环境视角的研究，一般从中美两国的制度环境视角展开，通过对比两国高校的历史、文化、制度等，总结中国高校捐赠收入发展的不足，并借鉴美国高校的经验，提出相关改进路径。专家认为，与美国私立高校发达的捐赠收入相比，中国民办高校在这方面存在明显差距，而导致差距的成因包括政府政策、社会文化和学校自身三个方面，要解决该问题可借鉴美国经验，重点提升“三力”，即强化民办高等教育捐赠收入的驱动力、提高民办高校捐赠收入的牵引力及增强民办高校捐赠收入的吸引力。相关学者认为，美国的宗教信仰和相关法律规定对捐助慈善事业起到了至关重要的作用。。

国内外的对比研究为中国高校捐赠收入的获取及管理提供了一定的参考建议，但应注意到中美两国存在的政治、经济、文化差异，探寻中国情境下的高校捐赠收入保障及管理才是主要问题。因此，相较发达地区的高校捐赠收入研究，中国高校捐赠收入研究仍存在较大的探索进步空间。

2. 高校捐赠收入的影响因素

对于高校捐赠收入的影响因素研究，现有研究通常将捐赠收入作为被解释变量，运用回归等方法建立数学模型进行影响因素分析，并且在变量选择方面以校友捐赠收入与高校教育基金会捐赠收入两种典型的高校捐赠收入为主。

国外研究通常选用案例研究的方法，通过调查问卷或访谈的形式，探究校友捐赠的影响因素。该类研究从捐赠者的内外部特质角度，将校友捐赠的影响因素归纳为三类：一是外部社会经济因素，包括捐赠者的社会地位、就职行业、经济收入、捐赠税收政策等；二是个体自身因素，如捐赠者的年龄、性别、婚姻、家庭成员情况等；三是捐赠者内部心理因素，包括自我定位、观念、信仰、生活方式等。另外，校友捐赠还受到求学时期在校体验的影响，如校友在校的任职情况、学校的思想教育情况、学校的管理模式等。有专家将校友捐赠的影响因素分为个人与家庭两个方面。其中，个人情况包括年龄、职业收入等，家庭情况包括父母情况、子女情况、婚姻状况等。该研究表明，个人收入每增加 1 万美元，捐赠额会增加 2 % 左右。有人认为校友在校时就读的专业、毕业后的职业规划及校友的家庭收入情况等都与高校捐赠收入存在显著的相关关系，家庭收入每增加 1 万美元，捐赠额增加 9 % 左右；随着家庭收入状况的改善，校友捐赠的数额会越来越大，捐赠的积极性会越来越高。有专家运用访谈的调查方法，对校友的在校经历，包括人际交往、与室友关系、学术经历、学校管理制度、校训精神等方面进行了调查，并从实证的角度探究校友在校经历与校友捐赠的关系。

国内对校友捐赠影响因素的研究，从数据获取方式、捐赠者特征和高校特征等方面进行了探索。第一，从数据获取形式来看，可分为一手数据和二手数据两种。第一种是通过问卷的形式获取一手数据，然后分析校友捐赠的影响因素；第二种是利用二手数据，通过回归分析的结果来归纳影响因素。第二，校友捐赠的影响因素可以从学校、个体、制度三个方面来概括。首先，高校的综合声誉、学术影响能力会对校友捐赠产生显著影响；其次，个人对母校的认同程度与在校经历，如校友职位、毕业届别等会影响其捐赠行为；最后，制度因素中捐赠免税比例与捐赠免税约束会对校友捐赠产生相反的影响。第三，高校教育基金会捐赠收入的影响因素一般与高校自身情况和地区经济发展密切相关。高校办学层次，如是否为“985 工程”高校、师资力量、科研能力等反映高校综合实力的因素，对高校基金会捐赠收入都会产生显著的正向影响。同时，高校所在地区的经济发展水平也会影响高校教育基金会的捐赠收入。

（二）高校捐赠收入与高校发展水平的关系

高校的可持续发展是实现中国高校“双一流”建设的前提条件，影响中国高校可持续发展的因素众多，既有宏观因素也有微观因素，既有可控因素也有不可控因素，可归纳为外部因素和内部因素两类。外部因素主要包括政治制度、政府资助、经济条件和市场需求等产生于高校机体外的因素；内部因素主要包括师资力量、办学特色等。内部因素是根本，外部因素是保障。在高校的可持续发展过程中，内部因素和外部因素相结合共同对高校产生影响。

现有研究大多通过定性的方式进行分析，从高校捐赠收入在高等教育成本分担机制中的地位，补充办学经费、优化治理结构等多个方面论述了捐赠收入的重要作用，说明了其对高校发展的影响。从经济收益和非经济收益两个角度对二者之间的关系进行论述，高校捐赠收入能弥补办学经费的不足，而获取高校捐赠收入是高校办学水平的重要标志及高校发展战略的重要内容。高校捐赠收入除给高校带来缓解财政压力、提高办学水平、促进高校发展等积极影响外，还有可能带来消极影响，如影响高校的学术自治、对捐赠者要求处理不当造成声誉受损等。高校捐赠收入能够为提高高校办学水平提供物质基础，同时高校捐赠收入的筹集可以缓解高校的财务危机。高校综合实力与高校捐赠基金规模之间存在正相关关系，同时高校捐赠基金的良好运行有利于促进高校可持续发展。

（三）发挥社会捐赠对高校积极作用的对策

捐赠收入作为高校重要的社会资金来源，在中国的高等教育逐步走入“大众化”阶段的当下，对中国高校的发展有着无法替代的促进作用。高校在了解了捐赠收入在其发展过程中的重要作用后，应该通过有效途径扩大捐赠来源并充分发挥现有捐赠收入资源的效用。

1. 优化捐赠收入资源配置

通过中外高校的捐赠收入对比可知，现阶段中国高校捐赠收入在高校整体经费中占比偏低，在办学经费依旧不足的当下，要求高校把每一笔捐赠资金用到“刀刃”上：从捐赠者的角度来看，捐赠者多出于互惠的动机进行社会捐赠，也即捐赠者并不希望自己的捐款仅仅用于帮助高校补充办学经费或缓解经费压力，他们更期望所捐赠的款项能够支持高校的发展与进步，如建立研究中心、学生奖助学金、教师奖教金等。

不管是对于综合类高校还是非综合类的理工、农林、师范等高校，不管高校所处地区的高校集聚程度如何，相比促进人才培养、资助科研项目等方面的微小辅助作用，高校捐赠收入对于改善高校的整体基础建设水平、扩大高校影响力进而提升高校的综合实力更加有效，因此高校应将捐赠收入的使用重心落在改善办学资源与提高声誉关注度上。另外，对于综合类高校与位于高校集聚程度较低地区的高校，由于高校发展定位的需要与整体教育资源的缺乏性，高校捐赠收入资源似乎承担着更大的“责任”，相较于其他类型及地区的高校，这两类高校的捐赠收入倾向更多渠道地影响高校的实际发展。因此，这就要求高校结合自身的特点及发展定位，深度挖掘高校捐赠收入价值最大化的路径，充分发挥其对高校综合实力的提高作用。

2. 丰富捐赠收入内涵

高校捐赠收入还存在形式单一等问题，捐赠大都以实物形式的资金和物资为主，缺乏通过支持毕业生就业与创业、学生联合培养、科技服务校企合作等方式提供捐赠。人才培养和科研能力未能在高校捐赠收入对高校发展水平的影响中起到显著的作用，说明现阶段中国高校捐赠收入还停留于一次性的资金给予占。然而，教学与科研作为高校最基本的职能，直接影响高校的可持续发展与“双一流”建设，并且人才培养与科学研究活动也是高校发展中更需要经费支持的模块，因此发展潜力巨大的高校捐赠收入资源如果能够应用到这些活动中，无疑是高校发展的加速器。

高校应丰富高校捐赠收入的内涵，从单一的物质资助转变为对高校办学全过程的参与和支持，从人才培养方面为学生提供实习机会、为毕业生提供就业岗位、为科学研究提供调研场所、为科技成果产业化提供试验基地等各方面的帮助。同时，应注重维护与高校社会捐赠事业有贡献的捐赠者的关系，捐赠者与高校之间的双向激励，可以进一步扩大高校捐赠收入的效用。高校可以建立捐赠收入款物信息库或信息网，让捐赠者和其他公众无障碍地查阅高校捐赠收入资源的动态，这有利于遏制高校违规使用捐赠资金的情况。另外，高校可增加对社会捐赠行为的宣传力度，高校声誉提升的根本在于社会公众的关注度，通过对社会捐赠行为的报道与宣传，可以引起公众的关注与讨论，同时也是对高校校友回馈母校的一种鼓励。

3. 健全管理制度，规范管理流程

高校应遵循国家关于高校国有资产管理的相关文件及行政事业单位受赠制度的具体要求，同时结合高校自身的实际情况，建立一套完善的只针对高校捐赠资产的管理制度和办法。

首先，高校应设立专门的监督机构，独立负责监督工作，明确该监督机构的职责与权力，使监督与管理职能相分离，同时保证其不受行政部门的制约，敢于对捐赠资金挪用、误用等问题进行揭露和监管，高效率地执行监督工作。

其次，高校应建立健全监督制度，对从捐赠资产登记到考核的每一环节进行严格监督，及时发现问题并采取相应措施，防止发生管理者“钻空子”或监管不及时导致捐赠资产流失的现象。

最后，高校应重视捐赠资产信息平台的建立，在信息平台上公开捐赠资产的使用和管理情况，如及时上传财务报表、收支明细等详细信息，同时也要对贪污、挪用捐赠资产等违纪问题进行如实披露，使捐赠者和社会群众能随时了解详情并给予监督，确保捐赠资产运作过程的公开化、透明化。

4. 转变高校募捐观念

从对高校捐赠收入的分析结果看，中国高校捐赠收入存在严重的分布不均问题，即使同为“985 工程”高校，不同层次、不同地区、不同类型的高校，捐赠收入情况也有很大差别，如 2016 年华北地区的教育部直属高校的平均捐赠收入达 21 798 万元，而西北地区高校的平均捐赠收入仅为 3123 万元。可见，虽然我国已经有很多高校开展了捐赠收入募捐工作，但放眼全国所有高校，依然有相当多的高校尚未重视甚至尚未开展捐赠收入募捐工作。

高校捐赠收入的重要意义不仅体现在补充办学经费、缓解高校财务危机上，更深层次的意义在于高校捐赠收入不仅对高校的发展有积极的促进作用，而且高校的良好发展也能促进捐赠规模的扩大，二者是良性互动的。“双一流”建设要求高校不断拓宽筹资渠道，积极吸引捐赠收入，多渠道汇集资源，增强自我发展能力。同时，高校捐赠收入财政配比政策也在国家层面体现出对高校社会捐赠行为的鼓励和支持，高校更应审时度势，抓住机会，在国家倡导吸收社会捐赠时积极为募捐创造有利条件，加大宣传力度，主动寻求社会合作的机会，加强与校友的联络，多渠道地筹集捐款。

从中国高校捐赠收入的“马太效应”中也可以看出，中国高校捐赠收入的募捐工作存在“好的越好、坏的越坏”的问题，募捐越多的高校，越能吸引捐赠。从这个角度来看，高校在募集捐赠时对潜在捐赠者更具吸引力的也许是高校的优势项目、强势专业，而非高校的薄弱项目，因此才会出现越是综合实力靠前的高校捐赠收入越高。因此，高校也应结合这一状况，站在捐赠者的角度，转变募捐观念，一味喊穷也许不是好的筹集资金的办法。

5. 培养捐赠文化

中国高校捐赠收入分布不均，“二八”现象严重，捐赠者看重捐赠回报。高校应承担起宣传社会捐赠，增强民族捐赠意识的责任，让社会公众认识到捐赠收入对于高校、社会及学生个人的重要性，营造良好的捐赠氛围，形成可传承的捐赠文化。高校捐赠收入更偏向以提升高校声誉的方式促进高校的整体发展，因此高校可以利用强大的媒体力量增强社会舆论引导力。

另外，高校应充分考虑捐赠者的心理，建立完善的捐赠回报机制，让捐赠者也在捐赠的过程中受益，从而达到高校与捐赠者的长远、可持续的良性循环状态。不同的捐赠者期望的回报不同，捐赠者个人可能追求尊重需求和自我实现需求，捐赠企业可能希望借助学校的名义宣传企业的良好形象。针对不同类型的捐赠者，高校应建立多样、完善的回报机制，如捐赠者荣誉称号、赠礼、名人墙等，激励社会公众投身捐赠行业。同时，高校对捐赠者的回报也能起到榜样示范作用，榜样的力量往往能够对周围的人产生道德影响，并引导人们的伦理价值取向。这不仅能鼓励更多的人进行社会捐赠，更是对捐赠者善待资源、分享财富的价值观的肯定。最后，营造全民捐赠的氛围，培养中国公众的捐赠意识及社会捐赠文化，少不了政府的努力与支持，如人性化的税收激励制度，更系统、更具针对性的高校捐赠收入规范等

四、高校财务资源配置中科技经费支出影响

中国高校科技经费支出结构仍处于不平衡状态。高校研发活动可分为基础研究、应用研究、试验发展。研发活动的投入力度和规模通常用于评估国家的科学技术能力。从投资规模角度来看，应用研究经费在科技经费中占据主要地位，优于基础研究和试验发展。科技部在 2015 年地方基础研究工作会议上强调，要进一步发挥基础研究在创新驱动发展中的作用。国家在提升高校科技经费整体支出的同时，加大了对基础研究的投入力度，进一步优化基础研究投入在研发活动总经费中所占的比例。同时，不应忽视应用研究和试验发展在高校研发活动中的重要地位。因此，在高校科技经费分配时应全面考量各类研发活动在科学研究中的作用，切忌顾此失彼，为实现高校科技经费的最优配置奠定基础。

（一）高校科技经费支出结构

高校科技经费内部支出结构的有效性和合理性凸显了研发活动资源的利用效率，而在现有研究中探查高校科技经费内部支出结构的文献还很少。以中部地区

六省（湖北、湖南、安徽、河南、江西、山西）的院校作为样本，研究发现地区科技经费支出结构存在偏差，对基础研究的重要性认识不够，需要提高对原始创新的重视程度。研究发现，中国高校科技经费支出显著地推动了经济进步，但高校不同类型的科技经费支出在推动经济进步的影响程度方面存在差异。无论是高校还是研究机构，研发投入均显著地提高了工业企业的生产率，沿海地区的基础研究比应用研究更能推动工业企业的生产力发展，内陆地区则相反。

高校科技经费支出对经济增长的积极效应，但大部分将视角集中在高校科技经费支出总量上。然而，国家对高校基础研究、应用研究、试验发展活动的资源投放规模是存在差异的。因此，从高校科技经费内部支出结构角度出发，探究各类研发活动对经济发展的影响效应，有利于国家依据经济增长原则调整高校科技经费支出结构的投入，引导高校优化科技经费的配置。另外，虽然少部分研究考虑到科技经费内部支出结构的影响差异，但仅考虑了高校不同类型科技经费支出对经济增长的当期影响，忽视了从资源投入到产生经济效益可能存在的时滞效应。

（二）高校科技经费支出影响经济的滞后效应

研发成果从研究开发到最终产生经济效益，需要经历较长时间的传导过程，其资源投入对经济的影响并不完全体现在当年的 GDP 中，在客观上存在一定的滞后效应。

现有研究大多数通过格兰杰因果检验，对国家和地区研发投入对经济增长影响的滞后效应进行了较多的分析。根据中国不同类型的资源配给强度对社会发展的滞后效应，结果表明，基础研究和应用研究从投放资源到推动社会发展存在滞后期，长达 9 年，当滞后期不断增加时，二者的相互作用越来越强；而试验发展的滞后期约为 4 年，当滞后期不断增加时，促进效应逐渐下降。研发资源与增加企业价值之间存在滞后效应，在一段时间内，随着研发投入的增加，其对企业价值的影响逐渐增强。风险投资、研发投入与知识产出三者之间存在长期的均衡影响。其中，研发投入是形成知识产出的单项格兰杰原因，在短时间内风险投资和研发投入对知识产出存在迟滞效应，但该影响并不显著。

（三）高校科技经费促进地区发展的对策

1. 重视高校基础研究

在中国高校研发活动中，应用研究经费支出远远高于基础研究经费和试验发展经费，基础研究对推动地区经济发展的影响强度更大。基础研究虽然不能在短期内带来经济效益，但当代科学技术都是建立在基础研究之上而不断发展的，并且其他两类研发活动也都需要以此作为研究基础。随着国际竞争的加剧，基础研究带来的经济效益逐渐凸显，基础研究已经不再是传统意义上的纯理论研究，它是科学技术到生产力链条上的首要因素。国际发达国家对基础研究的投入力度较大，这表明国际领域对基础研究的重视程度较高，而中国基础研究投入强度偏低，基础研究投入比重低于发达国家，这也导致中国的原创性科研成果不多，缺乏关键核心技术。因此，国家应当提高对基础研究的重视程度，充分认识到基础研究在推动原创性技术创新中的重要作用，不断扩大对基础研究的支持力度，并且带动企业和社会对基础研究领域的关注。

随着“中国制造”到“中国创造”理念的转变，科学技术具有越来越重要的作用。中兴通讯股份有限公司被制裁事件的发生，引起公众对科学技术创新的关注，只有掌握关键领域的核心技术，才能摆脱被动局面。基础研究是科学技术创新的原始推动力，也是技术应用于实践的源泉。因此，加强科技创新必须提高对基础研究的重视程度，加大对基础研究活动的资源投入。由于应用研究能在短时间内产生经济效益，因而应积极引导高校和科研机构重视基础研究，避免高校研发活动倾向应用研究而忽视基础研究。

2. 保障科技经费的持续投入

从内部支出结构来看，应用研究经费支出规模最大，试验发展经费支出占比最少。试验发展对经济增长的效应在滞后期之后才显现。因此，对于不同类型的研发活动，在考虑短期经济效益的同时，也要注重长远发展。高校应持续投入试验发展经费，合理保障其研究过程中所需的必要资源，对研究过程中遇到的各类问题提供帮助。同时，高校还应当给予试验发展足够的耐心，以开放的态度和长远发展的视角审视试验发展。相较于前两类研发活动，试验发展活动对经济增长的滞后性较长，高校在配置科技经费时，要从国家整体科技研发的角度出发，优化研发活动各项资源投入，切勿因试验发展经济效益滞后期较长而忽视该活动在科学领域中的重要作用。对于高校试验发展活动的产出成果，要积极加快研究成果的转化，从而更好地促进经济发展。

3. 利用高校研发活动推动地区经济创新发展

通过高校研发活动能够推动经济发展，并且通过分析各地区高校科技经费支出水平，能够积极有效地预测地区的经济发展情况。因此，从地区经济发展角度来看，大力发展科学研究，积极扶持高校科研活动，不仅能够提高地区技术创新能力，还有利于地区经济发展。高校研发投入是形成科研产出的物质基础，科研成果需要顺利转化才能发挥更大的经济效益。因而，加大对高校科研活动的重视，不仅体现在对高校科研活动的资源投入上，还需要加快高校科研成果的顺利转化。

高校研发活动不是闭门造车，而是结合实际需要，根据社会需求来进行科学研发活动。从地区经济发展角度来看，积极开展校企合作有利于实现多方共赢。为了积极推进校企合作，首先，政府层面，国家应当建立一系列政策机制，加强高校与企业和社会的联系，在政策上鼓励高校科技园、创新企业孵化基地等机构开展相关活动，为积极推动校企合作保驾护航。其次，高校和企业之间要完善合作交流机制，高校设立校企合作研发机构，共同培养人才，高校应建立科技园，吸引大量所在地区高新技术企业的加入，形成高校产业经济圈，加速高校科研成果转化，有力地推动地区经济发展。

4. 加大中西部地区高校研发投入

各地区高校科技经费支出数据的分析结果显示，中国各地区教育资源存在较大差异，东部地区教育资源优于中部和西部地区。地区间教育资源的差异与各地区经济发展状况相关。因此，为了促进教育资源公平性，国家应当加大对中部和西部地区教育资源的扶持力度。对于中部和西部地区高校来说，应积极推动科研成果转化，实现研发活动产出的规模效应。通过建立高校间信息共享机制，在科学研究领域积极推动各高校加强合作交流。对于经济发达地区的高校，其研发转化率较高，可以总结经验并进行推广，带动其他地区高校根据实际情况加以学习。中部和西部地区高校应当拓宽经费来源渠道，积极建立校企合作等项目，使高校的研发活动更好地推动地区经济发展。

东部、中部、西部地区研发活动的内部支出结构也存在差异，东部地区对基础研究重视程度更高，中部和西部地区需要加强对基础研究的投入力度，鼓励研发原创性成果，努力缩小地区差异。解决地区间的差异不是一蹴而就的，需要政府和高校等结合实际情况有序开展。高校的不断进步有利于提高所在地的教育质量和技术水平，近年来，高校的发展也为高校所在地吸引了大量的优秀人才，因此提升高校实力能够带动地区经济发展。对于中部和西部地区，为了吸引更多的人才，需要大力发展地区高校，提升高校综合实力。

第四章　高校内部控制理论研究

2012年印发的《行政事业单位内部控制规范（试行）》已实施多年，高校作为事业单位，数量较多，是实施《行政事业单位内部控制规范》的重要主体。经过数年的实践，高校内部控制从无到有，从不规范到逐步规范，目前已经步入规范运行的轨道，取得了显著的成效。本章从高校内部控制理论基础、高校内部控制基本思路、高校内部控制优化分析三个方面介绍了高校内部控制理论的使用和发展。

第一节　高校内部控制理论基础

一、内部控制概述

（一）内部控制的基础

1. 控制环境

控制环境，对于一个单位来说，是内部控制实施的基础，单位整体控制氛围是由它主要构成的，它是对管理政策进行加强或削弱的关键，影响着各种指标的效率和质量，主要是指一些十分重要的影响因素。

对内部控制的意识，主要包括了管理人员和工作人员的能力和思想，以及对单位的诚信度和相应的伦理价值，其所带来的影响不只是财务方面的，还包括单位整体构建和人事安排等方面的重要内容。控制环境虽然是无形的，但是它能够对单位内部控制产生巨大的积极或消极影响，它是一个单位实现管理目标的基础构成部分。

2. 控制活动

控制活动决定和影响了一个单位的整体管理组织、人员层次及工作职能，它是单位领导层实现管理目标的有效策略。控制活动主要包括对整个管理体系的参与，它的职责是对经济业务和管理活动进行严格的安排和监督，是保证会计信息真实性和资产安全可靠性的基础，确保单位能够通过恰当的管理控制行为得到正确的流程执行，使得单位内部的各项活动都在合理的规章范围控制之内。由此可见，控制活动是整个内部控制工作的核心。

3. 风险评估

风险评估，是一个单位根据自身的管理目标按照特定程序所进行的预测分析，具体是指单位在确定管理目标和分析实施过程中的有关风险，如管理风险、扩大规模风险及合同风险等内容。针对这些不确定风险，应当制定相应的风险处理机制，采取适当的风险应对策略。从宏观角度来看，风险评估是单位建立起来的识别风险和应对风险的保护机制，是随着社会发展、经济进步、行业竞争、监管力度及单位的运营情况而不断变化的。

4. 信息和沟通

信息和沟通，主要是指将单位内部的工作情况、财务信息、管理分析、纪律规范等方面的信息进行传递和汇总的过程，然后通过对汇总信息的反馈和处理进行分析，以此来实现单位内部控制的目的。其具体内容是通过对整体单位特有的信息数据进行收集，然后对汇总信息进行分析，从而生成对特定事件和活动的数据报告，下发至每一位相关人员的手中，以保证单位中特有的人力资源、物力资源和财务资源都分配至特定的位置当中，使各部门、各层级之间的沟通保持顺畅。当一个单位的信息真实有效、沟通畅通无阻，就能够较好地保持单位的正常运行，更好地实现单位的既定目标，确保各种资源都在管理层的控制之下，各项业务都在内部控制之中，同时也可以确保单位内外部的关系保持畅通，使内部控制渗透每一个部分中。

5. 内部监督

监督，是指在单位的运行过程当中，对单位的常规控制和管理活动进行的监控和评价。判断人力资源是否有效地执行和运作，判定管理控制是否在各自职责和既定程序的范围之内。内部监督的具体工作主要是通过各类信息的反馈来实现的，具体方法包括个别评价法和持续监控法，这是一个检验风险评估要素执行质量和运行状况的过程，其评价的主要内容是单位内部各种资源有效利用的效率和质量，评价的主要范围是根据单位内部的管理目标而确定的，在内部控制的运行出现异常时，以信息报告的警示方式向管理人员提供适当的监督意见。同时，内部监督也是对其他几个控制要素的检验。

（二）内部控制的原则

1. 合法性原则

合法性原则是企业进行任何制度建设时都应遵守的基本原则。通常对企业行为产生约束力的法律法规包括《中华人民共和国经济法》《中华人民共和国会计法》《中华人民共和国审计法》《中华人民共和国公司法》等。故进行企业内部控制体系建设前，首先应考虑相关的法律法规或规范，并着眼于实际，使企业内部控制建设合理、合法。

2. 全面性原则

企业的内部控制体系应针对企业的整体战略目标展开建设工作，着眼于通过一系列控制手段达到提升企业的经济效益及降低企业的经营风险的目的。内部控制执行时应覆盖企业计划、决策、执行和监督的全过程，贯穿于企业及所属分支机构各项业务与事项。许多管理者对于内部控制体系的理解存在误区，认为内控仅针对员工设立，与高层管理者无关，并且内部控制仅针对业务部门、财务部门等直接涉及企业经济利益的部门而设立。显而易见，这种思想是片面的。

3. 重要性原则

在运用重要性原则时，需要一定的职业判断能力。根据外部行业环境和自身业务特点，从重要业务事项的性质和数量上考虑是否实施重点控制。

4. 制衡性原则

企业实施内部控制应在兼顾企业的经营效率的同时，建立机构设置、业务流程、财务流程、权责划分等方面形成相互制衡、相互监督的体系。

5. 适应性原则

企业的经营规模、员工数量、产品种类等均会随着时间的推移而不断发生变化，同时企业所处的外部市场环境也在日新月异地发展并对企业产生一定的影响。因此，内部控制的适应性原则要求企业在制定内部控制制度时具有前瞻性，并在实施过程中适时对内部控制体系进行全方位评估，评估内控是否与企业的经营规模、业务发展、竞争情况以及风险水平相匹配，对于发现的问题、风险应及时采取补救措施。

6. 成本效益原则

企业实施内部控制规范体系时，应充分考虑成本与预期收益之间的平衡关系，尽可能以较低的成本实现有效的企业控制。成本效益原则要求企业在构建内部控制体系时综合考虑投入的成本和产出的效益配比。从企业的整体利益出发，对成本效益原则进行判断，如果某些内部控制虽然影响了工作效率，但是能避免整个企业遭受更大的损失时，企业仍应实施相应的内部控制机制。

（三）内部控制体系的概念与要素

1. 内部控制体系概念

内部控制体积的概念至今为止都没有达到统一，出现这种现象的原因就是学者和研究人员在对内部控制的目的、范围及方法进行界定时，提出了各种各样的观点。当前，其主要出处来自 COSO 报告，它明确指出，内部控制的最终目的是改善企业经营效率，调动全体员工参与管理工作的积极性，使企业得到良好的发展，并且利润达到最大化。

2. 内部控制体系的要素

内部控制体系由企业或单位的各个部门及规范制度共同构成。在这些要素当中，控制的环境是所有要素中处于最基础层次的，其他要素都是以此为基础的，因此控制环境的完善直接有助于良好的内部控制体系的构建。此外，在内部控制体系中，对风险的评价、控制的相关活动及内部的信息与沟通都是非常重要的组成要素，而内部监督是对上述各个要素进行评价和检验的基础，从而确保各个要素都达到合理规范的要求。

3. 内部控制理论的发展阶段

（1）内部牵制阶段

内部牵制阶段。是内部控制理论获得发展的基础阶段，其核心内容是使各个领导和员工的工作内容和职责达到互相牵制的状态。也就是说，在工作中必须进行明确的职责分工和业务划分，保证财务数据的真实，从而防止出现工作失误或舞弊现象的发生。内部牵制的理论十分先进及重要，岗位分离等制度都是依照它而制定的，它在内部控制体系的构建和完善中仍然发挥着积极有效的管理作用。

（2）内部控制制度阶段

内部控制制度的有关概念，其实是在内部牵制理论发展的基础上形成的，它的形成促进管理部门对各项制度在工作中的实施而采取的各种方法及措施。同时，该理论思想还将内部控制分为两个部分：会计控制和管理控制。从具体的内容来看，会计控制的主要内容是保护企业的财产安全，对于管理层所制定的规范和方法加以控制，完善内部的财务操作流程，促进系统内部各个组成部分的有效循环。

（3）内部控制要素阶段

美国相关协会在 20 世纪 80 年代末，曾发布一则审计准则公告，其指出会计制度、管理控制程序及管理控制的环境是构成内部控制的重要部分。并且针对企业内部的会计控制和相关方面的管理控制强调，不能够将二者分割开来，它们有着密不可分的联系。因此，在以后的内部控制研究过程中，逐渐从大体框架转化为具体内容，深化到企业各部分的内部控制管理过程中，其所包含的三个要素，也成为内部控制中的重要构成内容。控制制度规定了企业中资产和负债的管理职责和权限，同时也对企业各类经济业务的处理、分类和管理等方法做出了全面而明确的规定；控制程序指的是单位内部管理者为了提高管理效率和管理质量所制定的程序和政策，从而实现最终的管理目标；控制环境是内部控制中最基本的因素，它所指的是对管理程序的改进、制定政策的完善及工作效率的提高。这一阶段的形成，为内部控制五要素理论打下了坚实的基础。

（4）内部控制框架阶段

在 20 世纪 90 年代初，内部控制研究从一个全新的高度和角度对内部控制进行了阐释和界定。随着内部控制的逐渐发展，其重要性已被越来越多的企业和单位熟知，在这样的背景下，美国注册会计师协会在 20 世纪 90 年代对 COSO 报告做出了新的界定，这一重要举措对世界范围内的内控研究都起到了推动作用，使得该方面无论是在理论上还是在实际上都取得了较大进步。

近些年来，相关学者在开展企业管理工作研究时对风险管理方面投入了更多的关注，尤其是在 2004 年，美国 COSO 委员会发布了大众认可度极高的风险管理整合框架。

这一发展阶段，无疑对经济贸易日益发达、竞争程度日益激烈的当今社会，提供了较为充分的企业内部控制理论和实践支持。

（四）内部控制的理论基础

1. 委托代理理论

20 世纪 30 年代，企业的经营方式为企业所有者集管理权和经营权于一身，企业内部相关人员存在信息不对称的现象，会对别的利益相关者造成一定的损失。随着该种形式弊端的显现，美国经济学家伯利、米恩斯认为企业经营应该实现所有权与经营权相分离，于是提出了委托代理理论。该理论的提出条件为信息不对称，即企业财产所有者通过与实际经营者建立一种契约关系，财产所有者（委托人）与实际经营者（代理人）在运营的过程中，委托人追求企业利益最大化，相对应地，代理人追求报酬最佳化，工作相对轻松，以较高的社会地位等为目标，两方追求的目标不同，外加上信息不对称的原因，委托人若想预防代理人为了追求自身目标而不惜损害企业利益的行为，以最大限度地减少双方利益冲突和信息不对称影响，企业内部可以构建内部控制制度，不仅可以管控代理人的越轨行为，保证委托人利益的同时，还可用来评判代理人日常工作的效率与效果。

2. 信息控制论

企业内部控制评价中，信息作为一个关键因素，关乎着企业内部控制评价的真实性。了解控制系统的前提就是对信息进行合理有效的控制，并保证在信息控制过程中进行信息交流时，能够保证其能到及时有效的传递与沟通。此外，有效地控制信息才能保障控制系统有效地帮助我们更加充分的了解企业内部控制目标。信息控制论中，主要强调的是信息最优化控制，即在研究一个多变的受系统严格控制的系统时，在控制活动受限的情况下，需要找出一个效率最高、成本最低的最优方案。控制理论在内部控制中的主要表现是对内控进行有效控制，将信息控制论结合企业实际控制活动、结合最优化原则，有助于企业发现并分析该系统中的缺陷或不足、改善内控制度设计与执行的有效性。这也表明了企业内部控制评价可以完善内部控制系统，提高生产经营效率、效果、促进企业实现可持续发展。

3. 信息传递不对称理论

20 世纪 70 年代，信息不对称为市场经济提供了一个新的视角。现如今，信息不对称现象存在于方方面面，特别是企业运营中的委托人与代理人间，代理人会利用一些信息来实现自身薪酬最优等目标，由于委托人无法准确监管代理人的行为，在信息不对称的情况下，委托人只能通过设计一套合理的机制来诱使代理人显示其不能了解到的信息，从而达到双方利益相互协调。这时企业内部控制制度就是一个很好的选择，企业通过设置相关内部控制制度，约束代理人日常行为的同时，也会保证信息的有效传递，更好地弱化了信息不对称问题。该理论认为，企业信息的及时、完整、真实的传递是企业内部控制的体现。信息传递不对称理论是在信息不对称理论的基础上发展而来的。信息传递不对称理论对于企业实施内部控制活动而言至关重要，该理论要求信息传递符合自愿性、完整性原则，即不论信息如何都应保证信息完全传送。此外，企业内部控制评价活动中，信息也应按照该理论进行评价工作，只有信息完整，才能保证企业内部控制评价工作合理有效，评价结果的真实完整，从而保证企业相应的内部控制制度得到合理、有效的实施。

4. 系统理论

“系统论”是由美籍奥地利理论生物学家贝塔朗菲于 1932 年提出的。1948

年得到学术界的重视。该理论认为所有系统都具有整体性、动态平衡性、等级结构性、关联性、时序性等基本特征。系统整体观是系统论的核心思想，该理论认为任何系统都是一个有机的整体，不能单纯地理解为其是各个部分的简单相加或机械组合，而是由各个要素共同组成一个整体，相互关联、相互影响，不可分割。每个要素都与整体存在着一定的关联性，所有要素都不能独立存在，否则将失去意义。内部控制中对各个要素而言并无什么特殊含义，但是若将它们归为一个整体，将会构成内部控制，从而起到一定的作用。因此，在内部控制的设计及执行的过程中，都应该与系统理论相结合。

（五）内部控制的理论机制

1. 委托代理理论机制

从内部控制的角度来看，委托代理问题或许可以通过企业制定科学合理的内控制度来弱化。一方面，完善的内部控制制度可以降低公司管理者存在的道德风险和逆向选择的可能性，使所有者利益达到最大化；另一方面，所有者可以通过了解关于公司的内部控制质量水平，适当降低自己的预期收益，然后降低代理成本。相反，如果公司的内部控制质量很差，那么就会造成委托代理成本增加，双方的利益冲突加大，公司的权益资本增加。

2. 信号传递理论机制

在经济生活中广泛存在信号传递的现象，优质的公司为了区别那些相对较差的公司，会主动对外披露公司的财务信息和经营信息，对外释放本公司具有显著优势的信号，从而能够吸引投资者。投资者接受企业发出的积极信号后就能够对优质公司有一个准确的评估，他们愿意适当地降低风险溢价补偿，那么也就降低了企业权益资本成本，从而可以避免资本市场上存在的“劣币驱逐良币”现象。对于劣质的企业来说则相反，它们没有高质量的内部控制能力，因此它们可能无法对外发布公司信息，那么就无法解决广泛存在的信息不对称问题，因此企业的权益成本会提高。

内部控制对企业的信息披露而言至关重要，较强的内部控制可以促使企业披露相关信息，而较差的内部控制会抑制企业披露相关信息，对资本市场上的投资者释放不同的信号，进而影响权益成本。

3. 信息不对称理论机制

资本市场上，逆向选择与道德风险都属于信息不对称，都会在很大程度上影响投资者对某企业的信心。一旦丧失了对企业未来的认可，投资者便会降低对该企业的投资。而内部控制强的企业更愿意将信息披露出来，这样不仅可以表明该企业值得投资者关注，也可以降低投资者预计的风险溢价，进而降低预期报酬，也就是说降低了企业的权益资本成本。而内部控制制度不健全或者内部控制运行欠佳的企业更加不会披露自身企业的有关信息，导致信息不对称问题更加严重，投资会增加自身的预期报酬，权益资本成本升高。

4. 有效市场理论机制

目前，众多学者研究了我国资本市场的整体情况，大多数认为与弱式或是半强式有效市场的特点更接近。这两个市场都意味着可以利用内部信息而获取超额的收益。因此，信息对于投资者和市场来说至关重要，而内部控制在这一过程中也发挥着重大的作用。对于内部控制水平高的企业来说，企业更容易披露内部信息，并使市场有效。

二、财务管理中内部控制的重要性

（一）事业单位财务管理内部控制的重要性

1. 保障资金的安全

高校财务管理内部控制系统的建立能够保障高校财务管理人员对资金的合理使用，资金的合理使用是高校财务管理内部控制的重要内容，在实施操作的时候具体涉及资金的周转、项目的支出、项目的质押、项目的贷款。开展内部控制管理能够保证资金的安全性、稳定性，并通过必要的内部控制来保证各项资金的安全。

2. 提供重要的决策信息

现代高校财务内部控制的主要目标是确保高校内部资金的顺利流动，合理把控这些资金能够为各部门工作活动的开展提供重要的支持。从整个高校发展的实际情况来看，传统意义上的财务管理模式存在比较多的局限，这些问题的出现无法为高校发展提供相应的决策信息，最终会使得整个高校的财务管理处于混乱无序的状态，长此以往会使得高校失去市场竞争力。

3. 提升高校财务管理的经济效益

企业财务管理内部控制系统的建立能够有效提升现代高校的发展效率，在高校财务管理控制工作开展的过程中要注重采取积极的措施来减少经营活动的不必要浪费，通过合理管控资金来提高高校内部资金的利用率，提高现代高校的经营管理效率。

（二）高校财务管理内部控制的重要性

事业单位财务管理水平直接影响国有资产的使用情况，财务管理工作要落实事业单位的收支管理及资产负债管理等方面，促进事业单位资金得到更加科学合理的利用。财务管理中的内部控制有助于促进事业单位各项管理制度及机制更加完善，促使管理流程更加规范，保障管理方案更加系统化和科学化。内部控制工作利用一定的财务技术和方法及时排查、识别、整改及避免事业单位财务风险，减少或避免公共资源浪费等现象，提高事业单位资金使用的安全性和有效性，保障事业单位各项工作的有序开展。随着市场经济的发展，我国不断推出新的管理政策，加强事业单位财务管理中的内部控制是必然选择。近年来，国家出台了一系列政策，就事业单位的资金收支进行更高水平的监管，促使事业单位财务管理水平上升到新台阶。内部控制是提高财务管理水平的关键，是促进国有资产优化配置的保障。加强内部控制有助于更加全面准确地反映事业单位业务情况，强化事业单位对财务资金使用的管控和监督，确保事业单位财务管理工作模块的精细化，提高事业单位财务管理水平。由此可见，内部控制是提高事业单位财务管理水平的有效手段，是顺应时代发展的必然选择。因此，事业单位应积极探索加强内部控制的新技术和新方法，不断完善和优化内部控制制度，改进自身不足，解决问题，加大内部控制力度，切实提高财务管理水平，提高自身综合竞争力。

三、高校内部控制与财务风险的关系

（一）高校控制环境与财务风险的关系

控制环境是内部控制的基础要素，包括组织机构、高校文化等内容，合理的组织机构可以提高高校财务活动的流畅性和透明性，使高校员工能够各司其职，形成互相牵制、互相配合的工作环境，减少岗位混乱、人员糅杂带来的风险因素，优化内部环境，可以提高全体员工的财务风险控制意识，使风险管理理念渗透财务工作的各个环节，把控财务风险，从而降低高校的整体经营风险。

（二）高校风险评估与财务风险的关系

风险评估是对不同的财务活动进行风险识别和分析，确定高校所面临的风险，及时做出风险防范的应对措施，最大限度地降低财务风险，是内部控制的要素，而此要素在一定意义上也反映出风险管理的本质，体现出二者高度的融合性。

（三）高校控制活动与财务风险的关系

控制活动是指高校发布的各种管理程序和规章制度，以达到对高校财务活动和经营活动监督的目的，确保员工自觉履行和有效执行高校各项规章制度，保证高校平稳运行，从而降低风险。

（四）高校信息沟通与财务风险的关系

高校通过对内外及各类市场最新信息的收集、整合和分析，能够准确地评估出财务风险，利用最新的信息及时做出防范财务风险的决策，减少因信息不对称而带来的风险损失。

（五）高校监督机制与财务风险的关系

内部监督机制有助于高校发现内部工作的缺陷，对内部制度进行实时监测，对偏离高校目标的行为及时发现并管控，尤其对于财务工作，一旦发现实际财务活动与预期财务目标发生重大差异时，有效监督可以及时地干预财务工作，明确责任和风险因素，实现降低风险的目的。

第二节　高校内部控制基本思路

一、高校内部控制的概念和目标

（一）高校内部控制的概念

针对行政事业单位，我国已经制定了相关的内部控制规范。在规范中内部控制的概念是指行政事业单位通过设计管理程序、采取管理措施、建立相应的制度体系及应对和防范各类经济业务当中存在的风险，从而帮助行政事业单位完成管理目标。与企业不同的是，行政事业单位不以获取利润为目标，而高等院校又是我国行政事业单位中必不可少的一个重要组成部分，它履行着教育莘莘学子的社会职责。

我们可以将高校的内部控制概念界定为：为了顺利地开展教学工作和科学研究，实现教学、科研的发展目标，而采取的一系列管理规范和措施。其具体的内容为：通过对管理程序的设计、制度的制定及各种规范的实施，引导高校内部所有教职员工参与到高校内部控制活动中来，在内部控制管理活动中制定和执行规定、防范风险、完善机制，确保高校顺利完成所制定的各项目标。

高校内部控制的内容有别于企业内部控制，其主要是为了推动教学活动的开展、推进科研活动的完成，以此来维护教学和科研成果。同时，一套完善的高校内部控制体系可以保证各类经济活动都符合相关法律法规，各项财务活动都满足相关规范，从而确保高校的社会效益达到最大。

（二）高校内部控制框架体系

控制环境：控制环境奠定了整个内部控制的基调，它融合进内部控制过程推进及内部控制结构整合的全过程。其中，高校相关管理人员决定了高校内部控制的大体基调，这部分人员对于内部控制的重视程度决定了高校内部各项业务开展在环境上保障诚信和道德、实现组织机构的有效设置。这部分人员还需要保障高校内部控制的监督环境，定期就监督的权力和义务做出规范，培养和留住有能力的人才，以激励和奖励来推动问责制产生等。控制环境对内部控制的整体制度体系产生了全面影响。

外部环境对于高校内部控制的影响也十分重要，国家颁布的相关政策都会对高校预防腐败体系的建设等产生非常重要的影响。

风险评估：每个实体都面临着来自外部和内部的各种风险，所谓风险，是某一突发事件导致被观测对象在评估周期内产生不利影响的可能性。为保障特定战略目标的实现，风险评估阶段需要反复对评估过程进行识别和推敲，完成动态的评估过程。在进行整体目标和风险容忍程度考量之后，风险评估就为风险管理明确了方向。

控制活动：在高校预算制定、采购环节、资产管理环节及科研经费的批报环节均需要制定一些政策进行风险规避。

信息与沟通：该环节贯穿于内部控制的始终，保障了内部控制过程中的信息收集和传递，使内部控制政策的执行与落地都能行之有效。

评价与监督：该环节为内部控制的验收阶段。评价与监督能够衡量高校的内控目标，并且能够评价与高校内部控制制度相关的内容的准确性。该环节还包括政府部门、教育部及学校内部审计部门对于高校内部控制制度的设计情况和实际推行情况进行的验收结果。

（三）高校内部控制目标

第一，确保高校各类经济活动都是依照国家相关法律法规开展的。

第二，高校财务管理相关活动具有高水平的规范性，披露的相关财务数据的准确度和完整性是能够合理保障的。

第三，高校科研资源的经费能够得到有效利用，资产管理水平能够得到有效提升，资源具备高度安全性。

第四，最大程度地降低腐败发生的可能性，内部控制制度设计合理，控制环境良好且稳定，一切流程管理措施落实有效。

二、高校内部控制相关理论基础

（一）行政事业单位内部控制的理论

《行政事业单位内部控制规范（试行）》对行政事业单位内部控制正式做出了明确的定义：内部控制指为实现一定的内部控制目标，相关行政事业单位制定标准化规范，设计合理的管理措施，进一步深化执行相关措施，并通过上述过程有效地防范可能面对的经济风险。同时，《行政事业单位内部控制规范（试行）》对内部控制各角度的内容列示如下：

控制目标：对于行政事业单位的各类活动做出了明确的约束，即全面实施廉政建设并增强力度，提高公共事业的整体效益。

控制原则：全面性、重要性、制衡性、适应性。

具体工作：详细调查相关事业单位各类活动的标准化流程，依据相关流程梳理经济活动需要的各个环节，以此为基础找出各业务活动风险点。在风险确定的基础上，进一步出台相关措施进行风险治理和规避政策，严格保障国家各项政策的稳步落地。

高校理应顺应改革趋势，结合自身业务特点和管理需求，在经济活动的全流程实施风险控制，由于行政事业单位性质的特殊性，高校的内部控制和企业内部控制有很大差别，需要根据高校业务的实际情况，灵活调整相关内部控制政策。

（二）灰色系统理论

1982年我国著名学者邓聚龙教授首先提出灰色系统理论[1]，该理论经过几十年的发展已经涉及社会科学多个领域。在变形监测中，监测数据信息和荷载信息具有灰色性质，将监测数据和荷载转换为灰色序列，进行灰色空间关联分析，建立灰色模型GM，借助灰色模型GM的预测结果对监测数据信息和荷载信息进行

[1] 邓聚龙．灰理论基础[M]. 武汉：华中科技大学出版社，2002.

系统的分析，预测变形体变化的趋势，为预防突发变形提供决策依据。在建立灰色模型 GM 过程中涉及监测数据的灰色序列和荷载的灰色序列，由这两个序列分别构成灰色方程，然后根据灰色方程组建灰色矩阵，求解灰色矩阵中的系数，从而确定灰色模型 GM。

由于认识的层次、信息的层次和决策的层次不对等，系统会出现信息不能完全覆盖的情况，该理论主要研究的就是外延明确，内涵不明朗的小样本、贫信息问题，所以用灰色系统理论能充分利用已知的少量信息去揭示整个系统的规律。

高校内部控制就存在这样一类问题，由于掌握的信息量少而无法发现问题所在，因而一直发展缓慢。灰色系统理论可以帮助我们通过现象抓住本质，进而加速高校内控的发展，为校园全方位一体化管理和运转提供动力。

（三）流程再造理论

美国的 Michael Hammer 和 Jame Champy 最先就流程再造理论提出了相关观点[1]，该观点经过一定时期的发展，于 20 世纪 90 年代逐步优化成为一种完善的管理思想。

以上两名学者认为，被考察对象的产出如果想要达到一定水平，需要严谨的分析日常业务流程的各个方面。这一想法被之后的学者不断进行研究的深化，众多企业管理者也用该种理念来提高企业的人均效能。它的特色是在现代技术的支持下，以流程为中心，大幅改善管理流程。重点需要注意以下几点：第一，出发点不是企业管理者而是顾客；第二，改造的不是组织结构而是流程；第三，借助大量的信息技术。

高校内部控制最终是要将控制嵌入高校各个业务流程中，所以必须分析流程再造理论的管理思想，全面梳理高校各种业务活动的控制流程，通过对内部控制流程的再造管理来提高内部控制的效率。

三、高校内部控制评价理论

（一）高校内部控制评价目标

由于高校的特殊性质，其内控评价目标应定义为评估单位层级和业务层级内控系统的建立和运行的有效性，从而对高校的内部控制情况做出整体的评价。首

[1]　（美）哈默 (Hammer,M.),（美）钱皮 (Champ,J.) 著，王珊译 . 企业再造：企业革命的宣言书 [M]. 上海：上海译文出版社，2007.

先，在内部控制评价要素选择阶段，需要注意所选取的评价要素是符合国家相关法律的，需要贴合高校的相关业务并具备合理性。其次，在详细调研高校业务的基础上，评价要素选择还需要具备全面性，应涵盖经济业务活动实施的全过程；再次，根据高校各个岗位的实际业务水平和业务流程，制定相关制度对关键活动进行重点评价。最后，依据不同高校的学科设置，科研项目的分布及业务实际，选取的评价要素需要贴合高校实际管理水平和隐藏的风险。在评价要素最后确定阶段，需要动态考量高校所处外部环境和内部管理环境的不断变化。需要注意的是，在征求意见阶段和评价推行阶段均需要严谨考量相关人员的资质和胜任能力。

（二）高校内部控制评价意义

1. 有利于高校完善内部控制体系

内部控制体系包括控制环境、预决算管理、资产管理、内部控制评价等多项内容，健全完善的内部控制体系是增强高校内部管理能力，优化内部管理效率的有力措施。而内部控制评价作为内部控制体系的落脚点，高校应对其加强管理，进一步规范内部控制评价，从而完善内部控制评价体系。

2. 有利于高校提高风险评估及控制能力

内部控制体系的最重要功能就是为高校防范资金风险、营运风险、管理风险等，内部控制评价机制的建立健全，能及时发现内部控制体系在实施过程中的不足，使得领导层对不足之处加以改进，进而提升高校的风险评估和控制能力，将风险控制在可承受范围之内，为高校降低损失起到了重要的作用。

3. 有利于高校提升核心竞争力

随着我国对高校教育水平关注度的上升，高校为在教学和管理工作中不断创新发展模式，逐渐扩大规模，提高办学质量，促使高校之间的竞争也有所增加。高校通过加强对内部控制评价的管理，对实现高校内部控制目标，完善内部控制体系起到了助推作用，也能使高校及时调整内部控制过程的不合理之处，为领导层做决策提供了可靠依据。因此，高校加强内部控制评价是高校提升核心竞争力的重要举措。

（三）高校内部控制评价要素

高校内部控制评价要素指标的选取需要严格考量高校的业务实际，在实际情况的基础上参考以前学者的研究成果，并根据国家的相关政策完善评价要素的最终构建。如表 4-2-1 所示，详细列示了高校内部控制的评价要素。

表 4-2-1　高校内部控制评价要素

目标层	准则层	方案层
单位层级	内部控制建设	工作机制
		专题培训
		风险评估
		流程再造
		内控建立
	单位责任人内控责任	明确职能
		健全工作机制
		人员配备及分工
	权力制约	运行机制构建情况
		运行监督
		财务会计管理制度
		收支管理制度
		政府采购管理制度
	内控制度完备情况	资产管理制度
		建设项目管理制度
		合同管理制度
		决策机制
	不相容岗位及职责分离	有效设计
		有效分离和实施
	内控系统功能覆盖	信息系统建立
		账户及职权设置
	预算管理	预算分解和审批
		预算执行差异率
	收支管理	收入管理和票据控制
		支出管理和控制
		举债事项管理

续表

目标层	准则层	方案层
业务层级	政府采购管理	合规性
		政策落实情况
	资产管理	变更与报批
		定期盘点与跟踪
		依法管理情况
	建设项目管理	审批手续齐全
		交付管理及时
		超概算率
	合同管理	合同订立与管理
		履行情况

（四）高校内部控制评价方法

通过众多学者的研究证明，为了详细考量高校内部控制的现状，可以通过问卷调查法进行衡量和测算。在进行高校内部控制评价指标的选取阶段，需要注重相关指标定性和定量相结合的程度。通常，层次分析法在系统工程中得以广泛应用，该方法以定量和科学的方式表达并处理主观判断。根据决策思维的特点，将整体的各个部分依据相关要求和战略设定分层目标，进一步确定各个级别的相关指标。对于设定的相关层次，专家在特定的标准之下，依据高校的业务实际严谨分析各个要素、各个指标的相关性，进一步确定重要性的权重赋值。然后根据结果形成判断矩阵，最后通过计算和检验后获得评价指标的权重。我们可以看到，对高校有效性的评估符合 AHP 的系统观点，该种方法可以更为有效地实现全方位的评价，能够将特定目标层层分解并加以考量，从多维度、多角度、多方面考量内部控制的水平。为了解高校内部控制现状，在层次分析法建立全方位数据模型的基础上，进一步结合模糊综合评价法对高校内控管理情况进行实证分析。

四、高校内部控制的必要性

高校内部控制是完善其运行机制的需要。对于高校来说，要想在合法合规的基础上做到井然有序、符合情理，就必须要有与之相适应的机制。激励机制和行为约束机制是高校运行机制的重要组成部分，都要求高校拥有很强的自我调节能力和自我控制能力。这样才能挖掘高校内部潜力，调动高校积极因素，更好地实现高校战略发展目标。

高校内部控制是高校进行现代化管理的需要和保障。近年来，高校规模日益扩大，业务呈现多元化趋势。除高校原有的教学科研活动、后勤经营、校办企业经济活动外，高校的基建工程、设备购置的筹资、投资活动、科研项目社会化等经济业务活动越来越多，高校所面临的风险也不断增加。因此，高校需要建立一套科学的，具有自我控制和自我调节功能的内部控制体系，来协调、组织、控制单位内部各部门之间的活动，处理各部门之间的关系。

高校内部控制是高校纠正单位内部不当行为的需要。内部控制对及时发现和纠正单位内部背离单位目标、相关法规等不良行为起着特殊作用。现阶段，高校时常出现无章管理、有章不循、弄虚作假、违反法规等不良行为，然而高校内部控制制度的残缺不全，内容不合理等现象，无法起到对高校内部管理的纠正作用。因此，高校要改善单位内部不良行为的出现，首先要制定完善的内部控制制度。

五、高校内部控制的思路

（一）政策层面：出台高校内部控制指引条例

比照企业，高校肩负着培养人才的重大责任，内部控制不规范带来的风险最终得由社会买单，影响千千万万的家庭。基于高校的属性，政府监管显得十分必要，同时对其管理的合法化和规范化提出了更高要求。因此，建议尽快出台“高校内部控制指引”等类似条例，加大对高校内部控制的监管力度，指导高校有效防范风险。

（二）教育部门：加强对民办高校内部控制的评价与监督

虽然目前各种专业评估和教学评估等对于高校的教学条件和教学质量评价等起到了一定的强化作用，但是对于高校内部控制的评价和监督仍然重视度不够，内部控制需要建立起高校各个部门权责明确、各司其职的治理机制，同时决策、执行和监督三方面既独立又相互制衡，这样高校的管理水平才能提升，最终建立起现代化的大学制度。

为了提高高校的财务管理水平，各省市可以建立起一套高校内部控制评价的制度，各部门可以定期组织专业会计人员对各大高校的内部控制管理进行评价，并打出得分，根据得分可以对结果进行一个排名，以达到激励促进的作用。评价考察中发现的问题要及时反馈给各高校，督促整改，同时对于制度性的文件或者其他合规项目可以进行抽查。对于评价的内部控制报告要在官网上公开，接受社会媒体和学生、学生家长的监督，提高自身的经营管理水平。对于已经实施的高校评估活动的建议也可以加上内部控制这一评比项目。

（三）高校：重视内部控制，为学校长远发展奠定基础

近些年，随着社会的发展，我国的高校普遍扩招，但随之带来了教育资源极度紧缺，再加上国际化的发展复杂多变，一些高校的竞争压力正在逐渐加大。因此，为了推动高校健康有序发展，需要加强内部控制。

高校加强内部控制可以促进高校合规经营，财务信息披露更加透明，便于社会的监督，避免高校决策出现失误；高校加强内部控制可以提高资源配置效率，促进高校发展目标的实现。

高校可以以 COSO 委员会的内部控制新框架（2013 版）为蓝本，根据自身发展的实际情况，制定适合高校的内部控制制度，新版框架在原有的基础上更加规范科学，增加了许多新的内容，体现了新的制度与科技的联系更加密切且更加关注非财务目标，目标更大。这与当今的高校发展更加契合。在控制环境方面，建立现代大学制度，加强社会各界的监督；控制活动方面，明确控制思路，发挥预算和考核的职能，重点关注固定资产和资金的控制；风险评估方面，建立风险识别体制和系统，提前识别管理的风险。此外，利用互联网的发展，进行信息化建设，审计职能部门也要加以完善，建立健全监控监督体系。

第三节　高校内部控制优化分析

一、高校内部控制要素存在的问题及成因分析

（一）高校内部环境存在的问题及成因分析

有的高校没有制定详细的内部控制制度；有的高校内部控制制度过于陈旧，难以适合自身发展的需要；有的高校是应上级部门的要求编制了单位内部控制制度但停留在纸面上，没有有效地执行下去。此外，还有相当一大部分的高校领导层错误地认为内部控制是财务的事情，应当由财务部门来负责内部控制的编制等

相关工作；而很多的在职人员因为对内部控制不够理解抱着无所谓的态度参与高校各项经济业务活动。

高校领导者素质，在高校内部控制管理过程中，起到绝对重要的作用，直接影响到高校内部控制的效率和效果。高校领导层的道德水平对整个高校的道德产生影响，决定着整个高校行为的诚实、守信的态度。而我国的大多数高校的管理者是某个领域的专家或是学者，缺乏管理方面的知识，对财务管理等方面的关注度不高，法律知识不足。此外，我国对高校管理层的监督、约束机制尚未完善，高校领导层的自我完善、自我提高的压力比较小，这导致我国高校管理过程中缺乏现代化的管理理念和长远的内部控制管理理念。

我国的管理模式通常是高校领导集全校的财权、政权于一身；各院系的院长或者系主任集全院或系的财权、政权于一身，难以形成决策权、执行权、监督权三权分立的局面。因此，高校的普通教职工通常只能是听取上级领导层的意见，由于缺乏与上级沟通渠道，很难参与到学校的日常管理过程中。由于缺乏有效的监督管理机制，这就很容易出现高校管理者凌驾于内部控制之上的状况。

我国高校尚未完善法人治理结构，这与我国政府对高校治理、高校产权、高校董事会机制、其他相关利益者都有关系。首先，我国政府严重影响了高校法人治理结构的发展。我国政府既是高校的出资者，又是高校的所有者，但政府并不要求高校偿还其提供的资产，也不要求从高校的经营成果中分享其经济上的利益，仅仅是将这些资产投入给高校并由其自行经营和管理。然而，政府长期以来过多地干预高校管理，尤其是在高校与市场结构接口的过程中。例如：在招生方面，高校尚未从通过高考试卷招生到高校自主招生的转变；在学费方面，高校的学费收取标准依旧由国家相关部门进行定价，不能反映出各个高校、各个学院教育成本之间的差异等等。同时，政府又在很多方面没有尽到应尽的责任。首先，政府作为高校的投资主体，在高校自主办学后，没有强调由教育部门作为高校国有资产产权的代表来执行高校所有者的职能，而使高校所有者缺位，造成高校国有资产产权虚置，外部监督权力弱化。其次，高校产权结构不完善，影响了高校法人治理结构的发展。国有企业的资产归国家所有，国有资产管理委员会代表国家履行国家所有者的职能。而高校的资产虽然归国家所有却没有明确相应的部门履行高校所有者的职能，这就导致了高校来自所有权的外部监管弱化。再次，高校董事会机制影响了高校法人治理结构的发展。在美国，高校董事会由校外人员组成，作为高校的最高权力机构，对校长的任免监督起到了决定性的作用。在我国，许多高校纷纷设立了董事会，通常是由高校领导和高校的捐资者构成，主要是承担融资和咨询的任务，而不是一个有效的决策机构和监督机构，与法人治理结构中董事会的含义不相符。最后，高校的其他利益相关者通常在高校的决策中起不到相应的作用。高校的其他利息相关者通常包括高校的在职人员、学生、捐资者、校友、向学校贷款的银行企业等等。由于这些人处于被高校权利边缘化的状态，尽管有很强的参加高校管理的欲望，但是他们对高校的行为约束很是有限。

（二）高校风险评估存在的问题及成因分析

随着我国开启全面建设社会主义现代化国家的新征程，社会经济发展进入新阶段，国家对高等教育的经费投入不断增加，不仅有财政拨款的投入，还有各项科研资金、社会捐助等。这些不断增加的资金，在给高校发展带来了更多财力支持和更快发展速度的同时，也带来了新的财务风险。如何有效管控高校财务风险，保障高校办学资金的安全高效利用，促进高校教育事业的高质量发展，成为一项十分重要的任务，因此建立相应的风险评估机制迫在眉睫。

我国高校尚未建立相应的风险评估机制。随着国家的发展，全球化的竞争日益激烈，我国高校必将与国际、国内的民办高校等进行激烈的竞争。

2008 年后，越来越多的高中毕业生选择了国外的大学，同时高校毕业生的就业率也逐年下降，这给我国高校带来了巨大的生存压力。因此，我国高校管理层不得不思考适合自身条件的办学定位，尤其是在培养人才方面，使高校在新环境中立于不败之地。

高校良好的办学定位要建立在科学决策的基础上，部分高校没有把就业市场环境分析结果融入对学生的教育教学过程中，因此很多高校依然存在教授们拿着自己几年前甚至十几年前的教案对学生讲授专业知识的现象。在面对国际、国内教育市场的冲击时，这类高校通常没有明确的办学定位，或者没有根据所制定的办学定位对自身教育教学内容进行完善，致使高校无法提高自身的核心竞争力。

高校财务风险尤其是筹资风险是高校在发展过程中比较常见的财务风险，高校在建设过程中会因为建设资金不足而向外部进行筹资，以维持高校的正常运行，保证高校各项工作能够顺利进行。但是，高校在筹集资金的过程中容易出现一些问题，产生筹资风险。高校筹集资金的渠道和方式比较单一，缺乏灵活性，并且有些高校对于筹集的资金未进行合理的规划和使用，也没有针对资金的偿还进行规划，导致筹集的资金在还款期限和还款方式等方面得不到及时处理，容易使高校由于偿还债务而产生短时期的还款压力，这也是筹资过程中面临的主要风险。

通过贷款等方式产生的负债，对高校资金流动等方面带来了一定的风险。我国高校管理层长期受到计划经济的影响，风险评估机制尚未完善。当高校进行大规模的基础建设时，国家的财政拨款、高校的自有资金等资金来源已经难以满足高校的发展需要，因此高校出现了大规模地向银行贷款的现象。由于高校领导层没有对贷款所产生的负债进行有效的风险评估，从而出现了盲目的贷款现象。有些高校因为贷款金额过高，已经严重影响了高校的稳定发展。

（三）高校控制活动存在的问题及成因分析

控制活动主要是为了高校实现目标而防范各种风险，一旦该高校资产管理人员出现贪污、挪用固定资产的现象，很难被其他教职工发现。例如，北京某高校固定资产保管人员韩某利用职务之便在 1999 年到 2001 年，将高校价值四十多万元的固定资产进行私自变卖。直到 2001 年上级部门开展固定资产清查工作，韩某才，主动找有关部门自首。

因此，高校应对关键岗位实施不相容岗位相分离控制。然而在现实工作中，很多高校不相容岗位分离的控制往往仅停留在纸面上，没有落实在高校的每个业务流程之中。例如，高校的编制问题或者相关人员休假等因素，关键岗位人员不充足，这就导致了由一个人同时担任两个本应该相分离的岗位，也就造成了高校关键岗位之间没有相互检查、核对的过程。高校的很多贪污舞弊现象是因为没有有效的岗位分离控制制度，岗位间没有有效的相互监督、相互制约所引起的。

在预算控制方面，我国高校缺乏有效的财务预算。高校在编制预算过程中，仅仅是根据上一年预算状况进行编制。这种预算往往只重视宏观支出而不重视微观支出；科目设置相对简单，难以在预算科目与预计支出科目之间找到对应的关系；高校的预计收支要按照预算科目进行填列，做到各自平衡。此外，在高校预算执行过程中，高校领导层没有建立各学院、各系、各部门对预算执行情况的跟踪、分析、评价制度。各种状况导致了高校出现预算范围不全、执行不力、约束效果不强、对资金使用效益难以评价的问题。

高校的预算在高校总体层面难以得到有效的利用，主要原因是高校预算具有短时性、没有考虑成本核算。我国高校的预算编制过程仅仅是对年度收支平衡进行保证，没有考虑高校的长期发展。很多高校都有自己未来发展的目标和计划，但是高校的管理者缺乏有效的监管，高校管理者制定的发展计划和目标也难以被有效地考核。高校的预算又具有短时性，不能充分发挥资源配置的作用。这就导致了高校的发展目标仅仅停留在战略层面上，可操作性较差。高校的预算编制主要以定额和定员测算为主，没有进行成本核算，缺乏科学性，也没有考虑不同学科、不同专业的学生教育教学需要所支出的成本。例如，理学学生就需要院校购置大量仪器设备及实验材料，而文科学生就不需要这方面的支出。高校预算编制的过程中，往往没有对不同院校所需成本进行研究，预算定额编制过程中，缺乏科学性。高校的预算在二级部门的层面难以得到有效的利用，这就要求二级部门在高校的预算统一管理下进行实行集中管理，在预算编制过程中要按照上级部门的要求做到收支平衡。在预算批复后，高校会按照计划及时下达各部门预算指标，这就造成了部门预算与执行情况相脱节。如果在这个过程中，二级部门与高校之间缺乏有效的沟通，这就导致了一级预算平衡二级预算赤字的现象，严重影响了预算的制约性。

（四）高校信息与沟通存在的问题及成因分析

我国大部分高校尚未建立良好的内部信息沟通渠道的机制。信息渠道沟通包括两个方面：纵向沟通，指高校领导层与普通员工的沟通渠道；横向沟通，指部门之间的沟通渠道。在纵向沟通过程中，管理者的意图难以完整地传达给每个员工，同样员工也很难将自己的意见表达给管理层。在横向沟通过程中，各部门员工都忙于自己的工作，与其他部门的沟通相对较少，导致出现很多问题。

高校尚未完善信息与沟通体系。在纵向沟通过程中，随着高校规模的不断扩大，管理层级越来越多，高校领导层与基层教职工的信息难以有效地传递。在横向沟通过程中，财务、资产管理、教学等部门都用的是各自专用软件，各部门自成体系，难以实现信息之间的系统传递。尽管有的高校建立了庞大的信息网络沟通体系，如校园 BBS，但是效果不好，受各种原因的影响，高校网络信息沟通仍没法得到很好的发展。

（五）高校自我评价与监督存在的问题及成因分析

高校缺乏有效的自我评价与监督机制。然而，现阶段我国高校尚未对内部控制设计的有效性和内部执行的有效性进行良好的评估，也没有制定相应的机制。在监督方面，我国高校的内部控制监督通常分为外部监督和内部监督。外部监督通常使高校缺乏主动性，因此外部监督对高校的监督起不到决定性作用。内部监督通常是高校内部审计机构对高校的内部控制的建立和实施情况进行监督。很多高校不重视审计机构，大多审计机构都是仅仅完成高校领导交给的任务，极少有参与高校决策制定的情况。因此，高校审计机构不能对高校内部控制存在的问题提出实质性的建议。

我国高校的自我评价机制不到位，很多高校没有对本单位的内部控制设计及内部控制执行情况进行有效的评价。例如，高校有的评价模式是由上级部门下达文件，文件中包含确定的指标，指标的设置是针对所有单位，在具体指标的设定上不能针对单位具体业务进行确认，如对收支制度的建设情况只有收支制度一项，而对于收支制度中的收费价格、核算收缴、票据管理、审批流程等没有进行细分，而对于指标的评价多数都是定性判断，如是否建立制度、是否进行不相容岗位分离等，结果不是非常准确，通过简单的是否回答，会导致评价结果偏高或者偏低，而没有评分等级更为明确的标准，致使评价结果不准确。

现有评价方法采用固定的评价模式，行政事业单位内部控制评价目前主要是以年度为周期，无法实现对具体内部控制漏洞的动态监测，各年度之间无法横向对比，在下一年初对上一年的内部控制情况做出评价，不能及时发现内部控制中的漏洞，经济活动比较容易出现风险。

我国高校的外部监督通常由审计部门等有关部门通过抽查的方式进行相关的监督检查，但是我国高校数量过多，有关政府部门难以每年都对其进行相应的检查。此外，对于那些规模庞大、经济业务项目众多的高校，有关政府部门无法对其每一项经济业务都进行检查。因此，外部监督无法保证高校内部控制实施情况的连续性及准确性。高校的内部控制通常是由审计部门进行监督检查的。但是审计部门等有关部门是高校内部的部门之一，处于高校的领导之下，因此审计部门的内部监督过程往往存在独立性不强的问题。

二、高校内部控制业务流程存在的主要问题及成因分析

（一）高校货币资金管理存在的主要问题及成因分析

高校货币资产管理方面缺乏理想的内部控制环境，主要表现在财务人员的业务水平和道德素质方面。高校财务人员业务水平较低。我国高校有些财务人员出于各种原因没有从业资格证书。这些人进入高校后也没有经过严格的考核及后期有关的业务培训。高校有些财务人员没有相关的职业道德，有的为了迎合领导意图，擅自编造虚假会计信息；个别财务人员腐化造假，贪污公款。这些原因导致高校缺乏良好的货币资金管理环境。

高校货币资产的风险管理机制尚未完善。在当今的社会环境中，高校面临着来自内部、外部的各种风险。高校现有的风险评估仅仅局限于制定货币资产保管制度时风险规避的考虑，尚未对货币资产管理的全过程进行风险系统化分析和评

估，也没有建立有关的风险预警机制和风险防范机制。现阶段，高校货币资金管理方面的风险仅仅依靠财务部门，这难以满足货币资金管理的需要。

高校货币资金管理方面缺乏有效的控制活动。高校货币资金管理缺乏有效的不相容岗位相分离机制。在实际工作中，很多高校因为编制问题，或者财务人员不充足，往往由一个人担任本应当相互分离的两个岗位，很多高校出现的贪污舞弊现象是由于没有执行岗位分离机制，没有形成岗位间的相互监督、相互制约所引起的。

高校货币资金管理过程中缺乏有效的信息沟通渠道。高校现金使用量庞大，常常出现教职工从财务部门的现金出纳人员的手中借出现金用于办公用品的购买、教职工外出差旅费的现象。教职工有时出现忘记归还的现象，等到现金出纳人员追查的时候，有些教职工已经离开了原来的岗位。这一现象说明财务与人事部门没有建立有效的沟通渠道，没有及时了解人员变动情况。

高校应当加强货币资金的管理监督过程。审计部门通常是对货币资金的完整性进行审计，而很少对货币资金保管的岗位设置进行合理的评估，这就导致了高校出现一个人担任本应当相互分离的两个岗位而没有及时纠正的现象。

（二）高校固定资产管理存在的主要问题及成因分析

高校固定资产管理方面缺乏理想的内部控制环境。我国高校固定资产的内部控制意识不强，在高校资产管理过程中“重钱不重物”的意识比较重，对固定资产管理的重要性认识不足。主要原因是，高校教职工长期认为高校的固定资产属于国家，使用国家的固定资产无需承担责任。这种思想没有认识到加强高校固定资产管理的重要性，以及确保高校固定资产安全完整的必要性。此外，高校固定资产的监督管理地位尚未明确。高校采取“统一领导、归口管理、统一监管、分级负责”的管理体制，即由高校成立的资产管理中心负责对高校各个部门的固定资产监管工作。然而由于资产管理中心为副处级机构低于各个归口管理部门的处级地位，因此资产管理中心的责任与权利不对等，这就导致了各归口管理部门往往不配合资产管理人员工作，不及时上报固定资产信息的现象出现，导致高校资产管理中心不能起到良好的监督作用。

高校固定资产的风险管理机制尚未完善。在当今的社会环境中，高校面临着来自内部、外部的各种风险。高校现有的风险评估仅仅局限于制定固定资产保管制度时风险规避的考虑，尚未对固定资产管理的全过程进行风险系统化分析和评估，也没有建立有关的风险预警机制和风险防范机制。此外，高校也没有设立专门的风险管理机构。现阶段，高校固定资产管理的风险仅仅依靠财务部门和内部会计控制，难以满足高校发展的需要，不能适应环境变化带来的风险。

高校固定资产管理缺乏有效的控制活动。高校固定资产管理缺乏有效的预算控制。高校各个部门在编制预算的过程中，存在多争取经费、轻固定资产管理的现象，所以整个预算指标下达的过程通常就是各个部门为自身利益相互博弈的过程。然而高校在下达预算管理的时候，由于对各个部门的固定资产情况不了解，通常依据上一年的预算数额进行调整，这就导致了固定资产过多的部门存在大量固定资产闲置的现象；真正需要获得固定资产的部门不能获得资产，出现了学校固定资产浪费的现象。

高校固定资产的日常管理控制不严。固定资产的日常管理包括固定资产的使用、维护、清查三个方面。在固定资产的使用方面，资产保管人员没有按照高校的规定编制资产使用明细账，及时登记、变更每一个使用人的情况；在固定资产保管员发生职务变动时也没有及时办理交接手续，未对固定资产进行核对。因此高校常常出现这些现象：教师调离岗位或出国深造时期依旧将固定资产带走；固定资产随意搬动又没有清晰的记录和使用人变更的情况，导致资产丢失且没有专人负责。在固定资产维护方面，高校领导层不重视固定资产尤其是仪器设备方面的维护工作，没有制定具体的维修流程；负责维修固定资产的人员不能很好地履行岗位职责，常常让不熟悉操作规程的人独自操纵设备，这样极大地缩短了设备的使用寿命。在固定资产清理方面，固定资产的清查环节与后续的报废处置环节密切相关，前者直接影响到后者的时效性。第一，高校清查工作效果不明显，对于高校的领导者和其他教职工来说，没有直接学习固定资产清查相关知识，致使其对相关工作要求理解不到位，大规模、彻底性的资产清查工作难以有效开展；同时，对于大多数高校来说，其清查工作主要以自我清查为主，然后汇总上报给学校，而各部门工作性质不同，彼此间的沟通并不多，很容易出现技术问题导致的账务不符现象，影响了后续固定资产清查的准确性。第二，高校清查工作难度大。一方面，高校固定资产数量较大，其账表也较多，相互交错，内容繁杂，且各部门进行自检，出于利己心理的考虑，全局观念较为缺失，从高校整体利益上考虑较少；另一方面，大型教学设备资产清查难度大，且这类资产在高校中占比较大，也是采购的重点对象，但是关于这类设备的规格、使用年限等，一般都是贴在设备上，如果丢失或损毁，就导致固定资产详细情况无法得知，再加上部分仪器设备流动性较强，完全的动态跟踪管理不易实现，也导致高校可能无法完全清查设备。第三，固定资产处置程序规范性较差。部分高校固定资产的处置较为笼统，缺乏针对性的处置方法，这样可能会出现固定资产浪费的现象，且部分高校的资产报废手续过于复杂，虽然最大限度上检验了固定资产是否还有使用的价值，但是也造成了人力和时间上的浪费。

高校的固定资产处置程序不够规范。高校的固定资产处置是高校对其具有所有权的固定资产进行转移注销的行为，这关系到高校的资产规模和高校的发展保障问题。虽然很多高校在此方面有明确的制度规定，但是高校固定资产使用部门众多、固定资产分散等问题导致高校固定资产的实际管理难度大，一些部门对固定资产的报废随意性很强。例如，有些部门对固定资产处理时的技术鉴定敷衍了事，其结果没有真实反映出固定资产的情况；有些部门使用人员私自从固定资产中更换软件，使得固定资产在招标变卖的过程中损失价值，给国家造成损失；有些部门的固定资产已经到了使用的年限，该部门使用者没有按照高校的规定进行报废，而是私自处置，这就出现了报废报损固定资产的虚假现象，这些现象严重影响了高校固定资产的正常管理。

高校的固定资产管理工作缺乏高效的信息沟通渠道。尽管高校已经开通了资产管理信息平台，但是资产管理信息平台系统还不完善。高校大多资产信息平台只开通了设备、仪器、家具、图书等管理系统，没有对建筑物等方面内容进行录入，这就导致了高校固定资产管理信息平台中的信息是零散的、分散的，不能反映高校固定资产的全部状况。高校的固定资产平台可以对固定资产进行录入和统计工作，但没有办法体现固定资产动态化的管理过程，即不能体现固定资产的采购、验收、使用、维修、报废等过程。高校固定资产信息平台目前尚未能与高校的会计软件相接口，也就无法与财务人员核对账物的情况，缺少对固定资产的有效监督。此外，固定资产信息平台仅仅允许固定资产保管人员进入，其他教职工没有进入的权限，也就无法将自己保管的固定资产与学校信息系统内所登记的本人资产进行核对，也就无法对信息系统内的问题进行及时更正。

高校固定资产监督环节通常是内部控制最为薄弱的环境。审计部门通常是对固定资产的招标、验收、处置等环节进行相关的审计，中层管理者通常是对固定资产的完整性和保值性负责。由于固定资产有使用年限长、更新比较慢等特点，高校审计及其他部门很少对其进行内部监督。

三、加强高校内部控制的优化对策

（一）完善高校内部控制建设的框架

我国高校应当完善内部控制建设的框架。在内部环境方面，首先，高校应当树立良好的诚信道德价值观。这往往取决于高校的领导层的态度及行为准则，以及高校领导层对下属教职员工的行为评价体系。其次，高校应当完善董事会管理机制，确保董事会独立于高校的管理层，确保董事会内部控制系统实施监督。再次，在组织架构方面，高校领导层应当完善高校组织结构，明确每个岗位的职责，做好集权、分权的权限分配工作，确保高校的决策权、执行权、监督权相互分离、相互制约。此外，高校还应当注重人才的吸引和发展战略的制定，积极地加大人才方面的培训，积极地储备高素质、高水平的人才，为高校的发展提供软实力支撑。最后，高校应当建立内部控制问责制，实施权力问责机制，将高校领导层的利益与办学状况联系在一起；明确在职员工的绩效考评标准，对考评合格的员工予以奖励。

在风险评估方面，高校应当完善风险评估机制，明确高校的战略目标，识别和评估高校所涉及的风险，这些风险不仅仅是财务风险，还包括高校运营过程中所产生的风险等。高校在识别风险后，还应当对相应的风险进行分析，并考虑如何管理这些风险，以及在管理风险的过程中如何防止舞弊现象的发生。高校所识别的风险很可能对内部控制系统产生重大的影响。例如，对外部环境发生变化所带来风险的评估、对高校管理模式发生变化所带来风险的评估等等，这些风险往往会引发学校内部控制系统的重大变化。

在控制活动方面，高校的控制活动应当与风险评估紧密结合，选择那些有助于实现高校战略目标，并且可以将风险降至可接受水平的控制活动。高校在业务活动中明确控制目标，可以为内控建设提供规划思路。在采购管理环节，应执行严格的采购流程，对采购职责进行明确界定，科学编制采购计划并进行审核，选择最佳采购渠道和合理采购价格，对采购合同进行审批并执行，严控采购质量关口，合理使用采购资金，以采购预算为指导，严禁超预算采购，可以将采购活动纳入预算考核范畴，加强绩效监督。为了提升采购的规范性，可以制定采购环节的控制目标。例如：运营目标，选择最佳采购时机和采购数量，确保既不会造成浪费，又能满足高校实际需要；合规目标，规范采购流程和制度，防范差错和舞弊；财务报表目标，提高核算的准确性和科学性。资金管理环节，要求必须按时规范做好学生收费工作，严格按照收费标准收费，由于民办高校的收支存在时间差，收入时间相对集中，支出贯穿全年度，因此对于资金支出应进行合理的规划，编制资金支出预算；在资金核算时，要做到真实、准确、完整，为高校经营决策提供信息支持。

在信息与沟通方面，高校应当建立健全信息与沟通渠道，使得高校获取生成使用的信息能够支持其他内部控制要素发挥效用。高校的信息管理通常包括内部信息管理与外部信息管理。在内部信息管理过程中，高校管理层应当建立与董事会沟通机制，确保董事会提出的意见及时得到改进；与下属部门或普通教职员工建立高校沟通渠道，确保下属的意见能及时得到反馈；高校在信息与沟通管理过程中，还应当建立高校各个部门之间的沟通渠道，确保部门与部门之间的信息得以准时高效的传递。此外，高校还应当注重与外部单位的信息沟通，选择恰当的沟通方式，创造彼此相对独立的沟通渠道。

在监控活动方面，高校应当完善内部监控机制，对高校内部控制的设计及执行情况进行多项的或者单独的评估，来判断内部控制在高校管理过程中的应用情况。高校应对内部控制评价过程中发现的问题及时通报给高校管理层，而高校管理层应该对发现的问题及时进行纠正。

（二）坚持依法治国理念，营造良好的内部控制环境

《中华人民共和国会计法》第五条提到的会计监督没有赋予内部会计监督的具体职责，内部会计监督人员在具体进行会计监督时缺乏法律依据。为进一步提升会计人员的监督能力，将会计监督端口前移，将腐败现象遏制在萌芽中，应建立内部会计监督细则，立法提升会计机构及会计人员会计监督的权利，在法律层面明确会计人员的监督职责，同时在完善信用体系的基础上建立各级各类人员诚信体系，营造风清气正的会计监督环境，营造良好的高校内部控制环境。

（三）激发会计监督潜能，形成自律与他律并行的内部控制机制

一是加大对会计队伍的建设力度，提升会计人员自律能力。高校既要加强对会计人员职业道德的教育培训，又要提升会计人员的业务素养，选拔培养业务能力强、政治过硬的青年投入会计队伍中，重视会计工作，为会计人员打造晋升空间，选拔优秀会计人员进入决策领导层，提升会计人员的职业自豪感。加强内部审计队伍建设和培养，提升内部审计人员综合素质，打造“信念坚定、业务精通、作风务实、清正廉洁的”专业化审计干部队伍，为高校的廉洁自律提供人力资源保障。二是设立会计信息的质量评价机制。依据会计信息质量对会计人员进行奖

励或处罚，纳入年底考核范围，可以加大对会计信息失真的惩处力度，提高会计人员知法犯法或渎职、失职导致会计信息失真的代价及成本，同时提高会计人员对会计信息质量的重视程度及责任心，调动会计人员进行有效监督的积极性和主动性。

（四）优化高校内部治理结构，完善内部控制监督体系

重视内部会计监督，营造有利于会计监督的校园文化环境。强化对决策层、高端人才、后备干部、科研人员等教职员工的财经政策的培训宣传力度，强化对会计人员监督职责的认可度。一是组建内部审计机构，选拔引进专业审计人员队伍，提升审计人员整体水平，加强审计信息化建设，调动内部审计积极性，增强内部会计监督的整体合力；二是设立总会计师岗位，选拔德才兼备的会计人员充实到决策领导层；三是建立高校财经委员会，负责高校重大资金决策、重大投资及重大项目论证等；四是完善高校内部控制制度，防范经济风险，堵塞腐败漏洞。

（五）优化外部控制监督机制，支持高校内部控制有效发挥作用

近年来，各级各类会计监督检查频繁，各种检查监督分别来自财政监督、税务监督、各级各类审计监督等，而每个机构的监督检查有不同的侧重点和角度，造成各种监督检查重复和重叠。作为内部会计一线人员经常不断地接待各级各类检查，不是在接待检查中，就是在接待检查的过程中，由于会计人员精力有限，对当前业务关注度、重视度明显降低，形成恶性循环，间接造成会计信息质量下降。为了从根本上解决上述问题，同时将会计人员从各类统计报表中解放出来，应充分发挥信息技术优势，由财政部门牵头搭建信息共享平台，集各类会计监督职责与数据分析统计于一体，既节约会计监督人力资源成本，又节约国家各级各类资源，同时提高外部会计监督的效果。将这些资源投入内部会计监督一线，夯实会计监督的基础，激发会计人员积极性，调动内部审计和社会审计的力量，增强审计监督。

（六）建立和完善风险防控体系

为有效防范舞弊和预防腐败，高校应成立由内审部门或相关部门牵头的内控建设督查工作小组，负责相关的风险防控工作。一是按照决策权、执行权、监督权相分离的原则，合理分配高校内部财务、纪检、审计、人事、基建、资产等部门或岗位的职责权限，加强内部权力制衡；二是及时查找、梳理各业务管控的薄弱环节和主要风险点，研究制定具体的有针对性的防控措施，做到“辨证论治”，实现过程留痕迹，责任可追溯；三是充分利用信息化手段，加强风险防控。

（七）加强全过程预算管理控制

1. 加强预算绩效管理

一是全面推行项目支出的绩效评价制度，建立健全绩效评价工作机制，明确牵头部门和工作流程，设置符合本单位实际的、科学合理的预算绩效评价方案及具体的量化指标；二是扎实推进绩效评价工作，把高校预算同各二级学院和职能部门的业务工作结合起来，构建事前、事中和事后的预算绩效考评机制。

2. 构建以评价结果为导向的预算管理机制

一是通过建立合理的绩效考评和奖惩机制，将绩效评价结果作为重要依据，纳入高校各部门主要领导的绩效考核范围，并将其作为下一年度安排部门预算乃至个人考核奖惩的主要参考因素之一；二是建立严格的问责机制，对问题反复出现的部门进行严肃追责，倒逼各部门重视预算管理工作，自觉提高预算绩效管理水平，形成良性循环。

（八）强化信息化控制建设

1. 以信息化为支撑，确保信息系统安全、权力阳光运行

一是财务和其他业务信息的数据集成、资源共享，使得同一数据在不同信息系统中来自唯一的数据源；同时，保证原始数据采集的及时性和准确性，避免重复建设和“信息孤岛”现象的产生。二是建立健全高校内部信息公开制度，确保权力在阳光下运行，促进廉政建设。三是建立信息系统用户管理制度、安全保密制度和泄密责任追究制度等相关制度。按规范的权限设置要求操作，避免人为因素给系统安全带来隐患。同时，综合利用防火墙、漏洞扫描技术等，加强网络安全，防范黑客非法入侵和网络攻击，营造良好的内外部网络环境，确保信息系统安全运行。

2. 借助信息技术，实现系统流程的自动控制和约束

高校内部控制要实现预期效果，信息技术的安全利用无疑是重要保障。高校信息化平台整合以后，数据接口标准化，全程将财经法规、控制流程、控制方法、控制规范等固化到信息系统中，达到内部控制体系标准化运行，实现财务流程、内部控制流程和系统业务流程的高度集成。

第五章　高校收入与支出分配研究

高校的收入和支出业务是高校重要的经济活动，是高校维持正常教学、科研、生产、实验、实习等活动的物质基础。本章从高校收入与支出概况、高校收入与支出现状及问题、优化高校收入与支出分配的建议三个方面介绍了我国高校收入与支出的分配情况。

第一节　高校收入与支出概况

一、高校收入与支出概述

（一）高校收支概况

1. 高校收入的组成部分

高校收入主要包含财政拨款收入、事业收入、经营收入、其他收入四大板块。财政拨款收入指预算单位从本级财政部门取得的财政资金收入，主要包括生均拨款、离退休拨款和专项拨款；事业收入指事业单位开展专业业务活动及辅助活动取得的收入，主要包括教育事业收入和科研事业收入；经营收入指事业单位在专业业务活动及辅助活动之外开展独立核算经营活动取得的收入；其他收入指除上述“财政拨款收入”“事业收入”“经营收入”等以外的收入，主要包括非同级财政拨款收入、存款利息收入、事业单位固定资产出租收入等。

2. 高校支出的对象

支出管理对象是高校为保障机构正常运转和完成工作任务所使用的资金，根据发生目标不同分为行政运行支出和业务履职支出两大类。前者旨在满足自身内部管理需求，后者旨在履行学校职能。

3. 高校收支的管理机构

高校收支出管理的组织架构包括学校领导机构、财务部门、归口管理部门、各业务部门及审计部门。

（二）高校收支业务管理的作用

1. 高校收入管理的必要性

（1）收入预算是收入管理和预算管理的重要组成部分

在全面预算管理模式下，收入支出预算编制实行“以收定支”的原则，收入是基础，牵一发而动全身。切实科学做好、做全、做准确收入预算是做好支出预算的前提条件，也是全面预算管理的要求。

（2）加强风险管理和内部控制的要求

收入是高校资金的重要来源，收入管理是资金管控的重要组成部分，切实做好收入管理，提高收入管理水平是降低高校财务风险，做好内部控制的内在要求。

（3）保障高校教育经费和可持续发展的要求

高校收入是高校教育经费的来源，教育经费是支持高校可持续发展的经济基础。在教育领域综合改革的背景下，高校之间的竞争日益激烈，从生源竞争到人才竞争，均离不开对教学经费、人员经费、学科建设经费、基础建设经费的需求，这些均需要资金的大力支持。加强收入管理、提高收入管理水平是高校做大做强、可持续发展的必然要求。

2. 高校支出管理的作用

这里以美国公立学校的支出相关性进行分析。

（1）教学与研究支出是美国一流公立大学的主要支出

教学支出与研究支出的金额与占比相差无几，是美国一流公立大学经费支出最重要的构成部分，其次为辅助经营支出、学术支持支出、医院服务支出、公共服务支出。中国“双一流”建设高校的支出项目按功能分主要由教育支出、科学技术支出、住房保障支出、社会保障和就业支出、文化体育与传媒支出等构成，其中教育支出的占比与金额占据绝对优势，位列第二的科学技术支出的占比与金额与教育支出相差至少十倍。文化通过塑造一个国家的正式和非正式制度环境而影响决策。

文化制度背景的差异是中美两国一流公立大学经费支出结构差异的原因之一。美国一流公立大学配置大量经费于教学与研究领域，同时非常重视机构建设与社会贡献。中国“双一流”建设高校在教育支出上投入大量经费，对科学技术支出的重视程度则相对较弱，各项支出不均衡。

（2）美国一流公立大学经费支出总额与大学排名的关系不显著

美国一流公立大学的总经费普遍比国内高校要高，易造成经费越多的高校办学效果越好的错觉，并未有显著证据证明高校增加经费总支出与大学排名有关系。加利福尼亚大学伯克利分校是美国公立大学的“领头羊”，为美国的发展做出了巨大贡献，密歇根大学经费高居全美公立大学第一，但世界排名与国际声誉却不如加利福尼亚大学伯克利分校，更加说明了总经费与排名之间没有显著关联。

（3）高校提供的各类服务支出与大学排名显著相关

经费使用效率是财政部、教育部与“双一流”建设高校最关心的话题。一流成果与一流师资是一流大学的标志，很多高校为迅速提升学校声誉，将大量经费投资在师资引进、科研产出等领域。较易被忽视的辅助经营支出与公共服务支出是与一流大学排名相关的经费配置领域。此外，由于 US News 美国大学排名更加关注本科教育教学，这些高校提供的服务支出与大学排名显著相关，可能也与排名指标有关。这在一定程度上也表明，高校提供的各类服务与关注教育教学的排名表现相关。

二、高校收支业务内部控制

（一）高校收支业务内部控制内容

收入业务是否做到了进行统一归口管理的核算工作、是否将各项收入都并入到财务处并且集中收缴；收入核算是否精确，是否及时入账，有无挂账情况；是否有不符合规定的收费项目和收费标准；支出业务有无预算，是否符合在预算金额标准内，有无超支行为；领导授权审批制度是否建立和执行；重要决策项目是否经过领导层集体审批决议，如大额资金和重大项目；报销的票据是否真实、可靠；票据、印章的管理是否有效，执行制度是否合理和完善。

（二）高校收支业务内部控制方法

目前，对高校收支业务内部控制方法整理如表 5-1-1 所示。

表 5–1–1 高校收支业务内部控制方法

方法	具体收支内部控制内容与作用
不相容岗位分离	高校采取不相容岗位分离的手段，可以使学校的相关收支业务经济活动得到相互制约，使内部监督体系自然形成，经费安全得到保障。 这种控制方法可以有效地减少欺诈行为的发生，可以提前抑制违法行为，避免员工出现失误。 此外，控制不相容岗位分离的方法可以通过抑制和平衡彼此的工作，达到控制收支业务风险的目的，也降低了不合法收支活动的概率。
预算控制	高校各项支出必须在预算范围内，预算编制必须正确合理，以保证学校收支平衡，合理安排各项需求，防止资金浪费，使经济活动顺利进行。 此外，预算执行要顺利实现预算绩效目标，发现预算执行过程中存在的问题，分析评价情况，总结预算绩效并跟踪整体绩效报告，做到合理有效，促进预算和预算的正确执行并进行及时调整，最终实现预算绩效目标。
票据与印章管理	票据、印章管理是高校进行报销时对内部凭证和表单进行管理控制的有效手段。通过票据的领用和保管，将收支环节内外部结合，形成有效的票据管理体系。加强对印章的管理，最重要的是需要财务印章设立专人保管的办法，印章申请人得到批准方可使用财务专用章，并由存款人加盖财务章，个人章必须由本人或授权人保管，不得由他人代为保管，所有的收费印章都会分配人员进行管理，互相制衡。
归口控制	归口控制是高校根据岗位的分工，控制各岗位的人员承担相应责任的一种集中管理方式。明确的管理责任，特别是复杂的收支和经济业务。高校的决策计划、资本支出等涉及重大金额和重大经济事项的审批，参照“三重一大”相关规定来执行。
审批制度	审批制度中的控制方法要求明确界定有关责任人在职权范围内的管理职能，严格规范收支活动的职责和权限，以防止任何越权行为。 高校一般采取按业务量的逐级进行审批的模式，对于金额或者重要性超出预定标准的收支业务，需要校方领导集中开会进行审批。 授权审批方式可以明确负责人的经济责任和业务责任，实现权与利相分离的目的。这种方法可以有效避免推卸责任和责任不明确的现象，而且还可以加快经济业务办理的时间，优化经济事项办理流程。
信息公开控制	对信息进行公开意味着高校将运行工作中获得的信息或者是处理后的数据，利用互联网智能平台向社会和公众公开，这将大大增加高校各项工作尤其是经济业务的透明度。

第二节　高校收入与支出现状及问题

以某高校为例，分析现今高校的财务收支现状及问题（某高校代表普通高等学校的典型案例）。

一、高校财务收支业务的现状

（一）高校收支业务的归口管理

1. 收支业务归口管理

某高校的收支业务由本校的计划财务处统一进行管理。计划财务处是高校财经管理的主要职能部门，分别设置了财务计划管理科、预算会计科、科研经费管理科、收入管理科、资金结算科五个科室。

某高校计划管理科主要负责年度部门预算的编制、经济项目的审核、校内经费的管理、全校工资的计算、各项财务制度的建设工作；预算会计科主要负责日常运行支出的核算、债权债务的管理、基建会计的核算、记账凭证及决算报表的编制工作；科研经费管理科主要负责科研经费的审核、统计及核算工作；收入管理科主要负责预算收入的核算、发票的开具及报税、学生费用的收缴及教师费用的收缴工作；资金结算科主要负责财务资金的结算、银行账户的管理及对账、银行票据的保管及使用和资金结算资料的保管工作。

2. 收支业务岗位人员情况

2019 年 1 月 1 日全国各级各类行政事业单位全面施行《政府会计制度》，通过“5+3”要素实现双分录、双基础、双报告。党的十九大提出要建立全面、规范、透明、约束有力的预算制度，全面实施绩效管理。这对高校财务人员提出了更高的、具体化的要求，既要进一步熟悉以收付实现制为核算基础的预算管理要求，又要了解掌握以权责发生制为基础的财会知识；实现由“报账型”会计向“决策型”会计的转变，加强对资金的有效监管，全面反映高校资产负债情况，提升资金运营管理能力。

计划财务处工作人员本科及研究生学历人员的年龄集中在 30 岁 ~40 岁，50 岁以上的财务人员学历大多为大专或中专，这既有时代特征和历史因素的原因，也有某高校自身实际情况的原因。在信息化普及和数字化建设迅猛发展的过程中，高学历的年轻人有着比较强的学习能力和接受新事物方面的优势，所以及时吸纳高素质的年轻人加入高校的计划财务处对提高财务处的业务水平有着积极的影响。

通过对某学校计划财务处的了解，财务办公人员发挥着后勤保障的作用，财务部门是服务性的部门，财务处工作人员撑起了高校将近 22 000 人的师生活动及财务活动的预算、核算报告工作。并且，有的年长的财务工作人员有着强烈的责任心和爱岗敬业的精神，在很多重要事项上预判非常准确且更具有前瞻性，对各种系统软件都能很快熟悉及应用。所以，计划财务处各个年龄段、各类学历水平的工作人员在高校收支业务管理活动上的贡献是都是不言而喻的。

另外，如果各个年龄段和各类学历的人员都能熟练地掌握和运用信息化系统，并且保持好学的态度，提高工作能力和工作效率，将对高校的财务管理水平带来更高层次的提升。同时，财务人员结构和配置问题与信息化水平有着较强的关联性，高效、便捷的信息系统可以在一定程度上分担财务人员的工作压力。所以，财务人员在配置上不仅仅需要考虑年龄、学历和职称，也应当重视工作人员的责任心和学习态度。最后，人员配备结构还应该适应高校的财务信息化建设，做到软件和硬件齐头并进，为高校收支业务内部控制发展提供保障。

（二）高校收支业务相关管理制度

高校贯彻落实相关财经法律法规和规章制度，确保高校各项经济活动在法律的约束和保护下进行。高校依据财经法规和规章制度精神及要求，不断学习落实并修订完善高校内部财务收支管理制度，近年来制定了《XX 大学高等学校财务管理办法》《XX 大学高等学校预算管理办法》《XX 大学高等学校财政专项资金管理办法》《XX 大学高等学校收费管理办法》《XX 大学高等学校票据管理办法》《XX 大学高等学校报销管理规定》《XX 大学高等学校差旅费管理办法》《XX 大学高等学校资金结算实施细则》，规章制度的建设为高校铸造防线并有效遏制了不良现象。相关规章制度和细则办法成为高校财务管理的抓手，使得高校收支管理有据可循。

（三）高校收支业务范围

1. 高校收入来源

某高校实行“收支两条线”管理，根据收入的不同经费来源，分为财政拨款收入、事业收入（包含教育事业收入和科研事业收入）和其他收入进行核算。其中，某高校的财政拨款收入和事业收入占全口径收入的 94.5 % 左右。

财政拨款收入主要有专项补助收入，如预算项目拨款（高等教育经费、医疗保险经费、公积金补助）、科研项目拨款、基建项目拨款。

事业收入，即高校开展教学、科研及其辅导活动取得的收入，主要包括教育事业收入（学费、住宿费、委托培养费、考试考务费、培训费和其他教育事业收入）和科研事业收入（承接科研项目、开展科研协作、转化科研成果等取得的收入）。

其他收入主要包括投资收益、银行存款利息收入、捐赠收入、学生公寓网络收入、门禁收入等。

2. 高校支出范围

某高校按照支出性质不同，划分为财政补助支出、非财政补助支出和其他资金支出。

按照支出的会计科目不同，分为教育事业支出、科研事业支出、行政管理支出、后勤保障支出、离退休支出五大类。

从运行职能上来归纳，某高校的支出可以称为基本运行费支出和基建、维修等专项支出。其中，基本运行支出就涵盖了人员经费支出、教学及科研管理经费支出、行政经费支出、后勤经费支出、其他支出；基建、维修等专项支出近几年主要有新建校医院支出、高层次人才队伍建设专项支出、校庆学术交流及校史馆建设等项目支出、学校公寓改造支出、青年骨干教师出国研修支出、校园规划建设改造支出、教学设备购置支出、偿还欠款支出。

二、高校收支业务的问题

（一）收入管理亟待提高

1. 学分制收费对象未覆盖全校学生

高校学分制收费是以优化教育资源配置、实现合理成本补偿为目的，以学生修读学分数作为计价依据的学费收费模式。目前实施学分制收费的范围为全日制普通本科高校的本科生和成人高等教育学生，不包含全日制研究生和来华留学生。某高校研究生仍实行学年制收费，即按学制年数计收学费，然而越来越多的研究生因课程不合格、毕业论文未通过等未能按时完成学业，需延长学习年限，甚至有的研究生延长 2~3 年才毕业，但延毕期间高校因缺乏收费依据无法收费。近年来，来华留学生人数逐年攀升，因生源性质不同和个体差异，留学生的学习能力参差不齐，每年都有一些留学生无法按时完成学业任务，需要补考或重修课程，或者辅修其他专业课程。但是，留学生学费不在学分制收费的适用范围，高校对留学生补考、重修、辅修课程等情况无收费依据，造成留学生享受“超国民待遇”

现象。

2. 社会服务收入分配制度不完善

高校提供社会服务收入包括教育服务收入、教育辅助服务收入、资源共享服务收入、成本补偿收入、其他服务收入。其中，教育服务收入包括学位申请费收入、研究生课程班进修费收入、语言类留学生学费收入、培训班收入等；教育辅助服务收入包括非指令性的考试报名费、比赛报名费、考务费收入等；资源共享服务收入包括仪器设备有偿共享、体育场馆出借和对外开放收入等；成本补偿收入包括标书款、图书资料出售收入、废旧物资处理收入、各类证件补办工本费、文印费、上机费等。高校社会服务收入越来越丰富，创收的“蛋糕”越做越大，但与之配套的分配制度却没有完善起来。某高校制定的社会服务收入分配制度未涵盖全部创收项目。其中，创收单位（二级单位）组织或承办的非指令性考试、比赛报名费、考务费、会议费及其他各种名目的活动费收入未纳入分配的范围，收入核算时全部归创收单位所有，用于创收单位成本报销、酬金劳务费的发放等，并未体现高校的资源补偿和收入增加，财务部门收入核算变为二级单位的收入核算，高校整体收益受损。

3. 岗位职责划分不明确

财务管理工作中最重要的两个环节是收入和支出，但由于公立高等学校是事业单位的特殊属性，收入来源较为单一，所以某高校更重视支出管理工作。

某高校在收入岗位的职责划分上不够明确，存在一人多岗现象，收款会计和核算会计未做到不相容岗位相分离原则；在走访和查阅相关资料时发现，某高校个别款项未做到应收尽收，有多笔账龄超过五年的其他应收款存在挂账现象；催收机制执行不力，相关业务部门普遍认为收入就只是财务部门的工作，会把对接、追溯的问题全权交给财务部门，财务人员有时候对某些不是自己主管的收入业务的背景和项目并不了解，导致有些收入业务的催收管理责任制无法得到有效落实，如果再没有形成强制缴款措施和追责机制，会在一定程度上降低收入管理的效率。

（二）支出审批和监督不严格

1. 领导授权审批执行不力

某高校下设党政管理、群团组织、教学机构、科研机构和教科辅助等 54 个部门，同时经费也是按照部门来管理，某高校从 2020 年开始开展网上报销，经办人进入申请报销系统线上填报业务，上传原始附件，部门领导或者主任在线审批，但是有时部门领导在忙碌的工作过程中抽时间去进行审批，而且认为下属科员已经认真核对、检查了，就会直接点击“审核通过”按钮。票据的审核工作全都集中在了会计人员身上，使得领导授权审批环节形同虚设。这样就很容易导致相关人员不重视经费报销申请的审批工作，增加了申请人徇私舞弊的风险。

2. 经费开支监督机制不健全

某高校的审计处承担学校内部控制评估和审计工作，但对科研项目的监督不到位，缺少定期监督和检查，评审时采取“自查”书面报告形式，使得审计工作未达到应有的效果。经考察后，发现了一个不好的现象，报销经费的人员拿着报销单和票据到科研部门进行报销，经财务人员现场审核不合格或者不合规的票据直接由报销人拿走，报销人员不需要解释或者承担任何问责后果，一段时间后，报销人经过修改或者换一张发票后继续前去报销。由于这个环节没有设置控制机制或者责任机制，就容易滋生不合规票据的报销风险，增加票据审核工作的压力。

（三）预算管理缺乏科学性

1. 预算的编制及审批不够科学

预算事前计划不够严谨，调整机制不够灵活，缺乏一定的监督机制。

某高校预算工作由财务处副处长牵头，计划管理科负责具体编制和统筹，但计划管理科室总共就两人，每年年底和次年年初是预算工作的重要节点期，需上报省财政厅及教育厅预算申请金额，同时某高校的收支规模和业务体量几乎是其他普通高校的两倍，所以在预算编制的压力上也非常巨大。

某高校的预算编制采用定性和定量相结合的方式，根据高校的预算编制流程可知，财务处接到学校关于开展下一年度预算工作的通知后，通知学校的各个学院及部门根据自己的工作计划和实际情况开展预算编制工作，财务处将收集到的校内预算报给财务处处长，由财务处处长整合后，上报分管校内预算的副校长手中，并且开展校长办公会进行预算审批的决议，最后将审批的数额通知给各部门。在预算监督控制机制不完善的情况下，也是存在一定风险的。各部门在编制自己的预算时，可能会由于信息不对称出现夸大资金申请的数额，而财务部门和校分管领导由于不了解各部门实际情况，批准了该夸大的额度，使得预算编制与实际情况不符，还容易滋生虚报的不良现象。有些部门资金充裕，就申请购买资产，这可能会使得部门的重复设备较多，闲置设备也随之增加。并且部门和部门之间没有进行有效的沟通，重复购买设备或者购买了不符合规格或无法使用的设备，使得资源被严重浪费。

2. 预算的执行力不够

年底集中报账现象明显，可能会造成资金和资源的浪费。预算执行也是影响预算工作顺利进行的重要环节，以科研经费为例，某高校的科研经费按照国家对高校的规定而进行划分，分为横向科研经费和纵向科研经费。横向科研经费是指经费来源于其他企事业单位或者科研教学合作方；纵向科研经费是指我国财政对高校进行的财政专项拨款。高校的科研管理科对下拨的科研经费进行预算编制。科研人员经常赶在年底集中报账，扎堆现象严重，经了解，产生这个现象主要是因为主管部门对项目预算的完整性要求较高，年底如果预算金额没有执行完毕，将会面临财政结余并不再下拨的风险，所以会出现突击购买设备或者短时间大量资金流出现象。

3. 预算的绩效考核不到位

某高校在开展高校预算绩效管理工作时，仅仅是机械地将预算绩效结果与之前定下的目标进行对比，并没有对此进行深入分析与探讨，也未找出相关问题的原因，更没有对项目的执行结果进行问责。预算绩效考核的主要目的是进行结果反馈，高校在开展预算绩效管理工作时，倘若将预算绩效的反馈结果严格纳入预算绩效编制的过程当中，对于此项工作的开展具有一定的科学导向作用，可以有效提高反馈效率，优化工作管理的模式与效果。如果高校预算绩效管理的反馈机制不健全，那么预算目标的编制过程则缺乏一定的合理性，预算绩效管理的效益最大化也无法真正实现。

预算绩效考评机制是预算管理体系中的重要一环，很多高校未建立预算执行的绩效考核标准，也未将高校的预算执行情况纳入部门及员工的奖惩制度中，这使得高校各个职能部门在对待预算编制和执行时不够重视，势必会引起资源浪费或者奖惩不够客观严谨的现象。

（四）印章、票据及合同管理不足

1. 印章管理较松散

某高校财务专用章由计划财务处处长亲自管理，但是处长有时因工作和会议不在办公室，工作人员在紧急的情况下必须使用财务专用章，就会以打电话或者报告的方式向处长发出申请，处长委托会计人员进行拿取，并且明令规定要求借用人在印章使用登记表上签字方可使用印章。但是，经过了解，有时因为各科室工作人员繁忙，经常在借用财务专用章的过程中忘记签字，使得印章的使用环节存在一定的疏漏，所以印章在缺乏严格、谨慎管理的情况下，无形中会增加印章不合规盖用的风险，容易造成高校经济上的损失。

2. 票据管理不规范

（1）票据管理不规范

首先，缺少完备的票据管理制度及领用、使用流程。某高校的财务人员票据管理内控意识淡薄，缺乏对票据风险的防控意识。在票据的领购、使用、核销等过程中，缺乏有效的监管措施。其次，票据使用不规范。不同种类的收费业务应使用相应的收费票据，最易出现问题的如高校的横向科研课题经费、培训费、技术服务费等应使用税务发票而误用了非税或往来票据；本应该开具往来票据的教材费、代收款项却使用了财政非税收入票据。最后，票据的管理方式较为落后。

（2）票据管理意识淡薄

学生学费收据管理工作存在疏漏。因为学生学费收据由财务处收入管理科负责，会被普遍认为票据管理工作时间不集中，业务量又不如日常工作那么大，所以不是很重要，不值得设专人管理，所以就附带给收入管理科的财务人员兼职，该人员年龄也比较大，将票据管理工作作为自己的附带业务进行管理，跟自己的专职工作契合点不高，而且容易分散主工作的注意力。高校在此前自查对学生学费收据的管理工作，发现部分票据有不连号现象，红绿两联缺少其中一联。出现该现象后学校予以高度重视，迅速进入信息系统对缺失票据进行查询和补申，并且书写自查报告上交上级部门，进行重新整理。后追溯学生学费收据缺联、缺票据现象导致的原因，主要是由于没有专人管理，有的学生在集中上缴学费时，出于各种各样的原因没有及时上缴，后期该学生进行补缴时需要自己到财务处的收入管理科进行操作，由于学生缴费时间不固定，兼职票据管理人员又要忙专职工作，学生可能会求助部门其他财务人员进行缴费，如果上机票据管理系统操作不当，很有可能打出错误的收费票据，或者打出票据后，没有及时整理归档，导致票据丢失。

凭证档案管理不严谨。某高校财务处设有档案室，有一名将要退休的会计人员对凭证和档案进行全程的统一管理。档案室是财务处的各业务部门经常“光临”的场所，因为各个业务部门在遇到对账困难或者报销人员进行追溯查账时，都需要到档案室进行凭证查询的取证。每到月底对账时前去查阅凭证的业务部门人员都挤在档案室内，按照规定，查阅凭证或者取证时只能对申请查看的业务进行查看，其他业务都属于保密范畴内。由于查阅流程不够严谨和规范，也没有相关的“查阅登记表”，具体哪个部门来查，查的哪笔账无从记录，使得凭证档案的管理工作难度加大。

3. 合同管理不细致

按规定，某高校应对已签订的合同进行统一编号并且存档，但是有些工作人员缺乏对合同归档的意识，也没有及时地跟进合同的进程，就可能导致没有对合同进行催收。因为缺乏专业的法律人员指导，合同内的法律条文和要点表述可能缺乏专业性，在合同的签订过程中不够精确和细致。有的合同上只有签字和盖章，有的忘记签署日期，一旦发生了纠纷，就会给学校带来不必要的损失。同时，有些合同管理人员对财务知识了解不充分，对税务知识掌握不准确，导致学校每年都会因漏缴印花税产生不必要的麻烦。

（五）岗位存在交叉且长期未轮换

1. 个别岗位设置存在交叉现象

某高校财务处由五个科室组成，大多数岗位专职专人，对关键岗位的任职资格也提出了明确的要求，这对整个财务处的岗位构成具有明显的优势，不过还是存在着一定的疏忽。经调研发现，科研管理科有四名财务人员，其中一名财务人员既是科研经费入账人员又是后勤会计人员。由于这两类业务都非常重要且资金安全风险系数较高，由一人担任是非常不合理的现象。经过访谈得知，因为计划财务处人员紧缺，在没有招到新财务人员前只能由一个人兼任两个岗位，这增加了该财务人员的工作负担，也使记账存在漏记或错记的风险。

2. 长期未进行岗位的轮换

高校应当制定轮岗机制，定期轮岗换岗，以保障关键岗位的纯洁度和独立程度，可以在一定程度上避免长期在某岗位造成的职务和岗位壁垒，防止小团队的产生，也能够规避掉一定程度的徇私舞弊风险。但是，经了解，很多财务人员表示，自己一直在做某一项工作，已经对该项业务非常熟悉了，换到别的岗位工作会不适应。可见，在定期轮岗机制上，某高校进入了瓶颈期。

（六）内部控制手段较为落后

尽管高校确定了内控牵头部门，但是在内部控制制度的制定和完善上还存在很多不足，由于内控建设领导机构及相关工作机构都是临时机构并且人员配置不足，在一定程度上影响了内控制度的制度和完善工作。“智慧校园”“校园一体化建设”体系不够完善，校内各单位内控信息化建设处于各自发展得较原始状态，缺少统一的数字化平台支撑。

对目前某高校财务系统进行了解后，发现其系统的功能较为单一和陈旧，各个业务的关联程度比较差，控制的手段不够前沿，财务内部控制的建设上没有很好地利用信息化平台，这使得学校内部控制的建设缓慢。目前学校使用的财务信息系统为小型财务管理记账平台，这套系统仅能满足财务处自己的业务需求，对学校其他业务的影响力较弱，各个业务部门存在“信息孤岛”现象，其他业务部门之间沟通不畅，部门之间的制约机制不够有力和完善。

第三节　优化高校收入与支出分配的建议

一、加强对高校收入的管理

（一）建立健全社会服务收入分配制度

既要做大“蛋糕”也要分好“蛋糕”，高校在不断开拓创收渠道、挖掘服务潜力、服务社会并增加收入的同时，也要建立健全社会服务收入分配制度，既要做大社会服务收入的“蛋糕”，也要在学校与创收单位之间分好“蛋糕”。

一是对于创收单位承办上机考试、比赛等社会服务项目，开展形式与仪器设备共享相似，需要使用学校大量计算机设备。计算机折旧损耗、电费、场地费等是不可忽视的成本，取得的收入可按照学校 20 %、创收单位 80 % 分配。二是创收单位承办非上机类的考试（非指令性）、比赛、会议、活动等，可区分为校内开展还是校外开展，校内开展使用了学校场地、水电等资源，取得的收入可按照学校 15 %、创收单位 85 % 分配；校外开展利用了学校无形资产，取得的收入可按照学校 10 %、创收单位 90 % 分配。如有社会服务性项目特殊情况参照以上分配比例不合理的，可按照“一事一批”的原则单独申报，经财务部门初审后报分管校领导审批。

（二）加强收入环节规范

规范收入的岗位设置和职责权限，要以国家规章制度为基础、以具体的收入业务需求为基础设置岗位及职责要求。做到不相容岗位相分离，如收款会计和稽核会计应当由两人分别负责，应当对各个岗位进行权力的制衡、职责的牵制，这样可以有效地防范收入业务带来的贪污和腐败风险。在各项收费业务的处理和监督环节，应做到定期检查、不定期抽查，收费标准要有据可依、合法合理。签订收入业务合同后，要及时跟进和入账，反复核查合同金额和入账收款金额是否一致，对待应收未收款项，及时同业务部门取得联系，核查原因，落实催缴责任人，切忌长期挂账行为。财务部门按照合同的履行情况对其进行跟踪和及时反馈，如果有异常一定要及时上报和处理。同时，财务处还要对有征收职能和义务的部门进行账目核对，及时解决发现的问题。

（三）优化教育成本补偿机制

当前全日制研究生和来华留学生采用学年制收费模式，高校面临着学生发生重修、辅修、延毕情况下学费收取“无据可依”、教育成本得不到补偿的困境，不符合高校内涵式发展模式，收费管理的不平衡问题亟待解决。建议高校研究生院、国际教育学院分别对研究生、留学生学费采用学年制收费和学分制收费两种模式进行教育成本测算，分析教育成本补偿情况，研究对比学分制收费的优势，为上级主管部门推行学分制收费改革提供数据支撑。另外，建议教育部门和物价部门充分考虑研究生、留学生发生重修、辅修、延毕情况下的学费收取问题，出台相关政策文件将学分制收费范围推广应用到研究生、留学生学费收取模式上，让高校对研究生、留学生在发生重修、辅修、延毕情况下的学费收取有据可依，实现教育成本合理补偿，督促学生按培养计划完成学业，有效控制培养成本，从而增强学生的责任意识，提高人才的培养质量。

（四）完善资源共享服务平台

提高高校资源利用效率，盘活学校设备资源，增加有偿共享收入。一是要完善仪器设备统筹共享服务平台，由实验室与设备管理处对学校各单位占有使用的仪器设备进行全面管控，为每项仪器设备建立“日程表”，对空档期的仪器设备进行调配或对外共享，达到“物尽其用、高效运转、自我维持、有效产出”的良好运行状态。二是要建立完整、科学、合理的收费体系，程序上要求规范完整。各单位应将仪器设备有偿共享的收费标准报学校收费管理工作小组审议，收费标准、收费对象、收费范围应合理、详细，尽量涵盖实际执行中遇到的各种情况。收费标准的制定主要考虑以下几个方面内容：区分不同服务对象（校内或校外人员）；区分不同时间段（教学、毕业设计、科研旺季或淡季）；区分不同共享方式（全包服务或自主操作）；区分不同复杂程度（创新性或常规性）；针对场地、水电、耗材、人员等成本项目，综合考虑对公共事务管理处、后勤服务集团、保卫处等分摊主体的成本补偿原则，制定详细合理的收费标准。

二、优化经费支出审批和监督机制

（一）规范对支出业务的审批管理

首先，要增强支出业务经办人员的内部控制意识，使得经办人员了解审批的流程，意识到严格遵守审批程序的必要性。

其次，高校的领导班子要加强对内部控制制度的学习并且应当重视内部控制制度建设。

最后，高校应该有计划地完善学校经费支出审批的相关制度，完善财务部门和其他业务部门之间的沟通协调机制，让学校各部门之间的合作更加高效。

（二）优化经费支出的监督机制

首先，应当建立科学的绩效评价系统，要改革监督检查的形式和方法。以往高校都比较重视事后的监督检查工作，不重视事前，但殊不知事前的预测和控制尤为重要。检查分析和绩效评价的方法使得会计监督贯穿于事前、事中和事后整个过程。

其次，为经费支出监管工作再加固一道“防御塔”，还应该加强审计部门在高校经济活动中的监督权限，使其拥有独立的内部审计的职权，方便高校及附属单位对本单位收支情况和经济效益进行全面的了解和监管。

再次，应当建立问责机制，使想要违反会计规章制度的人往往会因为违法成本过高而放弃去做违规的事情；同时，利用政府监督的作用，使高校在进行任何经济活动时都时刻保持应有的纪律性和廉洁性。

最后，要推进会计立法的完善，使行政事业单位会计的监督工作有法可依，加紧《中华人民共和国会计法》实施细则的研究，提高其操作性。直接照搬用于普通公立学校和民办学校的内部控制建设还存在一定的局限性。所以《中华人民共和国会计法》和相关内部控制的指引或规范还需齐头并进，向更广更远处延伸。

三、完善预算管理内部控制体系

（一）规范对预算编制及审批的控制

预算编制过程中要求各个职能部门全面参与，各个业务部门按照相关规定及制度要求，结合自己部门的实际需求和计划，进行预算安排。其中，办公经费、教育经费、业务经费等应该严格按照规定，不可多报或者虚报，预算编制要根据国家财政形式和政治经济发展方向进行调整。

高校应该运用合理和科学的预算方法进行预算支出的测算，为保证下一年度各项工作和活动的平稳运行，每一项预算支出的精准计算都是必要的，经过财政部门的审核和批准后，要将每一项具体预算支出下拨到高校内的各个职能部门。

计划财务处是高校预算编制的审核和归口部门，对其编制的校内各部门预算进行测算，控制预算成本，对项目合规性进行审核，并且针对计算不准确的申请资金与业务部门进行校对和重新测算。一旦发现预算编报不符合规定的情况，应及时上报领导层进行追责处理。

（二）规范对预算执行的控制

对预算目标加以具体化是规范预算执行的有效手段，各个业务部门应当根据学校的总体发展战略目标制定本部门具体化的预算目标，在执行过程中严把每一个预算支出项目。

高校应该对预算目标没有完成的业务和部门进行深入调查和了解，执行过程中严格控制进度，找出没有完成目标的原因，并积极应对。高校应当跟进各个业务部门在各阶段的预算执行情况，并且根据阶段目标与实际执行情况做出分析报告，当发现预算执行效果偏离预算目标时，应快速采取有效措施予以纠正，以保证预算目标的顺利完成。

高校开始推进全面预算管理以来，针对预算编制及执行等实际操作基本只有财务部门、行政部门或部分领导的监管与过问，整体上处于内部人员自查自纠的状态。虽然这种内部控制状态具有快速、及时和常态、高频的优势，却也存在当局者迷的缺陷。尤其是受到内部人员业务素质和管理能力的制约，部分高校针对预算执行管理的监督相对有限，一定程度上限制了预算执行水平的提升。因此，新时期高校预算执行管理的优化，还需要强化内控监督，落实责任制。比如，适时适度引入第三方专业机构开展更为全面的内控监督。第三方机构一般是具有专业审计资质的社会机构或科研单位，对开展审计活动具备更加全面的理论知识和更为丰富的实践经验。引入第三方专业机构开展内控监督，不仅更具权威性和技术性，而且有助于高校加快完善自身预算执行管理工作。同时，来自外部的内控审计监督往往更具战略高度，能够从全局化视角审视高校既有预算管理模式的不足之处，这对强化预算执行并进一步优化预算管理体系都有更为积极的促进作用。

（三）规范对预算绩效的控制

建立绩效评价体系，规范评价指标，将预算绩效控制落实在整体绩效考核中，将预算执行效果纳入个人奖惩及部门评优中，并形成预算执行进展情况和汇报总结，用体系化、文字化方式将预算工作从抽象落实到具象。高校领导在编制下一年度的预算时，要充分考虑当年的绩效评价结果，将业务部门的预算执行情况与部门内相关工作人员的年底工作绩效考核挂钩。

四、明确印章、票据及合同的管理

（一）妥善保管印章

财务印章不能随意地摆放，应该有专门的财务工作人员对其进行管理，财务部门要为印章保管人员配备保险柜。保管印章的人员如果有事请假不在办公室，一定要及时并且按照规章要求办理转交手续。使用印章人员一定要进行登记，按照规定进行签字确认。印章的保管者对各项印章负责，加盖印章时务必检查清楚收付款业务的真实性、合法性，严格核对金额及项目信息，确保高校的财产安全。

（二）设置专人管理票据

票据管理制度是高校财务管理制度的重要组成部分。高校应依据财政、税务等部门的规章制度，结合自身实际情况，制定适合本单位的票据管理办法。明确划分各类票据的领购、使用、保管、审核、记账等人员的票据管理责任，强化责任意识，防止各岗位互相推诿。此外，财务部门要定期面向财务人员及其他职能部门相关人员进行票据使用规范培训，系统讲解不同类型票据的使用范围及管理规定，并指导票据内容的填写。随着财政电子票据的推广，一些高校陆续开始了电子票据系统的升级工作。财政票据从票据领购、电脑开票到自动核销均可通过系统完成。不仅提高了票据管理的效率及精准度，更有利于降低内控风险，使票据管理更加科学完善。

票据应当设置专人进行管理，如果因人员配备不足无法实现由一人专职管理，则应当委派给工作性质和工作内容与之相近的财务人员，尽量不要让财务人员的工作跨度太大。票据管理应当设置“责任制”，票据丢失、管理不力都应当纳入绩效考核的范围内，主管领导应加强对票据的监督管理工作。

（三）规范对合同的管理

在签订合同前，咨询相关专业的法务工作人员应注意的事项，对不够了解的具体法律条款进行解读，并且要对对方的法人资格、单位资质、信誉状况进行调研和了解，在保证没有风险的情况下签订合同。

在合同签订过程中，要对合同或协议的法律条文进行检查，条款列示明晰，对商品或服务的单价、数量及款项进行严格审查，签署姓名要加盖印章，并且注明签订时间。合同签订后，要进行收缴、编号、归档和保存，步骤缺一不可。相关人员要对合同信息严加保密，在未经允许的情况下，不准以任何形式、任何途径透露合同订立过程中涉及的商业机密。

五、提高财务工作人员的素质

高校岗位存在交叉且长期未轮换的问题，主要是受到财务工作人员的业务水平和配置结构方面的影响。同时，高校财务工作人员的思想意识和业务素质影响高校的内部控制体系的运行情况。随着行政事业单位会计政策和制度的不断发展和改革，对高校财务工作人员的考验也越来越大，再加之信息化技术手段的更新和换代，财务工作人员的职能已经不仅仅是传统的记账和报账人员，财务人员不仅需要掌握专业相关的会计制度、方法，还要懂得信息化方面的知识，能够熟练地运用信息系统和智能化财务软件。

首先，在专业知识的学习和培养方面，财务工作人员应该有自主学习的意识，考取资格证书和职称证书是最基本且必须实现的，不仅如此，还应当主动涉猎更多的有关行政事业单位会计的政策，甚至还应当对企业会计政策进行学习和解读，从理论知识体系走向实践，不断更新自己的知识框架。

其次，高校应当肩负起培养单位职工的义务，定期请财务领域的权威人士或者实务专家对工财务作人员进行培训和讲解，对财务工作人员的培养建立完善的机制，从进入岗位开始就要严格进行专业知识和实践的考核，不能流于形式和表面。

最后，应当不断吸收有理想、有实力的新鲜血液进入财务管理和信息化建设的队伍中，结合高校的经济业务特征和信息化进程，打造一支既科学又适合高校财务管理需求的专业团队。

六、推进高校财务信息化建设

高校内部控制体系的运行离不开学校的网络信息化建设，因此高校应该利用好财务信息化管理平台，将收入业务和支出业务相关联，使得收支得到控制并且有效地按照预算执行，以便达到收支平衡的状态。财务信息化建设在高校的财务分析方面也可以起到重要的作用，高校的财务部门不仅要履行记账、报账等基本的财务工作职责，同时对学校经济活动整体运行机制有着控制和监督的作用。因此，建立集预算管理、收支管理、基建管理、票据管理、资产管理、后勤管理、政府采购于一体的并且嵌套内部控制完整体系的信息技术平台在高校的发展中是有必要的。

首先，高校应该将大数据和互联网等有效的信息平台应用到财务管理中来，完善学校的信息化建设不仅能消除“信息孤岛”现象，还可以节省大量的人力，使得财务工作人员或者其他相关工作人员的工作效率得到有效的提高。

其次，高校应该大力培养财务信息化人才，招聘有丰富经验的财务信息系统管理人员，同时对相关人员进行现代化信息系统平台的培训工作，增强对信息系统安全管理的宣传意识，完善对信息平台体系的搭建，提高相关工作人员的专业性，这样将会极大地提高高校收支业务管理的效率，减少系统使用漏洞，保证系统高效运行。

最后，高校应利用网络公众号、宣传板、画报和流程图展示等方式对信息系统的应用进行讲解，普及“云计算”“大数据”“区块链”“智能化”等信息化建设的知识及信息化建设的必要性，让各个部门和工作人员从信息化平台中感受到方便和快捷，使得人人懂信息化、人人会用信息系统平台，让每个人体会到自己不仅仅是信息系统的使用者，更是平台中的受益者。

第六章　高校会计基础工作管理

加强高校会计基础工作管理规范化，有利于提高高校的综合管理水平。本章从高校会计基础工作的现状、高校会计审核及账务处理存在的问题、规范高校会计基础工作的解决措施三个方面阐释了我国高校会计基础工作的管理。

第一节　高校会计基础工作的现状

一、会计基础工作概述

（一）会计基础工作涵义

会计基础工作指严格贯彻执行确定的会计制度，规范填制或合法取得原始凭证，规范编制记账凭证，规范登记日记账、明细账、总账及相应辅助账，以及及时、高效编制财务会计报告的整个工作。会计基础工作的质量直接决定着社会经济主体会计信息的质量，影响着社会经济组织各级管理层的经营管理决策，影响着会计信息使用者的经济决策，也影响着国家宏观经济调控政策，因此必须重视和加强会计基础工作，保证会计信息质量，提高经济效益。

（二）会计基础工作开展的必要性

企业会计工作能够对当前的财务情况进行更好的管理，并对企业的整体发展起到有效的支持，有利于企业在市场竞争中取得优势，促进市场经济秩序的稳定。会计基础工作是企业会计工作中的重要环节，能够帮助企业会计人员更好地开展会计工作，能够保证提供真实的会计信息，为企业管理人员决策提供帮助。重视会计基础工作，可以提高会计资料质量，有序做好会计工作调整，避免会计工作中出现失误，保证会计工作秩序的规范性。会计基础工作的有效推进，能够提高企业对于会计信息收集的效率，避免出现会计处理效率低下等问题，解决会计工作中存在的拖延问题。

二、当前我国高校会计基础工作现状

目前从总体上看，我国高校的会计基础工作机制较好，不但有健全规范的校内财务管理制度，还有各种预算管理、财务报销、分析评价等管理措施。从学校层面到业务层面，都设计并采取了较为完善的内部控制措施，明确了职责权限，强化了业务分工，规范了工作流程，细化了报销标准，对准确、及时、完整地反映学校的收支情况和财务状况起到了关键作用。从细节上看，各高校的会计基础工作仍然存在原始凭证不全面、报销依据不充分、审批手段有欠缺、摘要填写不规范、账务处理不统一、报表编制和凭证账簿装订不及时等亟待解决的问题。

（一）财务人员知识储备跟不上法规更新速度

国家不断出台各种财经法律法规和规章制度，使得财会人员不断更新知识储备。近年来，随着国家各项财经法律法规的不断充实和完善，财政部、教育部、国家税务总局等多部门发布的财经规章制度越来越多、越来越细，其更新频率也越来越快。当前财务人员经常面临的状况：一项新规定还没有熟悉，另一项新规定已经颁布；一项新规定刚刚熟悉，该规定马上就被更改或取消；财务人员尚未看到一项新政策，已经有经办人员前来咨询，并要求按此新规办理新的业务……因此，为了能够更好地为高校师生服务，财务人员必须不断加强学习，其面临的学习压力不言而喻。

（二）经办人员对会计基础性工作缺乏了解

财务人员在具体处理业务时经常面临以下几个问题：

首先，在新规定、新办法的获知方面，由于各种财务新规定、新办法频繁出台，这些规定、办法又具有极强的专业性，经办人员对此知之甚少。

其次，在发票开具的真实完备程度方面，经办人员容易出现各种错误。例如，开具的发票缺少开票单位的发票专用章，发票抬头和发票专用章上的名称不相符，发票填开时间过于久远，发票金额较大、却没有具体的消费明细等，导致这些发票会被认定为不合格发票。

最后，在财务报销签批手续的了解程度方面，有些经办人员需要签批的手续没有办理。以某高校科研项目资金的使用为例，该校现行财务制度规定，项目组成员使用项目资金，项目负责人签批即可。然而，该项目组成员在报销时，二级学院的院长、书记都已签批，唯独项目负责人没有签批。由于签批制度中应当遵循“谁出钱谁签批”的原则，无奈之下只能让其重新办理签批手续。

（三）高校会计基础工作内容不规范

近年来，一方面我国各项财务规定仍然处于不断完善之中，出台的相关规章制度及文件众多且变化迅速，客观上造成高校会计基础工作的内容处于不断变动之中；另一方面，当前高校的会计基础工作机制尚不健全，导致财务人员经常将大量时间用于向业务经办人员普及有关财经业务知识、解释相关政策规定、重新粘贴原始报销单据等方面，大大降低了财务工作效率。

三、高校会计基础工作的问题

（一）会计核算规范性不足

在会计基础工作的推进过程中，存在的主要问题是会计核算问题，由于会计核算工作对于会计基础工作的信息真实度等方面具有重要影响，对保障会计原始材料的安全具有重要意义，因此加强会计基础工作中的核算工作质量，能够帮助企业更好地落实会计基础工作，但是在会计基础工作的实际开展过程中，对于会计核算工作并没有进行严格规范，如会计原始凭证中经常出现填制不规范等问题，从个人处或者其他单位处获得的会计原始凭证，缺乏有效的签字或者公章等，这些都是经常被忽视的问题。在原始凭证中金额填写不规范、实物购买缺乏验证单等现象在会计基础工作中经常出现。而记账凭证填制不规范也是获取会计原始材料过程中经常遇到的问题。会计人员在记账中不能对业务往来情况进行精确填写，随意性较大，而且记账凭证的附件在企业中没有进行统一规定，完全凭借工作人员个人经验进行判断。在会计基础工作中引入会计电算化工作方式的企业，机制凭证填制不规范的问题也是影响会计基础工作的因素，此外账簿打印无法按照规定日期进行、收入核算不规范及会计账簿设置不合理等也成为影响会计核算规范性的主要因素。

1. 记账凭证后附的报销支撑凭据不齐备

在针对高校的多种检查、审计、巡察等过程中，检查人员审阅会计凭证时发现部分记账凭证后附的支撑依据不充分。例如，各高校在校内召开的各种会议，特别是科研课题结题评审会议，在记账凭证后面大都只附了“情况说明”“专家签到表”及相关报销发票，而缺少正式的会议审批表、会议通知、会议结算单等较为规范的支撑依据；报销课题办公用品时，记账凭证后只附发票而没有附销售方出具的办公用品清单，且没有办公用品领用登记表等支撑依据；报销公务接待费的记账凭证后附公务接待审批表、报销发票、接待函或邀请函，大多没有接待清单、菜单及就餐人员名单等；发放校外专家咨询费或校外人员劳务费的记账凭证只附了酬金发放表、简单的情况说明，没有附详细的专家咨询或工作任务明细表，以及相关的咨询结果或任务成果评价或审核情况，难以充分支撑发放酬金的合理性、效益性。另外，还发现记账凭证上写明的“附件　张”与后附的原始凭证张数经常不一致，绝大多数情况是后附的原始凭证张数多于记账凭证上写明的“附件　张”数，少数情况是后附的原始凭证张数少于记账凭证上写明的“附件　张”数，这种情况对高校是极其不利的。

2. 审批手续不完整，审批意见模糊

在各种检查、审计中相关报销负责人的审批不规范，没有严格履行完备的报销审批手续，主要反映在各种经费报销单上相关责任部门负责人审批签字方面并不是很规范，如在抽查记账凭证后附的经费报销单及附件上，发现部分单据无经办人、审核人、部门负责人的签字及制表日期，部分单据上只有经办人的签字，无审核人和部门负责人签字；部分实物发票上无验收人或证明人的签字；经费报销单上超过规定审批金额的需要上一级领导审批，但部分单据上没有上一级领导审批意见。例如，在某一张经费报销单上财务部门负责人明确写出了“拟同意，请 XXX 校领导审批”并签字的意见，但检查该报销单时却没有该校领导的审批意见及签字。另外一个较为常见的情况是在经费报销单上部分审批人只签字而没有注明具体意见，审批意见较为模糊。

3. 会计审核把关不严格

高校会计人员是学校资金安全的最后一道“关口”，但在各种检查、审计中发现的超标准、超范围报销等问题充分揭示了会计人员在最后一道“关口”的审核把关并不严格。例如，检查或审计人员到某高校抽查了 3~4 张有关公务接待费报销的单据，发现存在两个会计审核不严的问题：一是某张公务接待审批表中有具体的住宿费金额，但并未查到住宿费报销的情况。严格来说，报销接待同一批人的相关接待费，包括接待餐费、住宿费、往返交通费等应当在同一月份同一张凭证上进行报销，这样能够避免分散报销逃避审批的行为，还能核实相关公务接待费用是否超标、超范围的问题。二是接待清单与接待审批表上反映的接待人数不一致，往往是接待清单上实际参加接待或就餐的人数要多于公务接待费审批表中的人数。又如，在抽查已报销的凭证中发现一张记账凭证后附的发票金额是1 200元，而所附的合同标明的总价是1 100元，会计在审核时按发票金额给予审核报销，并没有指出这一不同。还如，抽查凭证中发现某高校发放毕业生实习补助费标准是一样的，但转入有的学生银行卡的金额是其他学生的2倍甚至3倍，经询问才知，金额多的学生的银行卡上转入了其他银行卡已遗失或注销的学生的实习补助费，这种情况应当再附一个“两个学生相互签字确认的情况说明”等，但凭证后却没有。另外在抽查课题经费报销凭证时，课题报销的资料制作费、复印费等所附发票没有什么问题，但后附的清单大多为服务方开具的一次性机打清单，有的甚至是报销人手写的一份清单，这与日常制作、复印签字、定期结算的具体情况极不相符合。从规范和严谨的角度看，后附的清单应该是日常制作、复印时的签字原件，这样要求的目的是防止虚假交易、虚构事项等行为的发生。

4. 账务处理不统一

在检查中发现相同或类似品目的报销，会计人员在进行账务处理时记入的科目差异较大。例如：发放校外专家或校外人员的课酬、讲座费、评审费、咨询费等，有的记入“商品和服务支出项下的咨询费”科目，有的记入“商品和服务支出项下的劳务费”科目，有的记入“工资福利支出项下的其他工资福利支出项下的其他”科目；又如因公出国前发生的签证差旅费，有的记入“商品和服务支出项下的因公出国（境）费用”科目，有的却记入“商品和服务支出项下的差旅费”科目；打印机用的硒鼓，有的记入“商品和服务支出项下的印刷费”科目，有的却记入“商品和服务支出项下的办公费”科目等，账务处理并不统一。

（二）人员配置欠科学

在实际的高校会计基础工作管理过程中，财政制度的不断改革，高校财会工作管理中所承担的责任和风险也逐渐增加，而高校会计岗位设置和人员职责分工相对滞后，导致会计基础工作管理中的人员配置在制度层面出现问题；同时，有些高校在会计基础工作管理实践中，并没有对会计机构和会计人员进行科学合理的配置。比如，相关法律规定财务部门的工作人员应该具备一定的专业胜任能力，但现实中有些高校财务人员并不具备专业的知识和技能，而且高校在会计基础工作管理中过于行政化，只注重工作人员的职级，一定程度上忽视了财务人员专业素养的发展和业务能力的提升；有的高校在会计基础工作管理中，存在会计人员兼任不相容工作岗位的情况，也存在未按规定对重要岗位的会计人员进行定期轮换的情况。

（三）会计基础工作制度方面存在的问题

会计基础工作的有序进行，需要有一系列的配套制度作为前提，如会计人员岗位责任制度、内部稽核制度、内部牵制制度以及档案管理制度等，尤其是档案管理制度，对于会计基础工作极为重要，由于会计基础工作的实际工作结果需要进行复核，因此需要对原始会计资料做好分类处理工作，便于之后会计复核工作的进行，但是当前对于会计基础工作的有关制度，部分企业并没有进行完善，甚至出现了不符合实际情况的工作制度，没有将会计基础工作中的责任进行有效分离，使得工作的推进流于形式。

（四）会计监督方面存在的问题

在会计基础工作的实际开展中，部分企业的会计复核工作没有起到应有的作用，对于不应纳入统一核算的财务收支进行报销入账等违规处理操作，存在部分原始凭证在没有有效签字的情况下就被会计人员受理的情况等。而且在企业的会计复核工作中，存在会计人员审核以及监督不力的现象，由于缺乏有效督促机制，会计人员对于会计基础资料的复核工作并不重视，没有仔细辨别会计基础资料是否符合规章制度，如在差旅费报销时，对于是否具有员工出差审批表等不进行严格要求，而是直接进行报销。

第二节　高校会计审核及账务处理存在的问题

一、高校会计审核

（一）会计审核概述

具体而言，会计审核是行政单位针对自身会计工作所开展的具有自我检查和审核作用的工作制度，其审核主体为本单位会计机构和部门，所制定的规章制度关系到会计工作日常工作内容的进行，是会计工作的行为准则。加强这项工作有利于提高会计工作水平，减少会计工作失误，因此，会计审核机制的建立以及有效落实，对于会计工作标准化和规范化的发展而言大有裨益。会计审核是财务管理中的主要内容，行政单位应重视会计审核，发挥财务会计审核在财务管理中的重要角色，不断提升财务会计审核水平。

（二）会计审核在财务管理中的作用

1. 保证行政单位财务管理的合法合规

行政单位财务管理工作担负着保障内部财务管理运行顺畅的职责，在遵守国家法律法规的基础上，杜绝违法行为。而隶属于财务管理的会计审核工作具体内容主要体现在以下方面。

（1）原始凭证审核。原始凭证审核主要在于保证会计信息质量，同时也是日常会计工作的基础组成部分。通常原始凭证审核工作内容包括针对反映经济活动的相关凭证进行审核，主要审核其真实性；其次是针对上述凭证的规范性和完整性进行审核，是保证会计信息准确性的关键；最后，针对各类支出标准的合理性进行审核，有效杜绝各类不符合标准支出情况的出现，同时也能够有效预防违法行为发生。

（2）记账凭证审核。记账凭证主要是日常经济业务的往来记录，针对记账凭证进行审核，有利于检验行政单位日常经济业务的合理性，保证会计信息的及时性，依照国家统一会计制度展开具体的审核工作。

（3）会计账本审核。通过审核会计账本的方式来检验单位日常会计制度是否符合国家统一规定，同时检验会计业务的规范性，包括日常会计业务中的记账过程以及科目设置等内容，有利于保证会计信息的真实有效。

2. 保证资产的安全性

由于行政单位的资金庞大，类别众多，只有通过科学高效的审核方式才能确保资金的安全，以防出现公款挪用和白条抵库的情况出现。会计审核如果做到细致全面，就会及时发现会计日常工作中的异常数据和问题，由此展开调查，防止贪污或者违规现象的发生，例如对于存货和固定资产的盘查更要细致，必要时要进行实物清查，依据账本清点，更容易发现漏洞，及时上报。如果在会计日常中出现了资产盘盈或者盘亏的异常问题，就要及时申请会计审核，确保资产安全。同时在盘点的过程中，要重点关注资产配置的合理性，如果出现浪费的不良现象，要对有关部门进行督促改进，促进资源合理配置。

3. 保证单位财务信息的真实和完整

作为行政单位，必须保证所提供的财务分析报告中数据的真实性、完整性，通过财务报告能够获得一定期限内行政单位财务情况，行政单位必须定期向有关部门呈交财务分析报告，包括负债表、固定资产表以及各类财务情况说明书等。开展会计审核也需要将该部分审核工作纳入日常工作范畴。具体而言，包括审核财务报表的合理性以及真实性，同时还需要检验财务报表内容、数据是否和单位真实情况相匹配，避免出现虚报或者误报的情况。

值得注意的是，财务分析报告应当全面覆盖单位的经济业务，例如预算控制、收支控制、政府采购、合同控制等多个层面，这些也成为会计审核的重点对象，关系到财务信息的准确和完整。

4. 提高经济效益

据相关研究发现，在企业的管理工作中，会计审核监督和管理的作用不可小觑。那是因为，会计审核工作可以多维度地对企业生产经营活动进行监督和审查，并且通过专业的财务角度从多维度，多方面地控制风险，而且还可以对企业的相关财务工作是否满足国家相关法律法规等进行审核。不仅如此，会计审核还可以有效的审核财务报表中的会计核算数据是否适合当前企业发展情况以及是否可以达到预期效果。因此，会计审核工作的开展对于企业而言是提高自身经济效益的有力保障。

5. 内部控制机制的设计与执行

会计审核属于单位内部控制体系的重要组成部分，落实会计审核工作有利于单位内部控制有效性的发挥，具体体现在内部控制机制的设计以及执行层面。内部控制所有程序之间的相互衔接以及设计合理性是实现控制目标的关键。借助会计审核，针对内部控制的设计程序合理性进行检验，主要用于检验内部控制所涉及的相关程序内容的科学性以及合理性，判断内部控制机制是否对审计工作发挥有效的约束作用。

（三）高校会计审核现状及问题

1. 高校会计人员审核工作现状

目前，高校会计审核人员的主要工作体现为：审核发票，包括发票真伪辨别，斟酌发票报销与项目的相关性，以及做账生成凭证。财务工作是高校发展不可或缺的重要组成部分，而会计审核人员的审核工作则是

财务工作中的基础和核心。高校会计审核人员每天会重复面对各种发票，这看似单调无味的工作却隐藏着各种财经制度。

有不少人认为，对于高校会计审核人员的工作可以由电脑或者智能机器人替代，这种想法是片面的，会计审核人员的工作虽然是重复单调的工作，但不是机械化的工作，新的会计制度出台实施后，工作更为繁杂，会计人员需要在审核票据的时候要和报账的老师沟通，之后要结合学校的规章制度和新的会计法律法规

做出判断，最后需要将财务会计与预算会计进行匹配，不是只有简简单单的加减发票金额以及做账生成凭证，这种复杂的工作是机器人代替不了的。

目前会计审核人员的优势在于可以和报账人员沟通，根据不同的情况做出不同的处理，机器人的行为都是人为设定好的，不能根据实际情况做出改变，这种情况下，新会计制度的实施既给审核人员带来挑战，同时也是一种机遇。

对于某项会计业务与以往做账方式有所不同，需要依据经济业务的实质而予以确认，如某高校对不同年份借款的处理。

（1）冲销 2019 年以前的借款

例 1：2018 年 7 月 1 日，C 大学一名教职工借款 5000 元用于论文版面费，其借款出处由其科研项目 A 进行垫支。由于其在取得发票时未能及时来财务处进行冲销，其于 2020 年 7 月 1 日将论文发票用于冲销借款，借款 5000 元改由 B 项目支出。会计分录如下（费用单位为元）：

2018.7.1，取得借款

借：其他应收款—A 项目 5000

　　贷：银行存款 5000

2020.7.1，冲销借款

财务会计

借：业务活动费用—科研费用（B 项目）5000

　　贷：其他应收款—A 项目 5000

预算会计

借：科研事业支出—B 项目 5000

　　贷：年初余额调整—A 项目 5000

借：年初余额调整—归集项目 5000

　　贷：资金结存 5000

（2）冲销 2019 年的借款

例 2：2019 年 6 月 1 日，C 大学一名教职工借款 2000 元用于论文版面费，其借款出处由其科研项目 D 进行垫支。其于 2020 年 6 月 1 日将论文发票用于冲销借款，借款 2000 元改由 E 项目支出，会计分录如下（费用单位为元）：

2019.6.1，取得借款

财务会计

借：其他应收款—D 项目 2000

　　贷：银行存款 2000

预算会计

借：科研事业支出—D 项目 2000

　　贷：资金结存 2000

2020.6.1，冲销借款

财务会计

借：业务活动费用—E 项目 2000

　　贷：其他应收款—D 项目 2000

预算会计

借：科研事业支出—E 项目 2000

　　借：科研事业支出—D 项目 −2000

由上述借款的例子可以看出，对于不同年份的借款，其账务处理存在较大差异，不同账务处理对预算会计报告具有重大影响。因此，这就要求会计审核人员具备扎实的专业知识，显然报账机器人目前对此类业务还不能准确处理。

2. 单位领导对于会计审核工作的重要性认识不够

有些领导认为会计审核工作就是简单地核对附件张数及票据金额的填写是否准确，不需要很强的专业技术能力，也不需要具备很深的专业理论知识，只要识数就够了。因此在任用会计人员时，往往不考虑其专业水平，以致会计人员的专业素质参差不齐，给会计审核工作带来很多问题。单位领导根据其分管领域，通常会赋予相应的财务审批权限，因其对会计审核工作的重视不够或自身经济责任意识不强，认为财务审核应由会计人员把关，与己无关，导致审核工作过于轻率，甚至出现“盲审”现象。

3. 高校会计人员的服务意识及工作积极性不高

随着国家对于教育行业经费投入的扩大，高校会计工作的业务量逐年上涨，然而现实情况是会计审核工作本身对于信息化手段可利用的程度较低，会计审核工作更依赖于会计人员的职业判断，以至于会计审核工作量巨大，所花费的工作时间远远高于其他会计岗位。此外，国家的财经法规政策更新较快，对于会计审核人员的知识更新速度要求越来越高。一方面，工作量压力巨大，另一方面，高校对于财务人员业务培训重视程度较低，会计审核人员知识更新速度跟不上法规政策的更新速度，心理上就形成了懈怠，导致会计审核人员的工作积极性不高，服务意识较差，不能很好地为高校的教学科研服务。

4. 业务经办人员自身的局限性

业务经办人员隶属于单位的各个职能部门，专业背景差异较大，对单位的各项财务规章制度不能准确的理解和把握，导致原始单据的整理不够规范，内容填写不够准确，给会计审核人员带来很大的压力，往往需要花费大量的时间进行业务上的沟通与指导，解释不通的，还容易发生正面冲突。

5. 财务审批流程设置不合理

多数高校往往设置“先批后审”的审批流程（图 6-2-1），导致会计审核人员工作被动，往往只核对附件张数及合计金额是否有误，对于开支是否合理，发票内容是否真实，往往“睁一只眼，闭一只眼”，认为领导都批过了，出了问题也应由领导先承担。

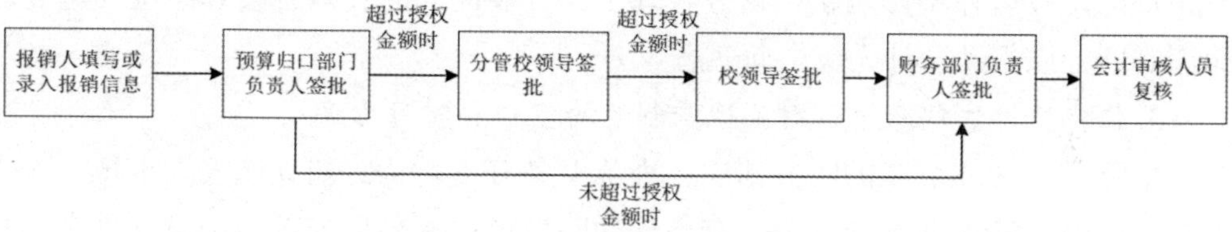

图 6-2-1 “先批后审”的审批流程

6. 财务管理环境复杂，审核模式较为落后

随着科技的进步，我国逐渐进入信息化时代。互联网的发展和应用给人们的日常生活带来了极大的便利，因此，计算机技术被广泛地应用在各行各业当中，不同高校的会计电算化程度不同，不同会计人员对相关软件的认识和理解也不一致，导致部分会计资料归档混乱，高校内部财务管理环境相对复杂。在进行会计审核时，难以辨别相关数据的真实性和完整性。部分高校的会计审核还停留在传统的会计检查和核对模式上，未及时学习、更新新的会计审核方法和模式，未充分利用互联网、大数据等新型技术和方法，导致审核质量不佳，效率不高。严重影响了高校财务管理功能的发挥，进而影响高校的可持续发展。

7. 会计审核的监管职能履行不到位

报账、记账以及算账等简单的财务工作是传统会计审核的主要工作内容，也正因如此导致很多会计审核人员仍按照传统的工作流程开展工作。虽然，这些简单的传统的财务层面工作任务可以在一定程度上发现企业的财务问题并为企业财务真实的有效性提供保障，但是显然不能在更深层次方面来帮助高校做出一些重大决策。总而言之，就目前高校的会计审核工作任务来看，仍仅仅停留在财务工作表面，无法更深层次地履行监管职能，从而导致高校内部存在滥用职权以权谋私的问题，严重制约了高校的长久发展。

（四）高校会计审核问题的建议

1. 单位领导要解放思想，更新理念

正确认识会计审核工作在高校财务管理工作中所发挥的作用，把好会计人员的引进关卡。会计审核人员的专业能力、工作态度直接影响到一个单位会计审核工作的好坏，一支业务能力较强的财务队伍是搞好高校财务工作的前提，而选择合适可以胜任审核工作的会计人员却是搞好高校会计核算工作的关键。

2. 重视会计审核人员的教育、培训工作

会计审核人员应加强学习，注重综合素质的培养，提高自身的职业判断能力。有条件的院校可在不影响正常财务管理工作开展的同时，对各会计岗位实行交流轮岗制度，以帮助会计人员全面熟悉业务。

3. 强化会计法规及单位财务规章制度的宣传和学习力度

增强广大教职员工的财务知识，规范财务开支行为，树立起人人重视、人人参与规范财务管理活动的意识。有条件的院校可以在各职能部门中设立具备丰富财务知识的教职工担任部门报账员的角色，由该同志负责经办本部门的报账工作或为有报账需求的其他教职工提供咨询、指导工作，以此减轻会计审核人员的工作压力，提高会计审核工作的效率。

4. 对现行财务审批流程进行优化

由“先批后审”改为“先审后批”（如图 6-2-2 所示），业务事项发生后，经办人员将票据整理齐并填写或录入相关信息，在进行签批程序前，先由会计审核人员把一道关，确认附件齐全、信息填写无误后再进入相关领导签批程序。由此，原始凭证的真实性、完整性得到了保障，会计审核人员的行为得到了约束。

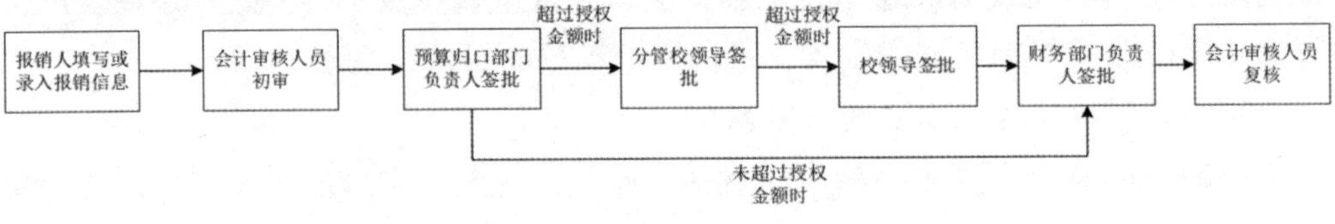

图 6-2-2 “先审后批”的审批流程

5. 建立内部稽核制度

在内部的会计岗位分工中，设置复核岗位，安排有丰富工作经验的“老同志”担任复核岗位，对于各项会计业务的真实、完整、合理、合法再把一道关，充分地发挥会计的监督职能。

此外，会计审核人员在执行审核工作时，还应在合理合法、在不损害单位经济利益的前提下，把握好原则性与灵活性的统一结合，遵循实质重于形式的原则，注重工作的方式与方法，始终坚持以人为本的工作原则。

如果高校想要在新形势下谋得一席之地就必须建立健全相关会计审核制度，也只有这样才能有效地提升高校核心竞争力。作为财务管理的核心部分，高校有效地结合自身发展情况合理的完善会计审核制度，从而确保企业资金链的正常运转，确保高校各部门能严格按照规定进行财务工作。

6. 将信息技术与会计审核的发展相结合

如今是科技创新的时代，是信息快速发展的时代，所以导致高校在发展过程中需要处理的信息数据量也逐渐增多，因此，作为财务管理的核心，会计审核工作有效地结合信息技术，从而才能高效地为高校发展提供参考依据。会计核算子系统以及管理会计子系统作为会计信息系统的重要组成部分，在会计审核创新工作中，应有效地运用管理会计信息系统，从而准确地对高校内部进行会计核算。另外，信息技术与会计管理发展相结合，有效实现了会计工作的透明化，方便其在相关人员的监督下完成，极大地方便了后续工作的开展，确保会计审核工作的严谨性。

二、高校会计账务处理

（一）会计账务处理的必要性

第一，提升财务账务处理制度可操作性。在新时期，相关细则不断落实完善，强化了制度的可操作性，同时对于会计工作的转型升级以及创新发展起着重要的推动作用。在新时期设有举例说明的相关内容，针对财务账务处理问题予以说明，继而提高财会工作的可操作性。

第二，规范统一预算模式。新时期下固有会计制度及有关规范得以统一整合，使财务账务数据信息更具有可比性，确保逐级汇总编制、会计报表、部门预决算及有关报表的高度统一，为有效处理财务账务问题奠定基础。

（二）行政单位会计账务处理工作的要求

1. 财务会计信息的主动披露

为了加强政府以及外界对各个行政单位各项经济活动的监督，使会计制度变得更加具有透明度，并且可以集思广益，广泛吸取外界对于行政单位工作的建议，新的政府会计制度对行政单位的财务会计信息披露提出了明确的要求。行政单位必须主动进行财务会计信息的披露，其中应包括资金的使用情况和每月、年度财务报表，这种趋于透明化的会计制度能够使行政单位的财务管理更加合理与科学。通过强化单位财务管理的监督工作，确保行政单位在资金的使用方面更加合理，在开展各种经济活动时流程更加规范。

2. 权责发生制的广泛实施

以往权责发生制的实施范围是非常有限的，仅仅在行政单位的极少数业务中适用权责发生制，大多数行政单位都实施以收付实现制为基础的会计账务管理制度。而新的政府会计制度则加强了权责发生制在财务管理中的地位，权责发生制是通过加强单位账务处理工作中的预算以及支出管理，提高行政单位中财务管理信息的真实性和准确性，帮助单位建立相对较为健全的部门预算管理制度。该制度分别从单位内部和外部加强对会计账务处理工作的考核与评价，强化预算的刚性，使行政单位的财务管理水平得到真正提升。

3. 单位预算模式的规范统一

行政单位的资金运用有别于一般企业，行政单位的经济活动大多以非营利性和公益性为目的。为了提高行政单位财务管理工作内容的可操作性，新的政府会计制度在原有的会计制度基础上为财务制度“瘦身”，将财务管理的有关规范加以统一整合，使逐级汇总编制、会计报表、部门预算与决算、资产清查及各种相关的报表规则一致，使财务数据之间更具有一定的可比性，会计制度上的可操作性的增强为提高行政单位会计账务处理的效率奠定了基础。

4. 资产管理的科学配置

改革的政府会计制度中新增了一项重要内容，即为行政单位会计进行资产折旧和摊销的核算提供了有效依据，能够更真实地体现单位资产的价值。原会计制度中因为缺乏资产核算的具体依据，导致资产的运营效率较低。新的政府会计制度中对资产管理的内容以及管理的科目进行了优化与完善，在会计账务处理时可以更加准确地计提固定资产的折旧和无形资产的摊销，这样不仅能真实反映单位设备的维护状况和资产的配置效用，而且十分有利于正确核算单位的活动、运营等成本。

（三）新时期下高校会计账务处理存在的问题

在新时期下，会计管理工作迎来了诸多的可能性，其会计管理工作的模式得到了优化和升级。在现阶段的高校会计管理工作中，根据新时期的要求，工作模式进行了相应的创新，并逐步向智能化、现代化、信息化的方向所迈进。新时期背景下，高校会计账务处理工作的规范性和统一性的特点也逐步凸显。虽然在新时期下，给会计账务处理带来了诸多的优势，但与此同时高校会计账务处理也存在着相应的问题，具体体现在以下几个方面。

1. 资产管理不完善

新时期下，虽然会计管理工作模式发生了一系列的变化，但实际工作过程中，对于财务会计岗位的职责并没有进行明确的划分，会计和出纳混为一体，一人多职现象尤为突出，而这种现象往往会影响财务会计工作的正常开展。固定资产管理作为资产管理工作的重要内容之一，在新时期下，要以经费的性质为根本并明确划分固定资产，对其进行分类，同时对资金的来源进行明确划分，由此为后期折旧提供诸多便利，同时有的固定资产的折旧年限也在新时期下产生了一系列的变化。但是在实际工作的过程中，由于多方面因素的限制，没有对固定资产等相关要素的变化引起重视，对于应该纳入体系中的项目没有进行纳入。这种情况下，账目不符的问题时有发生，从一定程度上给会计账务处理工作带来了不利的影响。会计相关从业人员对于折旧年限的改变，如何对其核算明细没有真正的理解。在日常的会计工作中，对固定资产进行盘点是必需的，盘点后要对其使用情况进行详细记录，但是现阶段盘盈固定资产成本的相关工作，没有按照一定的程序进行执行，与新时期下对会计工作的要求产生一定的背离。

2. 财务体制有缺陷

对于财务会计工作人员而言，其工作直接受到直属领导的管理和授意，所以在会计账务处理中存在着一定的缺陷，独立性严重缺失。有的财务会计人员所受到的约束力较大，工作中的每一个环节都要根据直属领导的授意进行，即便是制定了财务相关体制，但是财务体制形同虚设，没有实质性的意义，效用也没有发挥出来，财务会计工作团队的稳定性严重缺失，从而无形中加大了风险发生的概率。另外，财务体制的缺陷，使得会计工作人员为了一己私欲，或者是收到上级领导的指示，采取一些不正当的方式，加大了资金的支出，产生了不必要的费用，而相关工作人员很难根据制度规范对其进行控制和监督。在上述的情况下，会计工作的职能不能有效地发挥，会计的工作积极性严重缺失，会计人员不能全身心地投入到会计工作中，而对于工作中存在的问题任其发展，严重影响了会计工作的效率和质量，对会计账务处理工作的进展非常不利。

3. 工作衔接不紧密

在新时期对会计工作的要求，与以往的会计工作内容相比，其内容更加全面和具体，为会计工作的开展提供了诸多的便利。在新时期，由于会计工作在衔接的过程中尚且存在着这样那样的问题，而这对于实际会计工作的开展也会产生或多或少的影响。与以往的会计工作内容相比较而言，在新时期中发生较大变化的内容有会计核算、财务报表、资产等。在新时期下，财务报表将应收票据与应收账款两方面进行了融合，这是对传统会计工作的一种完善和优化，另外其他的应收和应付款也发生一系列的变化。如何更好地适应新时期的内容，并不断调整和优化会计账务处理工作，对于会计人员而言，只有不断地学习全新的会计知识以及相关技能，才能高效地开展会计账务处理工作。现阶段会计工作在衔接的过程中，会计各项工作缺乏规范性和科学性，与实际的要求还有一定的差距。

（四）高校会计账务处理建议

1. 财政部门开展定期培训

高校要定期组织会计工作人员开展具有针对性、高效性、灵活性的专业培训。培训由各级财政部门进行，培训的内容应包括：常规业务新知识和有争议的新事务、新事项的处理意见。对于发现的新事务，新问题，需积极讨论，全面考虑，尽快确定解决方案，并形成文件及操作规程，下发到各个财务人员手中，以方便大家在以后工作中遇到时，有章可依，有据可循。在培训后，高校要及时对会计工作人员进行考核，并严格按照要求，对于成绩不合格的人员进行惩罚，不予以入职等措施处理，从而提高会计人员对于培训的重视程度，有效提高其专业素质。

培训应主要针对以下几点问题：

（1）会计人员做账时是通过直接支付的，指导人员先对支付相关的功能科目进行查看，正确判断是行政支出还是其他支出。一般来说，单位的收入是基本经费，支出为基本支出，收入与支出的功能科目是相对应的，例如：当收入为项目经费时，此时的支出则为项目支出，同时工作人员应注意收到授权支付时，只需列入收入，支出可以不进行记录。基于此，会计工作人员在列支工作时，功能科目要与收入一致，划政府采购中心的采购款也是同样的道理，同时要注意对于预付款、应付款等款项的记录。

（2）如果会计工作人员在当月凭证做好后，发现其中有错误，可以及时点审核取消，然后对账目进行修改再重新审核，也可以选择凭证删除，打开出现错误的凭证，并进行反记账和销审，然后经过处理废除错误凭证并关闭，然后点凭证处理中的已作废凭证，最后删除作废凭证就完成处理了。

（3）在会计对每月账务进行检查时，若出现功能科目发生错误的情况，要进行调账。在调整的时候要按常理支出记贷方。

2. 强化会计账务处理人员的责任制度

高校的会计账务处理工作也需要改革，针对每一位工作人员都要落实相应的责任，针对出现的工作违规和失误要追究责任，把这些工作都要制度化，这样部门管理才能重视起来，有压力，会计工作人员的工作才会更加规范和专业，工作更加谨慎。同时，纪检部门也要对会计工作人员的工作进行严格监督，不允许高校会计和出纳人员兼任的情况，降低工作失误风险。规范的管理模式形成后能够加大会计工作的透明度，预防财务风险的发生。

3. 健全会计账务监管制度。

高校要做到信息公开，拓宽会计账务处理工作的监管途径，鼓励社会各界对于高校的会计账务工作进行监督和建议，从而促进高校会计账务管理水平的提高。

4. 提高会计工作人员的综合素质

高校要对会计岗位员工结构进行不断优化，使会计账务处理工作更加年轻化。促进年轻工作人员水平的发挥和先进的竞争意识，加强会计账目处理人员对现代信息科技基础的应用能力。鼓励会计人员不断学习和上进，努力提高自己的专业技术能力，与时俱进，不断汲取新知识，以新的知识和能力来面对新的业务，从而使会计账务处理工作的效率得到有效提高，与此同时，对工作人员进行专业培训，提高会计工作人员的综合素质。

5. 完善内部资产管理，提供切实全面保障

在新时期下，内部资产管理的内容包含几个方面，即固定资产、基础设备、文物资产等，这些资产有了清晰的划分之后，相应的折旧也会发生变化。目前，对于资产余额的转移是工作的重心，而会计实际工作中并没有该项工作的相关记录，这就在无形中加大了工作量。因此，要不断去强化资产余额的转移工作，不断完善内部资产管理工作，并结合新时期会计工作的相关内容，对各项资产展开科学的管理，对资产的种类进行划分，为日后的工作做好铺垫。

6. 加强财务体制建设，提高资金使用效益

在新时期下，财务体制的建设必须不断强化，在立足传统财务体制的基础上，不断优化体制建设的各项内容，并做好细化工作，为会计工作的健康和良性开展奠定坚实的基础。在加强财务体制建设工作中，具体可从以下两方面着手：第一，制定内部岗位责任制度，可以在现有经费制度的基础上进行完善，确保制度能够落到实处，发挥其约束性的作用；第二，重视各项基础费用的开支，在原有制度体系的基础之上，并以新时期会计要求为根本对其进行完善和优化，以最大程度地确保收支平衡工作，从而使资金资源得到最优化的配置和利用。

7. 创新财务账务问题解决模式

相比较以往的会计工作内容，新时期下对会计工作的要求是在其基础之上的内容优化和完善，所以在会计账务处理中也要不断创新和优化财务账务问题解决模式，制定财务账务工作的创新方案，以开展有针对性的创新活动。与此同时在创新财务账务工作模式中，要辅以相应的制度，通过制度的约束和引导，推动财务账务工作高质高效的而开展。最后，通过不断创新财务账务问题解决模式，深挖其中有价值性的财会数据，从而更好地为财务账务工作的高效开展所服务。

8. 突出会计职能，发挥其优势

在新时期下，要充分发挥会计的各项职能，重视二元化财务账务问题解决功能，以充分利用其优势更加高效灵活地开展财务账务相关工作，从而从根本上提升会计账务处理问题的能力，确保会计核算结果的最优化。在二元化财务账务问题解决功能的基础之上，对相关的财务信息内容加以分析判断，将其中的关键因素进行明确，从而为会计账务处理工作开展奠定坚实的基础。

第三节　规范高校会计基础工作的解决措施

一、增强高校会计基础工作管理的作用

高校会计基础工作是整个会计工作环节中的重要内容，能够为会计核算和财务管理工作提供必要条件和操作规范，是高校会计核算和财务管理的基础性工作，可以更好地保证高校会计信息的准确性和真实性。首先，财政部在会计基础工作规范中，对会计资料的基本要求、会计核算的基本要求以及会计监督的基本程序等都做了明确规定，认真落实会计基础工作规范能够更好地提高高校财务运转的有效性。其次，加强高校会计基础工作，能够更充分地实现收入与费用配比原则，更好地落实政府会计制度下的权责发生制原则，为正确进行教育教学成本归集，准确计算生均教育教学成本提供基本保证。再次，加强高校会计基础工作管理能够充分保障管理层决策的科学性。因为会计基础工作规范是保证会计信息质量的基础和前提，而相关会计信息质量又直接影响着高校整个财务管理的精细化程度和科学化水平。所以高校在进行会计基础工作管理的过程中，应该进一步规范会计基础工作的有效性，进一步完善相应的业务流程和内部控制制度，从而保证会计信息的真实和完整，有效提升高校在发展过程中的整体管理水平。最后，加强

高校会计基础工作的管理，能够及时查弊纠错，预防贪污腐败，有效降低财务管理风险。比如出纳人员不得兼管稽核、会计档案保管和收入、费用、债权债务账目的登记工作，会计人员的工作岗位应当有计划地进行轮换，以及会计工作交接的相关规定等，能有效堵塞财务管理漏洞，防止贪污腐败现象发生。

二、高校会计基础工作问题的原因

（一）财务报销规章制度不细化

高校财务检查中发现的凭证依据不全，审批手续不齐，账务处理不统一等问题产生的主要原因：虽然各高校都有相应的财务管理规章制度，但都是较为宏观或中观的，相关条文规定和要求相对粗放，并没有细化到每一个具体的财务报销细节中，原因是我国高校当前缺乏一套系统的、细化的财务报销规章制度或细则。如凭证中的“摘要”是对报销经济业务的简要概述，不同人写的摘要差异很大，如果学校通过财务报销办法或细则等文件明确规定“摘要”的书写统一为“XXX部门XXX人报XXX费用”的格式要求，例如把报销差旅费的“摘要”明确为“XXX部门XXX人报XXXX地参加XXX差旅费”，那么报销人在填写摘要时自然而然就会按此要求完成，这既规范了摘要的填写，更方便事后的查询、检查等。又如在办法或细则中如果明确规定了报销公务接待费必须具备的附件（包括公务接待函或邀请函、公务接待审批表、发票（若有餐费还须附上菜单）、接待清单、公务接待结算单等）和审批手续（包括接待部门、公务接待管理部门、财务部门等主要负责人审批签字等手续）时，那么业务经办人自然就会按此要求办理。但实际上当前我国大部分高校就缺乏这样一个具体、细化、明确、全面的财务报销规章制度。

（二）财务报销审核标准不统一

当前我国高校除了执行国家各种财经法规外，还要执行高校自己制定的内部规章制度，但由于相关法规及规章制度错综复杂，内容繁多，报销口径和报销标准各不相同且时常变动，导致会计人员极不容易掌握牢固，弄清内涵，再加上会计人员本身的业务经验、法规意识、工作态度和综合素质等的影响，使得不同会计人员的尺度掌握与内涵理解出现了差异，最终就出现了不同会计人员报销审核的标准并不一致。有的会计审核非常严格、认真和细致，报销凭证缺一个附件都不能通过审核，这样扎实的会计基础工作，保证了报销依据得充分、完整；而有的会计审核却较为松懈，并不认真、细致审核所报销的发票内容与工作业务内容的关联性、合理性等，这种情况在审计深入审查时就会查出一些不合理的开支问题。如科研课题经费报销各种图书资料购置费，有的会计看到有合法、有效发票及经办人、验收人的签字后就予以审核报销，并不要求附详细图书清单；有的会计除了发票及经办人、验收人的签字外还要求附上图书清单，但没有细审清单的图书与科研项目的关联性、合理性（如课题项目为大学生创新能力提升研究，而后附的清单大多是婴幼儿画报、儿童画报、儿童文学、小学生学习报等与课题项目基本无关的图书，如果不细审也就通过了审核），这样自然就存在审核的差异问题。

（三）会计审核不细心

当前我国高校整个会计内部控制中针对会计凭证的审核一般都经过三个环节：第一环节，会计审核岗位审核原始凭证，通过后填制记账凭证；第二环节，出纳根据会计审核签字的收、付款凭证进行现金、银行日记账审核签字；第三环节，稽核岗位进一步审核原始凭证和记账凭证。如果这三个环节的每一个会计都能做到认真、细致，那么被上级部门、审计部门检查发现的诸如报销发票金额与报销付款金额、合同金额三者不一致的情况、公务接待费报销清单中参加接待和就餐的人数比审批表中的人数多、报销附件依据不全等问题就能够基本避免。

（四）会计人员素质不过硬

高校会计人员在编在岗且具有中级及以上职称的会计人员只占 12% 左右，属于在编在岗具有初级及以下职称的会计人员占 46% 左右，属于劳动聘用或劳务派遣的非在编会计人员占 42% 左右。具有硕士学位的会计人员不到 20%，没有博士学位的会计人员。真正会计专业毕业的会计人员不到 60%。因此从职称、专业、学历和人员构成方面来看，高校现有会计人员整体素质并不高。另一方面由于我国高校人员身份管理及薪酬管理制度的局限性，没有充分体现多劳多得，优劳优酬的激励机制等，导致会计人员工作的积极性、探索性、创新性和热情性并不高。最后一方面，虽然学校比较重视会计人员的培训和教育，但并没有过硬的必须满足的“规定学时、规定内容和规定考试成绩”等强制措施，完全靠会计人员自觉自愿学习，而在实际工作中由于工作原因、思想认识原因等使得会计人员根本没有也不能静下心来认真、仔细学习新法规、新知识、新方法、新技术等，从而导致会计人员知识更新缓慢，能力提升乏力，素质培养流于表面。

三、规范高校会计基础工作的解决措施

（一）财务人员需树立为教职工服务的理念

近年来财会制度出台频繁、变化迅速，需要一定的专业理论知识才能较好地掌握，对于经办人员而言，这有一定难度。为了帮助经办人员及时准确地了解最新的政策规定，高校财务部门应当充分利用互联网技术进行信息公开，将教职工经办业务所需要的各类文件，尽可能地归类、整理、公开，不断推进高校的财务信息公开制度，进而免去师生的查找之苦，更好地为师生服务。

首先，各高校应利用其财务子网站，将业务办理中常用的国家财经法律制度进行公开，如《会计法》《高等学校会计制度》《个人所得税法》《合同法》等，以方便师生查阅各项法律法规和政策规定。

其次，各高校应将业务办理中常用的学校层面的财务管理制度进行公开，如《XX 高校经费管理使用办法》《XX 高校科研经费管理使用办法》《XX 高校差旅费管理办法》《XX 高校公务接待管理办法》，以方便经办人员查阅学校出台的相关规定。

最后，各高校可以制作通俗易懂的图表或财务服务手册，供经办人员查阅。由于财务工作专业性较强，某些信息公开后部分经办人员可能仍然未能理解。为使经办人员快速了解和办理有关业务，建议高校可以对经常遇到的经济业务流程进行梳理，以微视频等各种易接受的方式在学校范围内进行推广。经办人员如遇相关业务需要办理时，可以查看相关服务手册中对应业务的办理流程及规定，通过观看视频讲解的方式，便可知晓整个业务的办理步骤及过程。又如，关于劳务和个人所得税的计算方法，有些经办人员很难理解。为便于开展此项工作，高校财务部门可以针对该项业务编制出更易于操作的所得税计算软件，每当经办人遇到类似业务，他们只需要按照应发数和实发数输入相应金额，即可以清晰地得出应纳税所得额、适用税率和速算扣除数等内容，从而将晦涩难懂的会计专业知识，快速转变为让经办人员能够看懂理解的内容。

（二）规范岗位设置和人员配备，加强会计核算管理

政府会计制度背景下高校会计基础工作管理，应该以理念素质为基础充分创造良好的工作环境，促进高校会计基础工作更加规范和科学。高校在加强会计基础工作管理的工程中，需要不断提高会计工作人员的整体素养和业务水平，有效增强会计工作人员在工作中的整体规范意识，保证能够严格按照相关的规定开展

工作。

（三）健全会计工作制度，完善财务管理机制

政府会计制度下高校在加强会计基础工作管理过程中，应该健全相应的财务管理制度和内部控制制度，完善相应的财务管理机制，保证在实际工作中“有章可循”“有章必循”。首先，高校在会计基础工作管理的过程中，应该充分明确相关会计机构以及会计工作人员在工作中所需要承担的职责，保证在工作中能够在相互协调、相互监督、相互制约，不相容岗位职责相互分离，会计重要岗位实现有计划的轮换等。其次，在开展会计基础工作管理的过程中，会计工作人员应该对会计基础工作中的各个环节明确相应的规范机制，保证在开展工作的过程中能够更好地实现会计信息的真实性和准确性。最后，高校应该健全财务分析机制和绩效评价机制，

保证在会计基础工作管理的过程中能够通过数据分析和绩效考核评价及时发现存在的问题，并及时进行相应的纠偏和更正，促使会计基础工作管理更加规范有序，为会计基础工作管理提供制度保障。

（四）加强监督管理和信息化建设

随着社会智能化的不断发展，信息化会计软件的功能对会计的影响在新时代会计核算体系下更为明显，一个好的会计软件可以根据用户的需求进行系统设置，它对各种信息的定位更为精准，在使用过程中，他们不仅考虑了工作要求，而且在用户设置中发挥了作用。使用此类软件，不仅可以满足会计人员的业务需求，还可以为决策者提供必要的参考信息，并促进会计业务模型向管理的转变。

随着5G时代的到来，为会计信息系统的智能化带来了新的机遇与挑战。在建立会计信息的过程中，高校应专注于实施改革以建立全面的预算管理系统，可引入智能化会计管理信息系统，为高校的会计预算管理，执行过程监控和会计决策支持提供了全力支持。会计信息化是建设高校信息化的重要组成部分，其目标是利用信息技术实现会计管理的规范化和制度化，提高会计管理的质量、效率和决策水平。

（五）制定财务业务能力提升培训方案

财会人员是高校会计基础工作规范化的执行者。合并高校财务人员从不同单位不同岗位汇集到整合后的财务部，层次千差万别，应按照“走出去、开眼界、学本领、带回来”的原则，制定财务业务能力提升计划，积极组织部分财务业务

骨干，参加中国教育会计学会、省会计学会、省教育会计学会等主办的相关财务业务培训班。组织业务交流会让参训人员分享学习心得。提升财务人员学习力，既要熟悉所在岗位业务操作，还要“知其然、知其所以然”，既要全面了解学校整体业务，还要增强业务处理系统性、整体性。

加强对部门报账员和科研财务助理培训。近年来财会制度出台频繁变换较大，财务部要充分利用互联网技术在部门网站开辟信息展示平台，将教职工经办业务所需各类文件归类、整理、公开；印制业务流程简明手册，教职工人手一册；利用大型网络教室，组织专题讲座，日常报账常见问题、审计查账需要规避问题；录制微视频宣传推广，展示制度要点，讲解报销流程。

第七章　高校全面预算管理改革创新研究

公立高校作为财政拨款事业单位中重要的预算单位，实施全面预算管理是新时代高校内控管理的关键内容。本章介绍了高校全面预算管理概述、高校全面预算管理的流程及框架构建、高校全面预算管理的现状和建议三个方面。

第一节　高校全面预算管理概述

一、全面预算管理概述

（一）全面预算管理概念

全面预算管理是使用预算来分配，在组织单位和部门内评估和控制各种财务和非财务资源，实现企业生产和经营的顺利进行，实现企业既定的经营目标。全面预算管理包括“全员”“全额”“全程”。“全员”是指预算过程的全员发动。每个人都参与，同时也都成为预算管理内容的一部分，预算、成本、效益等意识要在每一个人头脑中有概念。“全额”是指预算资金的额度，凡是单位的资金都要纳入预算管理范围，预算资金的每一笔收支都应该明确。“全程”是指资金运用的全程，不论是资金的流进还是流出都要纳入预算管理的范围，预算控制贯穿整个管理过程，使资金的运作得到有效的控制。

1. 企业全面预算管理

企业全面预算管理是对未来特定时期内所有生产经营活动的财务计划。其目的是实现企业的目标利润（企业在某一时期内的预计利润，并以此为基础制定销售额、产量、成本等经营指标）。以销售预测为起点，然后预测生产，成本，现金收入和支出等，最后预测企业未来期间的财务状况和经营成果。

2. 高校全面预算管理

高校全面预算管理反映的是在未来特定时期内的资源分配计划，它不以盈利为结果，旨在实现主体的战略目标，提高综合竞争力。对教学教辅收支、科研收支、其他业务收支等资金进行预测，并以此来合理配置学校资源，它的预算管理重点是提高教学水平和科研水平。

（二）企业与高校全面预算管理的不同

首先，预算内容不同。企业的全面预算管理是从销售到成本各类成本与费用等内容，例如直接材料、直接人工、制造费用等。高校预算只是收支的预算，只包含费用而没有成本，主要是与教学建设、专业学科建设等方面的预算内容。

其次，企业与高校的资金来源不同。企业的收入来源主要是企业主要经营业务产生的利润和借款，而高校的收入来源主要是上级拨款和学费，近几年信贷资金也成为高校收入来源之一。因为收入来源的不同，企业与高校在具体财务预算编制内容中也不相同。生产经营、销售利润是企业全面预算的体现。高校全面预算内容只要是每年的基本支出和建设支出，收入则是财政拨款和少数的各部门创收。

最后，高校与企业的预算编制方法不同。企业的资金管理方式将固定资金与流动资金划分明显，二者不能互相动用，不同类型的企业预算编制方法不同。高校资金管理分为基本资金和专项资金，专项资金专项专用，且高校不得编制赤字预算，其编制方法也比较单一，一般固定采用一种编制方法。

（三）全面预算管理理论基础

1. 目标管理理论

目标管理理论由现代管理大师彼得德鲁克基于泰勒科学管理和行为科学管理理论上提出来的，它认为人是具有社会属性的，除了对物质的追求外，影响人能动性的因素还有社交、心理等，人不是为面包而生。企业文化、家庭生活等都会影响到员工士气。目标管理理论还认为人应该自我控制，而不是被压迫性的管理。没有人想被认作是只会工作的机器，管理权的下放可以将员工从家长式管理的氛围中解脱出来，进入到舒适轻松的创作环境。无论是目标管理还是全面预算管理，都要求体现效益优先、全员参与。效益优先原则意味着，在价值导向下，充分考虑发展战略，追求企业利益最大化。

2. 控制理论

控制可以确保企业各项活动按计划进行，以达到企业的目标，这是对企业各项活动的一种监控。组织运作过程中，事前控制、事中控制、事后控制各有侧重，属于不同类型的控制。将控制应用于全面预算管理中，预算目标制定为事前控制，预算的执行为事中控制。而事后控制为评估完成的预算管理活动，并将评估结果用于下一个预算管理。高校要加强对预算各方面的控制和管理，必须重视预算后控制，即高校预算绩效评价。

控制理论在高校全面预算管理中的应用主要包括内外两个方面的内容。外部控制是监测和控制全面预算，上级主管部门对预算的控制和监督是其中最明显的；内部控制是指在预算执行过程中对每个执行部门的监督和控制。以自律管理的方式，各级部门和人员充分了解并参与预算执行，发挥主观能动性，并编制下属部门的预算。

3. 激励理论

激励理论是对人的不同需求被满足和激发过程的总结。激励的动机是激发人们的热情和创造力，以最大程度地调动他们的能动性并取得最佳效果。激励理论是用于解决四个关系的重要理论：需求，目标，动机和行为，它强调“以人为本”。

高校预算管理需要以人为本，通过了解教师和职员的需求，将教师和职员的需求与大学的预算管理目标联系在一起。采用金钱、成就、权利、地位、社会声望等激励手段，可以激发高校教职工的积极性，有利于预算管理目标的实现，提高学校管理效率，也能避免职工被预算管理所排斥。同时也提高了高校教职员工对预算管理工作的参与度和认识水平。所以，建立高校应该借助预算管理的奖惩激励机制提高预算管理的效率，促进其目标的达成。

二、高校实施全面预算管理重要性

（一）优化资源配置结构，规避资产闲置和浪费

高校实施全面预算管理能够优化学校资源配置结构，实时把控资金使用动向。高校全面预算管理以整个学校的财务计划为对象，统筹安排高校经济活动，有机整合高校资源，提升高校资源使用效率，规避资产闲置和浪费。

（二）提升财务风险防控能力

全面预算管理工作内容既要包含合理预测和规划高校未来一年的财务收支状况，还要包含高校各项经济活动。高校实施全面预算管理，有利于合理开展风险预测工作，明确各类风险发生之后对高校发展所带来的不利影响。在此基础上，针对性地优化和调整高校现有发展计划，提升高校整体风险防控意识和能力。

（三）实现既定战略目标，推动高校长久发展

高校实施全面预算管理主要目的是实现既定战略发展目标，推动教育与经营共赢局面的形成。全面预算管理的有效实施，能够合理地将学校既定长期战略目标分解到各业务部门，将短期经营目标科学的分解到各教职工，确保内部教职工发展目标与高校整体发展目标保持一致，为高校实现可持续发展目标奠定基石。

第二节　高校全面预算管理的流程及框架构建

一、全面预算编制流程

全面预算管理作为一个机制化的社会过程，有着明确的程序性。全面预算管理的流程为其实现管理目标提供了根本保障，是其内涵必不可少的重要组成部分。不同的学者对于全面预算管理流程的划分有着不同的见解，但都基本赞同全面预算管理主要流程应该包括预算编制、预算执行与预算考评三个环节。

（一）预算编制

预算编制程序主要有以下三种：

（1）自上而下式，上层管理者确定好预算目标后，下层没有独立的决策权，只能按照上层管理者的要求被动地编制和执行预算。

（2）自下而上式，基层各部门通过对未来经营环境的预测，自己制定与其相关的预算目标，并经上级管理层对该预算进行审批。

（3）上下结合式，则是经历自上而下、自下而上的多次反复博弈，最终使预算为各方所认可。

预算编制的准确性主要取决于编制方法的选择。目前采用的预算编制方法主要有固定预算、弹性预算、零基预算等等。

（二）预算执行

预算再准确合理，它本身并不能提高企业的管理水平。只有将预算认真落实，才能发挥其重要作用。预算执行应当围绕预算编制好的目标来进行。预算目标经过层层分解，落实到每一位相关人员身上，各有关责任人依照预算标准开展经营活动，促使预算能够顺利实施。预算执行过程中需按照预算要求进行严格把关，

不时查看、分析预算的执行情况、对于当期出现的预算差异，不管有利与否，都应认真分析其产生原因，采取相应的改进措施，必要时还需对预算进行适当调整。

（三）预算考评

预算考评是全面预算管理至关重要的环节，脱离了预算载体的业绩考评，易失去实质作用。而缺少考评的预算，会变得没有意义。预算考评是对企业员工预算执行情况进行考核与评价，以促进各部门各人员积极完成预算任务。考核的指标要满足能全面综合地反映预算的执行情况的要求。通过预算为业绩评价提供了重要合理的依据。总之，考评的最终目的是引导督促企业各部门员工去努力实现企业整体预算目标。

二、高校全面预算管理流程

高校全面预算管理是以高校的长期发展战略目标为中心，对高校资源进行科学合理的配置，实现高校价值稳步增长，促进高校长期稳定发展的系统化、人性化、战略化的现代管理机制。高校全面预算管理主要包括预算编制、预算执行及预算考核三个核心模块，其管理流程如图 7-2-1 所示。

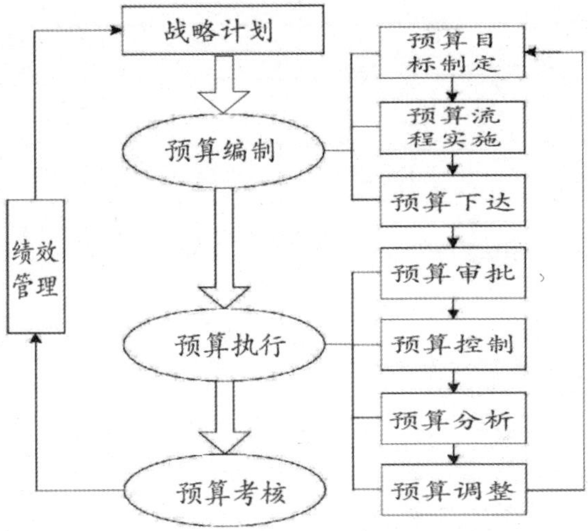

图 7-2-1　高校全面预算管理流程

三、高校全面预算管理的框架构建

以建设“双一流”为目标进行全面预算管理的框架构建：

（一）构建全面预算管理体系

高校逐步推进全面预算管理及财务共享中心，以“双一流”为导向，构建高校财务发展战略，即通过制定财务五年规划及三年滚动预算，为高层制定战略规划提供高价值的决策支持。通过信息化建设，加强财务共享服务，即通过“业财融合”，财务活动向业务部门延伸，提供财务分析和预算管理等运行决策服务。高校审计部门通过财务共享端实时对财务预算与执行进行监督。高校应该制定预算编制管理办法，全面预算管理体系主要包括组织体系、目标体系、流程体系、编制体系、执行与监控体系、考评体系。这里试着构建了高校全面预算管理体系的框架图，如图 7-2-2 所示。

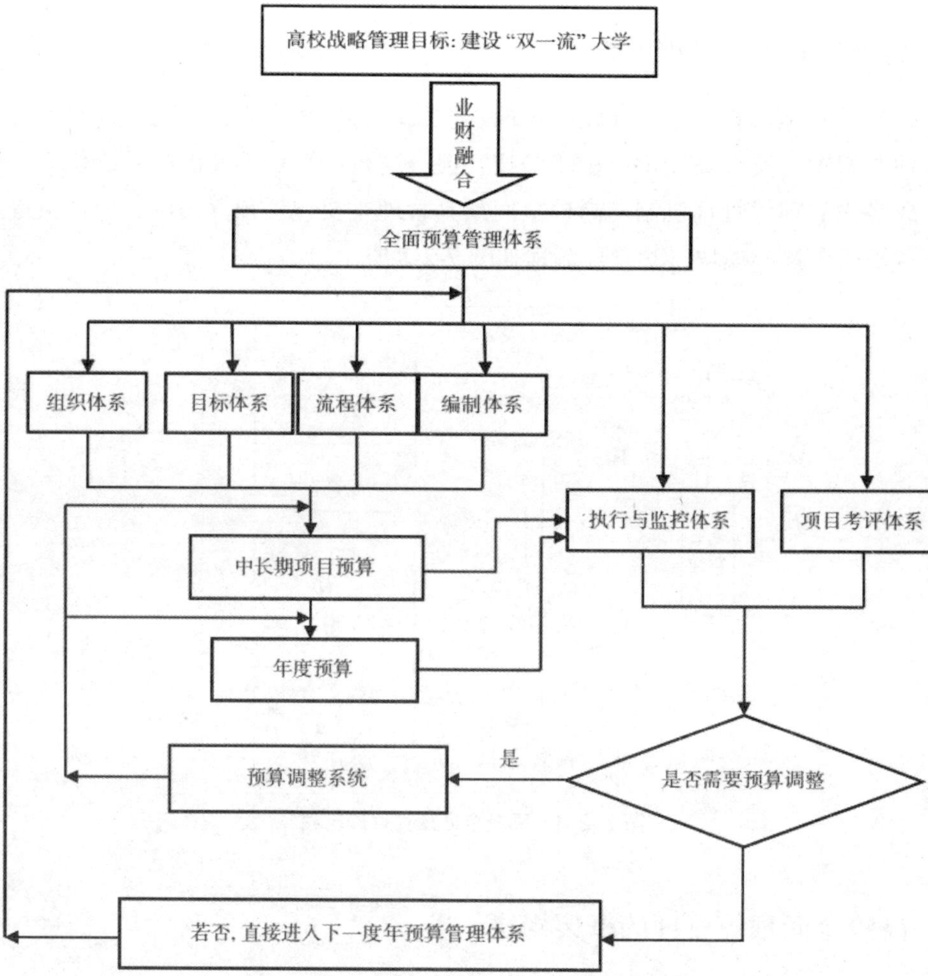

图 7-2-2　高校全面预算管理体系框架图

高校的战略管理目标必须量化为项目预算进入全面预算管理体系，经过全面预算的“组织体系”“目标体系”“流程体系”“编制体系”，形成中长期项目预算和年度预算；在执行年度预算过程中，必须得到管理层及预算执行单位的有效监督，在项目执行过程中或执行结束后要通过“考评体系”进行评定与奖惩。在执行、监督、考评过程中，若发现问题，及时通过“预算调整系统”对中长期项目预算、本年度或下一年度预算进行调整，修正不合理预算（或支出）。

（二）预算流程体系

预算编制有分权管理，即各单位先申报预算，财务部门再进行汇总编制；集权管理，即财务部门先起草形成预算草案，再交由各单位讨论；高校的预算编制流程一般是集权与分权相统一，具体流程如下：

第一，财务部门编制预算预案（集权）。第二，各单位根据自身工作特性编制专项经费的单位预算（分权）。第三，财务部门全盘考虑学校总体目标后统筹设立预算目标数，再与各单位充分沟通协调后，形成预算草案（集权与分权统一）。第四，预算草案需要经过学校财经工作领导小组审查、校教代会审议，最后校党委会审批后执行（民权、监督与公开）。

（三）预算编制体系

大学预算编制是确保学校资源配置和运行的重要前提。对公办高校来说，科学的预算编制能够提高资源使用的效率，使有限的财政资源更加充分、有序地投入学校事业发展当中。在进行预算编制的过程中，文科院校主要为国家社会培养管理人才，并针对国家治理和社会治理形成思想、观点和方案。高校在预算编制过程中，应该建立一个以战略发展为主线的预算管理组织，明确机构职权，保证预算管理决策和控制功能的有效发挥，能够将上级部门的监管要求和高校预算需求紧密结合起来。作为公办高校来说，任何的财政经费投入都应当形成比较明确的绩效，在确保这些绩效的实现过程当中，经费预算的编制应当有所侧重，从绩效角度不断提升预算编制的科学化水平。

高校财务预算由中长期战略预算、年度收入预算和年度支出预算组成。

1. 中长期战略预算

“双一流”战略目标不是短期内可以实现的，必须进行中期、甚至长期规划，相对应的资金也需要进行中长期规划，编制中长期项目预算。高校应通过 SWOT 分析，确立建成省级、国家级乃至世界级有特色高水平大学的定位；根据优势学科、成长学科和培育学科等层次规划高校自身的一流学科，进一步细分一流专业；

从而规划3—5年的“双一流”项目建设资金预算，对人才队伍建设经费、设备购置经费、交流合作经费等大额资金进行统筹规划，达到高校事业发展与资金财力保证相配套，助力实现“双一流”的战略目标。

2. 年度收入预算

高校年度收入主要包括财政补助收入、事业收入、上级补助收入、附属单位上缴收入、经营收入、其他收入等。收入预算应当根据上年的收入情况，结合本年度预计的增收以及合理的减收，积极稳妥地形成本年度的收入预算。

3. 年度支出预算

高校年度支出主要包括事业支出、经营支出、对附属单位补助支出、上缴上级支出、其他支出等。支出预算有保有压，首先保证正常工作需要的基本支出，其次是高校事业必要的项目经费，最后是结合学校财力情况安排事业发展类项目建设经费。根据支出的经济内容，具体支出预算的编制过程为：第一，人员经费属于民生经费，优先保障，据实测算；第二，机关行政综合运行费和学院综合运行费属于弹性预算，按教职工和学生人数定额包干；第三，各部门特殊的业务经费根据上年决算情况和费用性质可以实行固定预算，原则上零增长；第四，专项经费实行零基预算，通常专项经费金额大，而结果的不确定性又大，量化预算时比较困难。高校应重视专项经费的预算，在对项目必要性、科学性、经济性、可行性及风险性进行审核、论证的基础上，合理确定专项经费的预算。另外，专项经费支出预算要设定明确的绩效目标，须对项目进行绩效考评；第五，为了增加高校的抗风险能力，通常要按总支出的1%—2%预留学校预备费，用于安排不可预见的预算外支出。

（四）预算执行与调整体系

预算“三分编制、七分执行”，高校在预算执行过程中，坚持“刚柔相济”原则，一方面要以预算作为控制的手段，严格认真执行预算，加快预算执行进度，但杜绝不必要的支出；另一方如果出现完不成预算或超预算的情况时，要区分性质，按程序调整预算，做好预算为业务服务的职能；最后是加大财务预算与决算公开，自觉接受全校师生监督，让财务在阳光下运行。

（五）预算监控体系

预算自带控制职能，同时财务预算与决算的公开透明，一定程度上都是对预算的监控，但高校的内审部门、上级部门的外审，也是必不可少的。内外部审计通过执行领导干部经济责任审计、内控评测、项目绩效评价等进行多角度审计，借助大数据、云审计、高校信息系统等技术手段，全过程、多角度、立体式审计监督，及时发现问题，及时修正预算。

自高校开始推进全面预算管理以来，针对预算编制及执行等实际操作基本只有财务部门、行政部门或部分领导的监管与过问，整体上处于内部人员自查自纠的状态。虽然这种内部控制状态具有快速及时和常态、高频的优势，却也同时存在当局者迷的缺陷。尤其是受到内部人员业务素质和管理能力的制约，部分高校针对预算执行管理的监督相对有限，一定程度上限制了预算执行水平的提升。因此，新时期高校预算执行管理优化，还需要强化内控监督，落实责任制。

（六）预算考评体系

企业绩效评价主要有 3 种模式：一是财务模式，即基于利润的业绩评价指标，有代表性的方法主要包括杜邦分析法——即财务指标的分解与综合、综合评分法——从单一指标到综合评价体系；二是价值模式，即 EVA——传统利润指标的调整；三是战略模式，即平衡计分卡——从财务指标到非财务指标；以上 3 种模式均无法完全适应高校经费预算的绩效考核，高校作为公益性事业，更多体现社会价值与社会效益。结合财政部《项目支出绩效评价管理办法》（财预〔2020〕10 号），编制了符合高校实际情况的绩效考评体系。目前，高校绩效考评开展不到位，是全面预算管理体系的薄弱环节，只有进一步强化预算考评体系，在科学、合理的考评激励下把有限的资金高效地利用，优化资金配置，提高资金的使用效益，才能达到全面预算管理的目的，才能稳步实现学校的战略目标。为此，设计了表格（表 7-2-1）：

表 7–2–1 项目绩效考评指标表

一级指标	分值	二级指标	分值	三级指标	分值	指标解释	评价标准
项目决策	20	项目目标	8	目标内容	8	目标是否明确、细化、量化	目标明确（3 分），目标细化（2 分），目标量化（3 分）
		决策过程	12	决策依据	6	项目是否符合学校中长期发展规划、学校及本学院年度工作计划，是否制定工作推进措施	符合学校长期发展规划、学校及本学院年度工作计划（4 分），制定工作推进措施（2 分）
				决策程序	6	项目是否按学校规定程序申报；项目调整是否履行相应手续	项目符合学校规定程序申报（3 分），项目实施调整履行相应手续（3 分）

续表

一级指标	分值	二级指标	分值	三级指标	分值	指标解释	评价标准
项目管理	25	创收增长率	10	创收增长率	10	本年创收净增长金额 / 上年创收金额 ×100%	本年创收增长率每增长 1 个百分点得 1 分，大于等于 10% 得满分
		资金管理	12	资金使用	7	是否存在支出依据不合规、虚构业务套取支出的情况	存在此类情况扣 7 分
		资金管理		财务管理	5	财务一支笔审批制度是否健全；大额资金使用是否经党政联席会集体决策、有关决策会议纪要是否备；支出审批手续是否完备	存在违规情况扣 5 分
		组织实施	3	组织机构	3	内部财务管理分工是否明确	分工明确（3 分）
项目绩效	55	项目完成	15	完成质量	5	项目完成质量是否达到预期目标	达到预期目标（5 分）
				完成时效	5	项目是否按期完成	按期完成（5 分）
				完成成本	5	项目完成成本是否在预算经费范围之内	在预算经费范围之内（5 分）
		项目效果	40	科研经费	7	科研经费到账是否较上年增加及增长幅度	科研经费较上年增长率每增长 1.5 个百分点得 1 分，大于等于 15% 得满分
				人才培养	10	从社会效益角度考查学生培养质量情况，学生优质就业率与一次性就业率情况	该项目关联学生就业率和考研率不低于全省平均水平得 8 分，每增加或降低一个百分点加或减 0.5 分，最高 10 分
				重大成果	15	学院当年是否获得重大成果奖励	当年获国家或省重大课题立项（5 分）、当年咨询报告获国家或省、市采纳（5 分）、教学科研获国家、省、部级奖励（具体奖励级次参照各学校制定的《高水平成果类奖励实施细则》等）（5 分）
				学院职工满意度	8	学院职工对本院经费使用情况是否满意	学院职工对本院经费使用情况满意（8 分），基本满意（4 分）不满意不得分
	100		100		100		

（1）为了突出绩效考评的重要性，赋予项目绩效类指标最高权重55%，对该项目的考评优劣起决定性作用。

（2）项目决策是起点，当然重要，但是因为高校项目的决策，具有特殊性：一是高校的项目政策性较强，二是科研预期效益的不确定性；三是立项审批程序较多，出现重大失误的可能性较小；最后主要是针对事后的考评，故赋予决策类较小的权重20%。

（3）项目管理很重要，即使是效益好的项目，如果是疏于管理，效果也不会太好，所以赋予了25%的权重，突出在项目实施中要强化管理的导向。

（4）二级指标按2：3：2设置，共计7项进行了划分，二级指标不能太烦琐。

（5）三级指标按3：4：7设置，共计14小项，不多不少，能够较好地体现一级指标和二级指标的重要程度。另外，考核时简单易行，重点突出，可操作性较强。当然，这些赋值仅是理论上的、带有一定的主观性，在实际应用中是否需要调整，考核结果是否客观公正，还有待实践的进一步检验。

第三节　高校全面预算管理的现状和建议

一、高校全面预算管理现状

（一）全面预算管理机制不完善

1. 预算管理制度有待优化

目前，高校构建的全面预算管理制度，主要存在以下几方面问题：一是现有的全面预算管理制度形式化严重，且与高校实际发展需求存在一定脱节现象，预算管理制度操作性和实用性较弱。二是现有全面预算管理制度系统性不足。大部分高校在构建和优化预算管理制度中，各职能部门各司其职，缺乏紧密的协作交流，导致部分预算标准和要求缺乏制度保障。

2. 预算管理沟通机制不健全

全面预算管理具备三全特性，即全员、全面、全过程，因为涉及范围大，因此信息数据很广，这就涉及多个部门参与全面预算。但是由于很多部门管理人员的认识不足，忽视了预算管理的重要性，认为预算管理不是自己的业务范畴，不归自己负责，对预算管理认识不足，阻碍了部门之间的沟通互动，沟通不畅会影响业务的进行，财务人员的服务无法高效的运行，最终导致高校资源配置失衡。

3. 全过程审核监管机制缺位

现阶段大部分高校在预算管理工作开展中，财务部门承担了预算管理各个环节的工作内容，即资金安排、调整、执行分析、评价。缺乏第三方的有效参与，造成高校难以就预算管理全过程开展有效的监管工作。

（二）预算编制科学性不足

1. 预算编制与战略脱节

现阶段大部分高校在预算编制工作开展中，忽视了自身中长期发展规划为立足点的重要性，阻碍着既定战略目标达成。一是高校在制定战略目标和中长期发展规划后，宣传力度不足，使得各职能部门对既定战略目标和中长期发展规划缺少深层次的全面解读，进而造成各职能部门在开展本部门年度工作计划编制过程中，与高校既定战略和规划产生一定的脱节现象，甚至是对立。

二是高校主要采用静态管理模式，即以收定支，预算管理前瞻性特性难以有效体现。

2. 预算编制方法科学性不足

现阶段高校在开展预算编制工作中，普遍性采用增量法与定额管理相结合的预算编制方法，并且使用的定额标准滞后性显著。这种编制方式主要是以历史数据为依据，简易特征凸显，但是极容易忽视店内外部发展环境变化所带来的影响，引发高校既有支出结构失衡，造成高校资源配置中出现资源使用效率低下或者是资源浪费现象，导致预算松弛，阻碍着高校开展支出结构优化和调整工作。

（三）基层部门和教职工对预算管理重视不够

按照全面预算的全面性原则，高校实行全面预算管理，要求主要领导负责，财务部门牵头，预算委员会实施，全校教职工积极参与。但在实际施行过程中，一些职能部门、教学部门对全面预算管理的内涵认识不足、了解不够，认为预算管理是财务部门的事，自己只要做好本职工作就好，殊不知本职工作也包括预算管理工作。这种淡泊全面预算管理的思想，致使基层部门领导和教职工，在基层预算编制时凭空想象、敷衍了事，导致财务部门汇总的预算数据不准确、不客观，给后续预算执行带来难度隐患。

（四）预算执行人员政策理论水平不佳影响预算执行效率

高校实施全面预算不仅要遵守《预算法》及《预算法实施条例》，还要严格执行《政府会计制度》等国家法律法规，以及学校层面的各项内部控制制度。财务人员、报销人在预算执行中只有掌握并理解这些规章制度，才能对经济业务进行准确判断和正确处理，快速完成经费报销。但在实务中，部分财务人员对相关政策法规、制度不予钻研学习，或学习不够，导致对政策的理解不到位不准确，在审核原始报销凭证时，同一经济业务，不同的财务人员给出不同的审核意见，比如，某高校的办公用品报销，财务人员在审核时，有的要求提供资产入库单，有的不要求提供。加之报销人缺乏必要的财务知识，提供的原始报销凭证不齐备、不准确，导致业务报销人多次往返跑，财务人员多次重复审，加重工作量和降低工作效率，甚至因报销需要资料较多、手续过繁而消极报销或放弃报销，也导致预算执行效率低下。

（五）控制不足，预算执行效率较低

高校在开展预算管理工作中，重编制轻执行，使得预算执行过程中出现频繁多次的预算调整，不按照相关审批程序执行，随意性较强，预算管理控制力和执行力弱化。高校缺乏有效的事前控制、事中控制和事后控制，造成年终预算追加、年底预算超支现象加剧。高校缺乏规范性的资金使用流程，管控力度弱化直接造成资金使用中容易产生公款私用等不良行为。

（六）预算管理信息化程度较低

伴随着信息技术的快速发展，信息技术已经被逐渐运用于各行各业，且取得了一定成果，因此高校在实施全面预算管理中，也要注重信息化建设，提升高校内部信息数据整合效率。现阶段高校预算管理信息化程度普遍较低，主要是由于以下两点原因：

一是财务信息系统中缺少预算管理系统，这是当下高校普遍存在的问题，造成高校预算编制工作、预算执行分析工作、编制报表、绩效考评工作以及异常数据预警工作等工作开展都需借助于传统的办公软件，一方面阻碍着高校开展高效率的工作，另一方面造成高校获取的信息数据真实性、精确性难以保障，无法为高校管理人员正确决策提供支持。二是高校缺乏信息共享平台，各职能部门数据分散且重复率较高，信息更新滞后性显著，阻碍着高校开展准确性的预算编制工作和预算分析工作。

二、高校全面预算管理建议

（一）健全预算执行流程，优化预算编制工作

高校开展全面预算管理需要从意识、程序上实施管理，强化财务预算控制，提高教职工、财务人员的预算管理观念，从而发挥预算管理的优势，实现预算管理目标。为此，高校可以从以下四方面增强教职工的预算管理思想：其一，结合高校教师的实际情况开展预算管理培训，加深教职工的预算管理思想，促使全面预算管理思想可以渗透到教职工的日常工作中；其二，高校可以选取实践性强的预算管理书籍，赠予给教职工以及财务人员，促使财务管理人员可以意识到财务预算控制管理的作用，从而提高自身的职业素质；其三，高校可以针对内部预算管理现状，增加高校的预算管理板块，落实财务预算控制考评，同时及时采取措施解决教职工懈怠预算管理的现象，从而构建出科学的全面预算管理体制。当然高校还应当组织教职工进行预算管理，安排人员进行财务预算管理，完善内部支出责任制度，确保资金使用可以落实到人，促使教职工可以有效执行规章制度。此外，高校进行全面预算制度管理还需要完善预算流程，开展初步目标的制定、预算目标分解方案的拟定、部门预算的编制以及综合平衡建议的提出等。

针对预算管理领导机制的设立，高校需要结合教职工的预算事项，组织开展预算会议，调整差异较大的内容，从而增强预算的约束力，简化预算执行步骤，使全面预算管理深入人心。高校开展预算编制流程调整以及预算执行过程的控制，可以降低高校财务风险问题，为此高校可以在 9 月开学时期开展全面预算工作，同时结合往年预算申请状况，明确经济责任制，进行合理的资金分配。另外，高校运用全面预算管理，应当建立全面预算编制程序，优化预算编制工作，通过财务预算编制进行部门工作关系的互动协调，改进收集统筹、上报下达等阶段的全面预算编制程序，促使预算执行可以更加规范化。高校开展全面预算管理，可以了解部门预算编制状况，加强预算分析，避免出现超支问题。通常高校可以结合部门预算执行情况开展费用——效益分析，及时了解预算安排情况，针对预算安排不合理的地方进行调整，从而发挥高校资金的作用。当然，高校还需要结合实际情况，开展数据收集工作，积极与领导沟通，严格审核预算申报理由，确定预算编制方法（零基预算、增量预算），对科室进行预算执行情况跟踪，从而实现高校预算编制，提高教职工积极性。

（二）建立预算监督体系，构建全面预算平台

高校开展全面预算管理离不开预算监督体系的落实，不定期的监督可以促使高校教职工更好完成预算目标。为此，高校需要结合实际情况进行预算审查监督体系的建立，落实监督人员的权责范围，然后定期或者不定期监督教职工预算执行情况，适时调整预算管理目标。比如监督人员可以针对日常工作、预算执行报告的编制进行对比分析，从而有效调整预算管理情况，推动高校的建设发展。高校监督管理机制包含对预算编制与执行的过程监督管理，高校一般通过内部、外部监督管理，提高全面预算管理质量。当然想要建立预算监督体系，教育部门也需要发挥自身的指导作用，落实对高校的资金预算管理考核与检测，定期对预算成效不符合规定的高校进行指导与惩罚，并且高校也需要结合自身情况建立监督体系，妥善规划监督管理制度以及组织队伍的建设。为此，高校应当建设内部审计部门，发挥该部门的监督作用，有效监督高校整体预算管理情况，确保预算编制与执行可以顺利开展。同时高校预算管理、制定与监督都需要相应的人才支持，对此高校可以结合优秀的预算管理案例，制定人才招募标准进行人才引进，包括知识技能、责任意识、职业道德的确定。

针对内部员工，高校可以结合国内外先进的预算管理知识，定期组织员工参与理论知识的学习以及实践应用的培训，促使内部人员可以提高专业素养。高校建设预算管理机构需要从全局出发，考虑学校建设、教学发展、财力水平，设立预算监督小组，发挥全面预算的管理作用，从而有效统筹发展教学、科研资金，对财务全面预算过程实行动态管理。高校定期监督财务预算执行状况，可以从以下四方面落实监督管理。其一收集员工执行想法，要求财务人员撰写预算管理心得与执行想法；其二引入财务预算实施指标，评估预算执行情况，有效调整执行欠佳的部门工作内容；其三监督预算管理的执行情况，确保预算工作有章可循，从而提升财务工作的执行力；其四监督管理部门与工作人员的业务水平、预算执行行为，综合分析预算与执行之间的差距并且解决问题。此外，信息技术发展给高校全面预算管理带来新变化，高校可以构建全面预算平台，方便线上查询财务信息，掌握预算收支情况，将员工纳入全面预算中，从而突破时空限制，促使全面预算管理可以信息化。为此高校可以积极引进全面预算软件，充分考虑其预测技术水平，创建财务预算信息化管理系统，促进职员报销款项与财务预算控制的关联，并且通过专线促进银行与高校预算管理信息系统的衔接，将财务管理的数据信息化，实现财务的合理分配。

（三）强化全面预算管理意识，组建专业管理队伍

传统预算管理主要执行者为财务工作人员，而全面预算管理却不一样，其更加重视全员参与。因此，新形势下高校应当立足于根本，着重强化各部门人员的预算管理意识，基于此，需组建一支更加专业的管理队伍。首先，可加大宣传力度，通过组织宣传活动的方式，来使全校员工都能够准确认知预算管理，了解落实全面预算的必要性，调动员工的主动性，促使其积极配合预算管理工作，为落实全面预算奠定基础。其次，各部门管理者起到带头模范作用，共同参与到预算目标的制定过程，结合部门具体的工作内容，及时上交相关数据，便于财务人员展开准确且深入的分析，完善科学的预算编制。最后，可加大专业培训力度，将新的预算编制方法、管理手段等视为培训重点，定期开展培训课程，或是举办专题讲座，要求全校所有员工积极参加，主动学习预算方面的相关知识，不断提升自我，继而达到组建专业队伍的目的。另外，还应当结合工作要点，细致划分各项工作任务，加大监督与控制力度，明确每一阶段的具体责任划分，逐渐形成一个系统性、综合性的预算管理体系。

（四）强化全面预算考核，提升预算编制科学性

全面预算管理需要全体员工的参与，高校通过统筹预算编制与执行管理，将责任可以落实到个体上，方便后续预算工作的追责，然后结合预算执行结果进行绩效考核，从而提升预算管理工作质量。首先，高校需要结合人力资源部门，对预算工作的编制、执行、监督进行绩效管理，结果与薪酬奖惩挂钩，从而完成对教职工的绩效考评。其次，高校需要确定评选标准，通过成立预算管理委员会合理评定职工绩效，促使教职工深刻认识预算管理工作内容，激发教职工的积极性。同时高校开展全面预算管理工作，需要保障绩效考评工作的公平性，并且收集教职工的全面预算绩效考评结果，方便开展下年度的全面预算管理，有助于完善全面预算管理的效果，发挥全面预算管理的作用。当然为了促使全面预算工作到达预期，高校需要明确全面预算的目标与范围，确定考核依据，表彰严格按照预算执行的部门，考核扣分、警告批评故意隐瞒不报的部门。再次，教育部门应加大对高校资金预算管理的考核力度，对不符合预算工作标准及成效的高校采取相应的惩罚手段。最后，高校应建立强化全面预算考核机制，比如通过建设完善内部审计部门，依据高校全面预算目标对相关部门的资金收支情况开展审核，审计各部门的工作情况等，以此实现对高校整体预算管理情况的考核。

预算编制是高校开展全面预算管理的重要内容，高校需要结合财务管理、信息技术进行更新。首先，高校结合收支情况进行财务预算编制周期调整，明确高校的会计预算周期，调整会计周期为今年9月1日—次年8月31日。其次，高校可以在预算编制之前开展数据收集、整合，运用信息技术统计学校的收支情况，提升预算的效率。最后，高校可以利用零基预算法进行预算编制，从0开始对支出项目进行审核，保证收入预算的完整性，核定人员经费、公用经费支出，论证项目支出预算的可行性，从而建立项目库滚动管理。

（五）推进全面预算编制改革，制定预算评估制度

全面预算编制并不是一成不变的，高校想要提高资金运用效率，需要结合先进的预算管理理念，推进全面预算编制的改革，做好全面预算编制的指导作用。首先，高校需要结合战略目标、办学特色、社会环境等因素进行预算目标的统筹，并且细化长期战略，分析预算管理目标与长期战略是否匹配，从而调整预算目标，完善预算管理制度。其次，高校考核部门预算管理工作，收拢管理预算收支情况，需要结合部门、校级预算进行预算草案编制，申报给预算委员会。最后，高校编制人员可以结合收支数据进行具体方案制定，收拢分部门预算计划，从而加强全面预算编制工作，提升预算编制质量。同时高校还需要细化项目库，预先规划项目工作内容，及时调整人员变动情况，掌握学校资产、现金流等信息，规范专项项目设立，从而确保专项项目可以有效开展预算编制，提高预算编制的质量。当然高校还可以取消基数加增长的全面预算编制法，通过运用零基预算进行相应的预算编制，从0出发编制年度预算，根据正常经费、专项经费审核支出预算，从而解决高校不平等情况，促进规范化管理。推进高校全面预算编制改革，还需要关注预算人员的财务培训，提高预算编制的技术难度培训，引导财务人员根据工作发展需求提高专业水平，并且高校还可以组织员工培训以及财务知识的普及，促使职工可以熟悉会计核算内容，通过定期轮岗学习业务知识。

高校开展全面预算管理还可以优化财务预算评估制度，深入工作内容，确定合理的评估指标，从而深化评估工作，提高考评预算执行质量。高校管理人员需要与时俱进，根据高校发展情况，开展预算执行效果评估，减小预算结果与实际财务的偏差，从而优化高校财务预算评估制度，有效指引财务预算工作开展。此外，高校开展全面预算管理，通过使用量化工具开展执行预算，进而配置资源，实现资源效益最大，比如高校资金纳入财务预算管理的分配管理，包括学术项目资金、政府拨款等。高校通过预算管理合理规划复杂的资金分配，让资金可以获得更多效益，可以从全局角度开展财务预算管理，有效整合高校资产，促使高校

清楚财务管理工作的发展方向，有助于对财务管理工作做出统筹安排。高校运用全面预算管理进行短中长期等预算管理，实现教育教学发展。

三、案例分析

（一）案例描述

上级主管部门批复某高校 2014 年预算控制数为 10.93 亿元，其中基本支出 8.81 亿元、项目支出 2.12 亿元，在基本支出中，人员经费 6.42 亿元、日常公用经费 2.39 亿元。该校接到上级批复后，在编制实际执行预算（以下简称“校级预算”）时，未根据上级主管部门批复预算进行资金安排，而是重新编制校级预算 12.59 亿元，超上级主管部门批复预算 1.66 亿元。另外，该校省财政专项 M 项目在 2013 年 10 月基本完成，项目结余结转 200 万元，根据财政部门规定和要求，应将该项目结余资金留存使用编入 2014 年学校预算，但该校在编制 2014 年度预算时，未将该项目结余资金纳入预算管理，而是作备用以弥补其他项目资金不足。

（二）定性依据

本案例中，该校校级预算与上级批复预算不一致，违反了规定：经法定程序批复下达的年度预算具有权威性和严肃性，学校必须严格遵照执行，未经规定程序批准，不得擅自调整。

该校未将上年度结余结转资金编入本年预算，违反了以下规定：

《事业单位财务规则》（财政部令〔2012〕第 68 号）第二十九条规定：“财政拨款结转和结余的管理，应当按照同级财政部门的规定执行。”

《高等学校财务制度》（财教 C20122488 号）第三十二条规定：“高等学校财政拨款结转和结余资金的管理，应当按照同级财政部门的规定执行。”

（三）案例剖析

本案例中，该校校级预算与上级批复预算不一致，未根据财政部门批复安排校级预算，且未将上年度财政结余资金纳入预算，究其原因，主要有：

1. 对部门预算编制工作不够重视

《中华人民共和国高等教育法》第四十一条规定：“高等学校的校长全面负责本学校的教学、科学研究和其他行政管理工作，行使下列职权：（五）拟订和执行年度经费预算方案，保护和管理校产，维护学校的合法权益。”因此，高校预算编制和执行好坏都与高校领导重视程度有关。高校预算编制工作主要由财务部门负责，但预算编制内容涉及学校的方方面面，需要相关部门的密切合作、协同配合，而在实际工作中，有些高校没有明确各单位的责任，分工不合理，责任不明确，部门间相互配合不够，预算编制由财务部门单独完成，难以保证预算编制工作质量。

2. 未将财政拨款项目结余资金纳入预算

该校未将2013年已完工的M项目财政拨款资金结余200万元纳入2014年预算，主要原因是：（1）会计核算管理意识不强；（2）有意混淆专项资金和日常运行经费核算，有的高校未将专项结余资金结转下年使用，而是作为收入结转到事业结余，然后在年终决算时转入事业基金；（3）明知专项资金必须专款专用，但仍以经费紧张为借口挪用、挤占专项资金。

（四）改进建议

1. 提高认识，高度重视部门预算编制工作

高校要把预算编制作为一项重要工作，明确各单位的责任，做到分工合理，责任明确，相互配合，环环相扣，保证预算编制工作的顺利进行与预算的可执行性。

2. 减少差异，消除预算编制“两张皮”现象

高校要根据学校事业发展目标和计划科学合理编制年度预算，衔接好校级执行预算与上报省级部门预算，按照上级主管部门批复的预算指标，细化支出项目，但不得编制赤字预算。校内相关部门要通力合作，准确统计各类人员、资产等预算所需各项基础信息，提高预算编制的准确性。

3. 加强财政结余资金管理

规范会计核算。按照相关制度要求对经常性结余和专项结余进行明细核算；对专项资金要分项目核算，核算具体项目的资金拨入、使用和结存。其次，规范专项结余资金管理。财政部门在下达各专项资金计划和拨付各专项资金时，对专项资金结余管理提出要求，高校应根据财政部门有关专项资金管理办法和要求，严格执行财政部门相关规定。

第八章　高校资产管理改革研究

随着高校办学规模的外延扩展，内部管理日益规范，国有资产存量日渐增加，需要更好地掌握高校资产管理现状。本章从高校资产管理概述、当前高校资产管理存在的问题及原因分析、强化高校资产管理的应对策略三个方面介绍了高校资产管理的相关问题。

第一节　高校资产管理概述

一、高校资产管理概述

（一）资产管理概念

资产指的是作用于生产经营活动，并且能够实现保值和增值的财产，主要包括固定资产和无形资产。对资产的管理是指对资产的计划、购置、验收、登记、领用、使用等全过程的管理。对资产进行管理，其目的是及时掌握各项资产的类别、构成及使用情况，从而降低资产使用成本，提高资产使用效率，发挥资产的最大价值。

（二）资产管理分类

1. 流动资产

流动资产指企业在一年或者一个营业周期内，能够实现变现或者运用的资产，也是企业资产中一个不可或缺的组成部分。在资金周转的过程中，流动资产的形式会发生多次变化，一般会经过货币资金——储备资金——生产资金——成品资金——货币资金这样的环形过程。虽然资金形态不同，但是与生产流通都有着非常密切的联系。

流动资产具备形态方面的多变性、数量方面的波动性、来源方面的灵活性等特点，其周转方式需要根据企业的实际情况确定。

2. 无形资产

（1）无形资产定义

2006年发布的《企业会计准则第6号——无形资产》定义为“企业拥有和控制的没有实物形态的可辨认非货币性资产。”2016年发布的《政府会计准则第4号——无形资产》定义为“政府会计主体控制的没有实物形态的可辨认非货币性资产，如专利权、商标权、著作权、土地使用权、非专利技术等。”尽管上述两个准则的发布时间相隔十年，适用的会计主体不一致，但是对无形资产的定义都在认可没有实物形态这一特点基础上强调无形资产的可辨认性。商誉等资产与企业或政府会计主体整体价值联系在一起的，难以单独可靠计量，尽管可能会给会计主体带来相当大的经济利益，由于不具有可辨认性，都不确认为无形资产。所以，在会计上商誉是作为一项与无形资产并列的资产加以核算，而且只确认外购商誉，不认可自创商誉。

（2）无形资产的财务定义

1997年发布的《高等学校财务制度》将无形资产定义为“不具有实体形态而能为使用者提供某种权利的资产”。2012年发布的《事业单位财务规则》将无形资产定义为“不具有实物形态而能为使用者提供某种权利的资产，包括专利权、商标权、著作权、土地使用权、非专利技术、商誉以及其他财产权利。”同样，上述两个财务制度与规则的发布时间间隔达15年，对无形资产的定义却完全相同，强调不具有实物形态，只要能够给主体提供某种权利，不论其是否具有可辨认性，都可以界定为无形资产。从加强财务管理的角度，能够可靠计量并不是成其为无形资产必要条件。所以根据无形资产的财务定义，商誉等资产是属于无形资产。

（3）无形资产定义的辨析

会计准则确认一项资产，包括无形资产，需要满足两个条件，一是经济利益很可能流入会计主体，二是成本能够可靠计量。这种定义是符合会计核算需要的，因为只有能够可靠计量的资产才能进入会计核算系统并最终进入财务报表之内，成本或未来经济利益不能可靠计量的资产则难以加以记录和报告。这种满足会计核算需要的定义同时也导致大量能够为会计主体带来经济利益的资产被排除在会计核算系统之外，最终编制的财务报表也无法全面反映主体的经济利益，从而无法更好为高校无形资产的管理服务。财务规则与制度对无形资产定义的出发点是财务角度，不问可辨认性，只要能够为使用者提供权利就属于无形资产。和会计准则对无形资产的定义相比，范围得到拓宽，涵盖了商誉等资产，从管理的角度看，更有利于高校在无形资产管理时不仅仅局限于账面所记录的无形资产。但是，该定义通过举例说明无形资产包括商誉和其他财产权利，只强调除其他财产权利，已无法适应新时代高校发展和资产管理的需要。因此，有必要对高校无形资产内容进行重新界定。

3. 固定资产

固定资产是企业或组织拥有的实物资产、无形资产，包括产品、基础设施、设备以及知识产权等资产，这些资产的持有或使用时间应超过一年以上，价值衡量符合规定的非货币资产就被统称为固定资产。固定资产的具体形式较多，不同类型企业或是组织的固定资产类型各有不同。而固定资产的一个共同点就是通过运用这些固定资产能够为企业或组织产生价值，是企业经营活动的必要内容，同时也是其获取利益的基本手段。结合我国的会计制度来看，固定资产可以分为生产型的固定资产、非生产型的固定资产以及融资租赁的固定资产等多种形式。我国的会计标准中对固定资产的价值进行了规定，要求通用资产的单位价值超过1000元，而对于专用资产来看，其单位价值应大于1500元，同时还要满足该资产的使用时限超过1年，资产的实物状态不会在短时间内发生变化。结合公立高校来看，学校的建筑、房屋、操场、设备仪器、图书馆、教室、多媒体设备等都是固定资产的类型。

（三）高校资产管理内涵

高校资产管理主要是围绕高校发展目标，以高校资产为管理目标所进行的相关管理活动的总称。在高校资产管理的过程当中，逐渐地呈现出以下几个方面的特点。

首先，资产管理的全面化。在当前的高校资产管理过程当中，不仅需要关注有形资产的管理，还需要关注无形资产的管理。如何有效地做好有形资产和无形资产的核算，制定和应用良好的资产管理策略，显得尤为重要。

其次，资产管理的目标性。在当前的高校运营和发展过程当中，不仅需要考虑高校资产的数量，还应该考虑资产的综合价值体现。这就意味着，在进行高校资产管理过程当中，要以目标为导向，制定相应的资产管理方法。

最后，资产管理的合规性。在高校资产管理过程当中，管理部门及相关人员需要严格按照我国高等学校资产管理的相关方法及章程以及我国现行的会计法规进行管理。合规管理是高校资产管理的一个重要基础与底线。

1. 高校无形资产

（1）高校无形资产内涵

无形资产一词来源于拉丁语 Tangere，指不可触摸或者没有实物形态的资产，在 20 世纪初第二次工业革命时期出现并在西方广泛传播。

对于高校无形资产的定义在学术领域并没有形成统一认知，均在企业无形资产的相关理论上进行延伸。通过对不同学者观点的总结提炼本书认为，高校无形资产是指高校主体所拥有的，不具有实物形态但是可以为高校主体创造利益的一项重要资源，在利益创造过程中并不以独立形态出现，需要与高校其他投入共同产生价值。

科技和知识型企业是代表了未来经济发展趋势，高校作为人才培养基地坐拥大量无形资产，无形资产能够创造更高附加值，将高校已具备的人才资源和科教资源转化为创新优势和服务地方经济发展的推动力量。

（2）高校无形资产分类

①品牌类无形资产

此类无形资产在企业中被称之为商誉，高校品牌是一项极其重要的无形资产，是高校自创设之日起逐年累月沉淀的公众形象。品牌类无形资产主要包括两方面的来源：

外部环境赋予：政府部门对高校发展的政策扶持，企业和社会团体等与学校建立长期合作关系等。

内部条件积累：校园软环境，校友资源，社会公众口碑评价等无法确指的无形资产。

品牌类无形资产难以用货币进行量化，但是该项无形资产能给高校带来更多发展机遇和优质生源。

②教学类无形资产

教学类无形资产顾名思义是通过高校长期的教学经验积累下而形成的。高校会有不同的专业定位，因此每个高校也都会有自身特色学科建设，独特的教学理念和教学方法。教师通过教学活动传道授业解惑，将知识和技能传授给学生，培养符合社会需求的人才，学生通过服务社会实现自身价值提升。

③科研类无形资产

科研类无形资产是通过教师和学生的科研活动所形成的科研技术成果，主要包括专利权、著作权、非专利技术等。

④人力资源类无形资产

高校作为人才培养基地，拥有大量优质人力资源，人力资源类无形资产是可以进行量化的。高校人力资源可分为行政型人力资源和专业技术型人力资源。人力资源类无形资产是教学类和科研类无形资产的价值创造者，随着教学类和科研类无形资产的数量不断增加，人力资源类无形资产的价值也在不断提升。

（2）高校无形资产特征

①非实体性

无形资产和有形资产对比而言，无形资产最显著的特点就是不具有实物形态，无形资产本身不可以单独创造价值，需要以特定的实物载体为依托实现价值。

②非盈利性

高校的主要功能是培养人才、开展科研、服务社会，这些功能具有显著的公益性，教育属性决定了高校作为非营利性组织并不以单纯的盈利为目的，专利权等无形资产权属高校，但是并不用于商业化量产，而是为了科学研究和创新发展。

③价值属性

社会公众对高校认可度很大程度上来源于高校多年积攒的教科研水平和社会形象，这也是无形资产的价值属性，他不等同于一般物品带来的收益模式，无形资产可以在较长时间内给高校创造价值，该数据不可简单进行估算。

2. 高校流动资产

高校的流动资产是高校资产的重要的组成部分，对于维持高校的正常运转起着至关重要的作用。高校的流动资产主要指那些可以在一年内变现或者消耗使用的资产，一般包括三个方面的资产：第一，货币资金。它主要指学校运转中以货币形态存在的那一部分资金，包括现金和存款。第二，应收账款。它主要指学校的财政拨款、学费收入、项目资金、对外服务、借出款项等方面资金。第三，存货。比如易耗办公用品、实习实训耗材、库存教材图书等等。

3. 高校固定资产

高等院校固定资产是指单位价值在 1000 元及以上，能够独立使用且基本物质形态基本保持 1 年以上的有形资产。高校固定资产普遍具有价值高、使用时间长、资产价值伴随使用时间逐年降低等特点。在新颁布的政府会计准则中，明确了高等院校固定资产是为了满足高校自身开展科研教学业务活动或其他相关业务活动的需要而控制的定义，细化了高等院校固定资产的界定范围。

二、高校资产管理的内部控制

（一）高校资产管理内部控制的问题

1. 管理体制尚待完善

高校资产管理内部控制存在问题的原因之一是体制机制不健全。高校内部控制体系是由环环相扣的各个方面组成的一个闭环。当前，高校内部控制责任大多落到个别特殊部门身上，即使是承担部门也会认为内部控制与自己无关，无法做到各司其职，各负其责，内控防线疏散。想要形成有效的内控体制机制较有难度。有的高校没有建立完整的内部控制管理架构，没有完成全面的内部控制体系建设。导致出现这样的现状与外部环境对内部控制的要求有关。

虽然财政部要求高校填制内部控制评价报告，在 2018 年还要求增加评价依据和证据资料，并提出整改方案。但国家层面对高校内部控制的监督侧重于合规性检查，对高校的社会职能和目标关注不够。另外，资产管理内部控制制度和流程的设计也只是停留在已知的、可预见性较强较为普遍的业务上。对于随时可能发生的新情况的处理存在滞后现象，对可能发生的新风险的防范控制不够，没有建立信息机制、声誉机制、监督机制、奖惩机制的想法，直接影响高校内部控制的有效运行。

2. 管理人员内控观念淡薄

部属高校资产管理内部控制存在问题的原因之一是顶层决策层和管理者的资产管理内部控制观念薄弱，对内控知识缺乏了解，所接连的反应就是重视程度低下。这一原因所暴露出的正是 COSO 五要素中控制环境的薄弱。控制环境是整个内部控制能有效实施的基础。部分高校对内控知识掌握有限，导致内部控制的有效性和严肃性大大降低。高校未能发挥内部控制管理的全面性的有效作用是因为未产生全面的内部控制意识，未认识到只有全校各部门通力协作、齐声参与到内控制度建设才能使学校稳定发展。我国高校的内部控制需要完全考虑高校本来的特色和属性色彩。高校的自有特征导致高校顶层决策层通常把重心放在日常教学、学术科研、学科建设等方面。高校顶层决策层长期在高校工作没有机会深入接触内控，也没有多余精力去了解、研究内控建设。不少高校已经建立了一些内控制度，但没能系统地梳理汇编，覆盖全面。

高校的事业单位属性表现在不以营利和市场为导向，偏向于政治性和公益性。业务活动也不同于一般地追求经济效益最大化，而是以实现社会效益最大化为目的。控制环境中要特别注意顶层决策层和管理者这一要素。顶层决策层和管理者未能充分重视资产管理内部控制，会成为整个内部控制发展的绊脚石。顶层决策层和管理者的观念和态度是整个学校发展的导向，会左右相关制度的制定和实施。

部分高校顶层决策层和管理者对资产管理缺乏绩效评估观念。没有意识到优质的资产管理工作要讲求绩效评估。部属高校具有国有资产占主导，国家政策和意图为指引的特色。国家对部属高校的行政管理模式决定了其内部控制制度的构建和运行，需要考虑绩效评估制度。参照“3E”理论，高校资产管理工作容易忽视部门之间的协同和配合，不讲求经济性、效率性、有效性。高校作为非营利组织，参照“APC”理论，也有许多问题。实际情况中，高校很少对其治理结构进行问责性评估，例如很少对资产管理活动是否与高校宗旨一致进行问责性评估，很少对货币性资产管理是否透明等进行问责性评估。如此对于高校的责任、声望与合法性的提升并不利。另外，绩效评估的重要性也没有被关注到。高校不进行绩效评估，就难以保证高校有效地使用稀缺资源，难以保证高校正确地管理资产。还有，大部分高校缺少组织能力评估。例如没有对高校内部的资产管理能力、动员资源的能力等进行评估。

3. 监督机制有待健全

高校资产管理内部控制存在问题的原因之一是监督机制不健全。监督是COSO五要素之一，是保证单位内部控制制度有效运行的重要因素。资产管理内部控制的监督工作没有内控评价与监督部门，没有内部控制评价体系，就无法实施有效的监督，内部控制就不能形成闭环。高校监督一是内部监督、二是外部监督，两者互相配合，通过监督评价内控控制的建立和实施情况实现目标。内部监督是对高校内部控制建设是否健全，实施是否有效的评价和监督管理。它的作用是实现内部控制的控制，确保内部控制的实施效果。部分高校缺乏常态化内部控制风险监督机制，对风险业务的事前、事中控制较少，各部门内控管理和防范业务风险的积极性不高。

（二）高校资产管理内部控制的优化对策

1. 充分利用政策变革，真正做到资产账实账表一致

2019年1月1日实施了新政府会计制度，根据“双基础、双功能、双报告”的新制度要求，对高校资产管理中涉及固定资产折旧、坏账准备提取、基建并账等内容做了改革。其中固定资产方面将“累计折旧”提上了账簿记录反映进行会计披露，而不仅仅单独报表反映；坏账准备方面是对收回后不需要上缴财政的应收账款及其他应收款于年度终了时计提坏账准备；基建并账方面，由原来的基建

单独建账核算改为与行政大账合并，数据在“在建工程”科目核算；在预算会计制度向新政府会计制度过渡时点，相关数据采用追溯调整法进行调整。

高校资产管理应充分利用新政府会计制度实施的契机，优化并细化资产管理，真正做到账实账表一致，促进高校资产信息数据的真实可靠性，有利于学校管理者与决策者对盘活资产、购置新资产、处置或维修改良等做出决策。

2. 改善内部控制环境

（1）提高资产管理内部控制意识

受到传统管理模式的长期影响，资产管理内部控制在目前许多高校中是比较冷门的话题，对于其重要性和重大意义认识不深，认识不到内部控制的作用。良好的内部控制环境是解决资产管理内部控制各项环节问题的前提，防控措施是否有效也取决于良好的内部控制环境。

高校可从下面几个方面提高对资产管理内部控制的意识：首先，要使高校领导层认识到实施资产管理内部控制的必要性、紧迫性、重要性，提高责任意识。高校的管理制度如果没有校领导的支持和重视，无法取得制度制定的意图。高校制度的制定以及实施必须由校领导指挥，校领导若不投入其中，那再多的制度也形同虚设。高校领导层的意识能起到很大的作用，如果领导层站位准，坚持带头增强资产管理内部控制意识，采取措施为内控环境创造条件，营造良好氛围，那么整个高校内部的意识就会被带动起来。高校领导层不但要了解资产管理内部控制的常识，还要有较高的解读能力和高层次的想法，以带头人的姿态带领内部控制长远建设发展。

其次，高校领导层担任高校资产管理内部控制建设负责人，一把手担任负责人有助于从上至下推行，领导层应依法履行职责，主动承担责任、作风严谨、不搞特权、树立榜样。同时要抱有积极创新的态度，敢于走出去接受新思想新思路，不能闭门造车，要为高校长远快速的发展献力。

（2）采取多元化手段普及内部控制

资产管理内部控制地发挥离不开高校每一位成员，要重视普及资产管理内部控制知识，提升意识。高校应该利用多元化的新闻媒介，做好内控宣传、制度上墙、信息公开等工作。高校作为高等教学学府在运用新闻媒介的力度上往往不如企业运用广泛。高校要顺应时代，不仅通过信息公告栏、高校网站、还能通过官方微博、微信的公众号等新媒介。巧用公开手段向全校范围宣传资产管理内部控制的纲要文件、政策制度、关键岗位人员的岗位职责、业务流程、工作实施进度及结果等，从多个方面宣传教育推广资产管理内部控制，让全校范围都能熟悉资产管理内部控制，理解资产管理内部控制离不开所有人的参与配合，逐渐提高参与度。在单位内部开展资产管理内部控制知识问答等活动，把内部控制意识渗入到每个人的潜意识中，不留空白不留死角。

（3）加强高校资产管理队伍建设

高校的固定资产需要多元化的专业人员进行管理，需要知识素养高的专业人员组成一支资产管理队伍来进行管理。高校的资产种类丰富，部分资产专业性强，例如教学科研用的专用设备、一般设备，又如图书馆的藏书等都应有高素质、经验丰富的资产管理人员来管理。高校不仅要保证管理人员的高素养，还应保证人员配置的充足。高校资产的数量庞大，人员配置不足容易导致资产管理工作的疏漏、不细致。

高校为了保证资产管理内控人员的高素养、高质量，要建立完善人员的准入标准和考核机制。目的是挑选出符合管理要求且经验丰富的资产管理内部控制人才。高校还应该引进优秀的资产管理人才，进行人才储备计划，吸收一批高级人才，为长远的发展做好充分的准备。高校领导要意识到只有高质量的资产管理队伍，才能高效地执行资产管理内部控制制度，才能把单位资产管理内部控制目标变为现实。

除了队伍的建设，在日常还需要不断加强资产管理队伍的再升级。定期或不定期的邀请国家相关部门的专业人员来为管理队伍解析最新的内部控制知识，更新资产管理人员的信息储备；鼓励资产管理人员参加外部培训、研讨会；开展多形式的理论知识培训会，不断强化资产管理内部控制能力，增强专业胜任能力，互相学习新的工作心得体会，丰富工作方式方法。对于重要的工作岗位例如采购、保管、登记等，应采取岗位轮换制度，确保关键岗位的安全性。

不断给高校教职工灌输资产管理内部控制风险意识，通过对他们进行业务培训的方式，增强他们的内部控制意识、风险意识。通过多方位多形式的管理队伍建设，内部控制制度的执行会更高效、更彻底，才能真正发挥作用而不是流于表面。高校资产管理内部控制人员要不断提高的自我综合素质，培养责任感，组成一支素质优、质量强、效率快、水平高的内控队伍。

3. 建立风险评估机制

高校应建立科学有效的风险评估机制，明确业务流程，掌握关键风险点，制定相应的风险控制方法，对风险进行长期记录观察。

高校资产管理的风险评估可以从风险识别、风险分析、风险应对三个部分进行。首先，风险识别不相容关键岗位的设置是否有效、资产申购授权审批是否合理、业务流程是否合理、资产部门和岗位是否明确职责、资产相关制度是否符合内控要求等。要强化事前风险预判、评估，做好可行性研究，防患于未然。其次，风险分析已经识别出的风险点，进一步分析风险发生的概率和对高校的影响程度。再者，对风险提出应对手段，做出相应的解决方案和改进建议，及时改进修正，化解风险，规避或减少风险对高校带来的损失。

高校可以通过成立专门工作小组的方式，如资产管理工作小组，定期召开会议对资产管理相关业务进行风险评估，明确资产管理的目标，识别隐藏的风险，降低或防范风险。在资产采购完成以后，对后续情况进行追踪评价，统计分析使用情况和利用效率等，为未来资产决策提供一定的依据，要强化事后风险问题揭示和整改，治标治本，从治理机制体制上创新思维，源头治理，促进高校治理体系的不断完善。以此减少失误现象的发生，避免资产的浪费。

值得注意的是，在建立风险评估机制的同时，要注意内部控制意识的加强。防止出现由于意识的不足，而导致风险评估机制形同虚设。

4. 提升内控意识

高校的领导层应当对学校的内部控制体系给予一定的重视，并依照国家教育部和财政部等相关机构下的文件，制定了符合高校发展目标的内部控制体系制度和办法。但由于在制度的具体实施过程中总是会出现一定的疏忽和偏差，这就需要在整个高校当中加强内部控制管理，提升全校人员的内部控制意识。高校需要定期对相关部门和人员召开内部控制有关会议，认真解读内部控制相关政策，不只是在明面上大致了解，要使其学会运用并在管理工作中加以实施，明确内部控制与自身工作之间的联系与必要性，使其在工作中认真有效地落实内部控制体系相关制度。并且通过激励制度和奖惩制度对工作情况进行审核，将内控意识贯穿于整个工作流程当中。此外，还需要提升教职人员的内部控制意识，在落实科研项目与教学质量的同时，要保证其参与到内部控制管理中来，发挥教职人员在内部控制中的重要作用。

5. 规范内部控制活动

（1）不断完善高校内部控制的制度体系

从保障高校制度的安全性、可操作性的角度出发，高校应考虑在符合国家相关法律法规要求的前提下，结合自身发展情况，建立并完善符合自身情况的资产内部控制制度体系，以此来提升高校资产使用的效益性、安全性和完整性。高校可从下面几个方面完善内部控制制度体系：首先，要全方位规范资金的使用，保障流动资产的安全性，财务处要不断完善资金使用规章制度，并贯彻落实制度的实施。其次，高校要梳理成文各部门的部门职责，将内控职责落实到部门，科学分析部门设置是否合理，分工是否明确，各部门要大力革新，在实践中不断完善资产管理制度。再者，要定期修订资产清查、申请、审批、验收、使用、处置等管理制度，相关责任制度要明确，内部控制体系要相互配合与制约。要想使单位资产获取最大的使用效益，就要从根本上强化高校资产管理的内控制度，而这一目标的达成必须对内部控制体系进行完善。

（2）加强固定资产制度化建设

高校固定资产体量大、类型多样、分散使用、管理人员流动性大，固定资产制度化规范化管理不健全。许多高校都知而不治，认为这项工作太复杂、无从抓起、又不显示业绩，使得学校无法正确掌握实际固定资产现状，内控风险很大。

高校应制定和完善固定资产盘点制度。制度应明确固定资产盘点主管部门及参与单位，确定固定资产的归口管理部门，应对固定资产盘点工作起主导作用，各二级单位资产管理员和资产使用人员作为固定资产管理主体，联动财务、审计、纪检等部门共同参与资产盘点工作；明确资产盘点范围和频率，被盘点的固定资产应当包括仪器设备、家具、机动车、房屋、图书等固定资产。学校资产管理处至少每年组织一次清查盘点，资产管理处按照重要性原则，制定资产抽查的规则和标准，选择对于高校具有重要影响、价值较高的资产进行抽盘工作，使得高校可通过全面盘点工作了解资产，尤其是重要资产的保管及运行情况，确保资产的安全及使用有效；明确资产盘点程序和记录方式，盘点前资产管理处应制定详细的盘点计划及科学的抽样方案，由各学院 / 部处的资产使用人配合资产管理员进行盘点，形成各学院 / 部处的资产盘点结果报给资产管理处备案。资产管理处行使监督职能，根据各学院 / 部处盘点结果进行抽盘。针对盘点差异，相关责任人应出具书面说明，并提供证据支撑，填写盘点差异说明书，由相关院系或部门负责人签字审核后进行处理。高校各二级学院应按照学校资产管理有关制度与要求，建立健全本单位内部资产管理细则，明确资产管理员工作职责。二级学院资产管理细则主要内容包括：总则、二级学院固定资产管理职责划分、二级学院固定资产使用管理、二级学院固定资产的维修、二级学院固定资产管理责任。

（3）提升校医院现金管理的规范性

高校应加强校医院的货币资金管理，建立并完善校医院的货币资金管理制度，优化校医院的资产管理机制。高校校医院应制定并下发货币资金管理相关制度，明确财务处、基建后勤处及校医院的相关负责人在货币资金管理工作中的职责，对货币资金收费的范围、现金保管、账务核对、现金上交、现金收费的监督检查等环节进行明确规定，确保校医院的货币资金管理工作有据可依；加强货币资金收入监督检查规范性及上交及时性。高校校医院应对每天取得的货币资金收入设置专人进行核对检查，核对现金收入与系统数据的一致性，并对检查结果进行签字确认，确保收到的货币资金的完整性。高校校医院应提高现金送交财务处的频率，及时将现金收入及相关票据送交财务处进行入账处理，确保资金入账及时、完整，保障学校财务信息的准确性。

6. 加强高校二级部门间联动，优化资产配置

学校资产管理部门根据资产价值性、重要性、新旧程度等因素分批次筛选出部分资产进行抽查，化整为零逐步分析评价全部资产使用状况。以部门网页或宣讲等方式做好资产新政策及维护相关宣传，扩大信息化公开程度，加强校内二级部门间联动和信息化沟通，结合实际，切实履行资产归口管理原则保资产购置需求论证质量，对部分有使用价值但无使用环境的二级部门内部资产进行信息整理推广，优化资产配置，真正做到校内资源共享，统筹到位，维护及时，清查精准，发挥有效监督，确保使用效益，实现高校资产管理的数字化、网络化和动态化。

7. 优化内控信息沟通

高校资产管理信息沟通可以通过数据信息方式或人员信息方式进行沟通。数据信息方式就是通过管理平台共享数据信息来进行沟通。人员信息方式就是以人为载体，通过工作交流进行信息的传递。

高校应将与资产管理相关的职能部门的系统整合，将一个个信息孤岛整合成为一个数据信息沟通无碍的系统，让高校的数据信息在各职能部门之间畅通无阻地传递使用。目前国内部属高校虽然都在进行信息化建设，但是各个部门使用的管理平台系统尚未实现互联互通。高校应打破数据信息不通的僵局，使资产管理内部控制可以有效实施。高校可以将财务处的财务系统、资产处的资产管理系统、科研处的无形资产管理系统、图书馆的图书系统等与资产管理内部控制相关的系统，整合到同一管理平台下的不同子系统。如此，能解决数据信息口径不一致，标准不同、难以共享、交换过程中产生错误，影响资产管理内部控制的问题。

高校应保障信息沟通的畅通无阻，建立稳定长效的机制，更好的提升信息沟通的效率。高校应规范制定资产管理人员的岗位职责，在岗位设置上要注意处理业务流程是否简洁顺畅。要把人员的工作积极性调动出来，自动自发地提升业务的效率和精准度，为高校资产管理信息沟通添砖加瓦。要加强不同部门间的沟通协调，制定良好的沟通形式，确保信息在需要的人员之间能资源共享，口径一致。

高校应建立多条沟通渠道、多种沟通方式，让最基层高校员工能直接与高校

领导层进行交流沟通，充分利用基层教职员工对经济业务的重要风险点和主要控制环节最为了解的特征，定期或不定期地进行意见征询。通过基层高校员工的反馈意见，提高资产管理内部控制的效果。

8. 加强内部监督管理

（1）明确监管部门及其职责

高校中有不少挂靠部门，容易成为日常管理的盲区，例如校医院。高校应明确挂靠部门的监管部门及其职责，确保管理活动的正常运行，保障各项政策制度的执行到位，推动各项工作的顺利完成。制定监管职能必须详细全面。列举校医院的资产管理工作，其监管部门职能应该包括：监督检查校医院的岗位设置及岗位职责的确定情况，明确各岗位的资产管理职责，确保各岗位资产管理职责清晰，资产管理不相容职能恰当分离；监督检查校医院的制度建立情况，针对校医院现金管理、固定资产管理、存货管理的制度建设情况及时进行监督检查，督促其完善资产管理制度建设，确保资产管理工作有据可依；监督检查校医院固定资产管理情况，主要包括校医院固定资产购置预算编制与支出管理、校医院固定资产采购与审批管理、校医院固定资产的交付与验收管理、账簿录入与资产卡片管理、维修保养管理、出租出借管理以及固定资产定期盘点管理和固定资产处置管理等；监督检查校医院药品存货管理情况，药品入库与出库是否合规、药品是否要专人交接验收、药品采购是否按流程申请及审批、药品信息登记管理、药品定期盘点管理、药品处置管理是否健全等。

（2）建立内控监督机制

合理的监督可以促进高校预防、发现和纠正内部控制实施中存在的问题和薄弱环节，从而进一步完善控制措施，确保内部控制的有效运行。高校应建立纵向横向监督联动机制，即建立纵向的上下级联动机制和建立横向的多部门联动协调机制。建立以重要岗位为重点的控制机制，细化分级重要岗位。

（3）构建内控评价体系

高校可构建适用于全校范围的资产管理内部控制评价体系，通过科学的方法结合高校的自身情况，制定详细的评价指标。评价报告的优点是能让高校及时意识到内控的不完善处，有效促进领导层改善内控制度，加强监督，还能对上轮评价过后的改进措施是否有效进行反馈。为了保障评价报告能起到激励作用，可将评价报告结果与年终绩效考核紧密联系起来，将评价的结果计入个人年终绩效考核成绩中。若评价结果满意，可以在年终绩效结果中反映出来；若评价结果不佳，要找出原因所在，若连续几年评价结果不佳，不但要在绩效考核中反映，还要进行问责。保障高校对其资产管理内部控制是切实有效的。

9. 完善绩效考核体系

高校资产管理的考核依据是高校资产管理绩效考核体系，它是可量化、可操作的。能有效评估高校资产管理的效率、效益和效果，提高高校资产管理水平。

高校应从以下几方面建立并完善资产管理绩效考核体系。

首先，制定并下发相应资产管理绩效考核制度。制度内容包括但不限于以下几点：

（1）明确归口部门职责，主要内容包括但不限于资产归口管理部门资产管理绩效考核职责范围。

（2）细化考核内容，主要内容包括但不限于资产管理基础工作、资产管理制度建设情况、资产管理办法执行情况、资产使用效益情况等。

（3）明确考核方法，主要内容包括但不限于绩效考核方式、绩效考核评分标准、绩效考核指标设定等。

（4）强化组织实施，主要内容包括但不限于绩效考核频率、绩效考核实施人员、绩效考核结果形成、上报及审核等。

（5）明确考核奖惩，主要内容包括但不限于绩效考核结果对相关人员绩效的影响及相应的奖惩措施等。

其次，定期执行资产管理绩效考核工作。各资产归口管理部门应严格按照相应的绩效考核制度要求，做好相关资料收集、整理和汇总工作，在规定时间内按要求向资产管理处报送资产管理绩效考核评分表及考核报告，有效监督资产使用状态，提升资产使用效益。

第二节　当前高校资产管理存在的问题及原因分析

一、高校资产管理现状

随着我国高等教育发展水平的不断提升，高校资产管理的规模也在不断扩大。从整体来看，我国高校资产管理的发展现状主要体现在以下几个方面：

首先，高校资产管理水平参差不齐。不同的高校在自身的资产管理过程当中，其所秉承的理念、管理的方法、管理的载体有着一定的差异。这就在一定层面上影响了高校资产管理的效果。

如何有效地平衡好高校资产管理方式，促进高校资产管理综合水平的提高是当前高校管理领域思考的一个主要问题。

其次，高校资产管理集团化。在当前的高校资产管理过程当中，很多大型的高校开始注重集团化的运作，通过成立后勤管理集团，运用企业化运营方式，统筹高校资产管理方式并且取得了阶段性的成果。

最后，高校资产管理规模日趋扩大。目前，我国诸多高校资产管理规模都已经突破上亿元。尤其是对于一些重点高校而言，其资产规模提升速度日趋加快。如何更好地管理好高校资产是当前我国诸多高校需要思考的一个主要问题。

二、高校资产管理存在的问题

（一）资产预算管理能力较低

在高校各项设备采购过程中还存在程序不合规以及配置不科学的问题，主要是因为缺乏有效的资产预算管理，因此导致资产管理工作存在任意性和盲目性，降低了高校资产管理的效力。首先，在购置设备之前没有科学的预算或者预算标准不对，高校一些部门会存在临时增加设备的情况，而事前没有财务部门、采购部门及设备使用部门的审核，因此预算执行存在缺失，导致资产预算流于形式化。其次，在进行资产采购过程中没有进行必要的调查和论证，因此导致资产购置之后没有得到有效利用，存在较大的浪费。再次，对专项资金的使用还缺乏科学性，国家教育专项资金的投入不断加大，而很多高校没有对其支出进行科学的预算，资金使用效率较低且存在突击花钱的现象，影响了教育专项资金职能的发挥。

（二）缺乏必要的资产绩效考核

很多高校由于发展时间较早且办学规模不断扩大，所以其存量资产规模较大，资产管理的难度逐渐加大，但由于缺乏必要的资产考核，因此存在资产使用效率不高的问题。首先，很多高校存在重实物轻使用的问题，对资产使用管理重视不足，在购置完成之后没有对资产进行必要的年终评估和使用过程的监督，因此很多资产在购置之后难以发挥应有的作用，造成不必要的资产闲置，形成不同程度的资源浪费问题，这是当前高校在资产管理过程中存在的普遍性问题。其次，很多高校的资产使用部门过于单一，没有实现各类设备和资产的共享，比如各部门对相关资产存在重复购买的现象，尤其是没有针对大型设备建立相应的共享机制，抑或制定了本单位大型仪器设备开放共享管理办法，但在具体执行和实施过程中，效果不显著，因此导致很多设备被重复购置。最后，有些高校没有在资产管理过程中构建完善的资产绩效和预算绩效考评机制，资产使用部门存在不作为的问题，因此高校很多资产和设备难以发挥经济效益。

（三）缺乏完善的资产处置办法

资产处置是高校资产管理的重要内容之一，直接关系到资产管理的整体效力，其作用不言而喻。但很多高校在资产出租、出借、对外投资以及报废等方面缺乏完善的审批手续，资产处置措施不到位，因此导致资产流失并产生一定的经济损失。首先，高校存在资产报废不及时的问题，虽然有些资产长期未投入使用且已经达到报废年限，但仍然没有进入报废流程，所以高校资产账面价值存在虚增问题。其次，高校对于部分资产和低价值易耗品资产虽然已经实现了报废，但仍然长期存放在仓库中，在资产残值处理方面存在不及时和上报有误等问题，所以存在很多资产浪费。最后，高校在进行部分资产的出租、出借以及对外投资和报废过程中，没有经过财政部门和主管部门的审批，甚至有些二级学院会私自进行资产的出租出借，甚至难以定期收回，对资产的维护也不到位，所以高校存在国有资产流失风险。

（四）资产管理人员专业性不足

随着高校资产规模的不断扩大以及新政府制度的不断实施，高校资产管理的复杂性不断提升，因此对资产管理的专业能力和综合素质提出了更高水平的要求。很多高校在资产管理人员方面还存在缺口，现有人员的技术水平和专业能力不足，专业化的资产管理人员数量较少，在进行资产日常登记和清查过程中，缺乏专业人员实施监督和资产使用的绩效考核，进而导致资产管理工作存在较大的盲目性，资产管理质量也受到较大的不利影响。很多高校在部门设置上使得财务管理和资产管理相互分离，因此在资产账实核对、清查、绩效考评等方面存在内容交叉和重叠的现象，同时在资产管理过程中存在推诿扯皮和协调补偿的问题，所以降低了资产管理效率。另外，很多高校没有对现有资产管理人员进行专业化的培训和教育，其专业技能和综合素质没有得到有效提升，同时也没有针对资产管理岗进行外部人才的招聘和引进，现有资产管理人员队伍得不到有效扩充，因此降低了高校资产管理能力。

（五）资产管理机制还需完善

各高校在国有资产管理制度的建设上已多有成效，但是还不够完善，在教学设施设备采购、入账、报修、处置、报废等程序上还缺乏绩效考核制度的有力监督，从而造成实际的资产管理机制还不够全面。各高校的历史沿革中实际情况较为复杂，领导的人事变动、机构及人员的调整等未能做到资产的交接变动，因而在执行时随意性比较大。有很多资产的管理受人为因素影响较大，造成许多资产管理的问题责任不清，很难追究到具体责任人，从而很难使资产监督落实到位。同时，由于监督机制还不够有力，部分高校在采购资产的过程中对现有设备的使用效率没有进行充分调研，导致资产采购缺乏计划性，采购所耗资金越来越高。

三、高校资产管理出现问题的原因

（一）对资产管理工作不够重视

长期以来，由于高校对资产管理工作不够重视，资产品种、数量众多使得高校资产管理处于混乱不清的状态。主要表现在以下方面：

1. 高校资产管理内控不健全或执行不到位

一些高校因针对资产管理缺乏行之有效的内部控制或执行落实不到位，导致资产管理混乱，主要体现有：一是尚未针对资产管理建立健全的绩效管理机制，资产管理好与坏不影响资产使用或管理责任人的绩效；二是盘点账实不符、年久资产不及时处置，资产使用部门为方便管理常常漏记盘盈资产、受赠资产、不及时认真对待资产清查；三是采购与预算结合不够，使得采购资产计划不能结合现有资产存量，资产配置不科学。

2. 资产管理意识淡薄，管理行为不规范

因高校资产管理意识淡薄，资产所有权缺位，常常使得各部门对资产管理缺乏应有的规范使用和保养，这加速了资产折旧程度，造成资产提前“报废”的公共地悲剧。另外一方面，高校又不停地采购新资产，“重采购、轻管理”的现象在高校普遍存在。部分高校未按新政府会计制度要求进行低值易耗品的出入库管理和记账，简单认为资产管理就是资产的采购、使用和报废而随意处置资产。

（二）新政府会计制度改革财务执行难度大

首先，固定资产折旧和无形资产摊销精细度有待提高。例如，高校的资产种类、数量繁多，部分资产如教学楼既有行政部门使用，也有教学部门使用，其产生的折旧如何在事业支出和管理支出难以精确分配。部分固定资产在通用设备、专用设备之间也难以明确区分。同时，资产信息的变更是动态的，不同部门变更使得固定资产对应的折旧计入不同的费用科目，最终影响高校财务报表的数据。

其次，新政府会计制度改革要求启动行政事业单位资产月报工作。高校资产报表要求在每月 10 日前报送，税务报表通常在每月 15 日前报送。资产报表通常依据财务报表填报，而财务人员通常要在每月 10 日之后结账确定报送税务报表，当月的资产报表只能依据上月的财务报表或当月最新的数据填报，显然与当月的财务报表不一致。因此，资产报表要求报送时间较早，使得资产报表数据不够准确。

最后，新政府会计制度对固定资产的定义为使用期限超过 1 年的单位价值标准以上并在使用过程基本保持原有物质形态的资产，同时耐用时间超过 1 年大批同类物资也应纳入固定资产管理。一是许多高校对“大批”中的数量理解不准确，几十件或者几百件还是上千件才能算“大批”模糊不清。二是不同时段按不同的“大批”标准执行，操作随意。三是部分高校未将“大批”标准纳入资产管理制度，导致执行无标准。

第三节　强化高校资产管理的应对策略

一、强化资产预算管理能力

强化预算管理是高校资产管理的首要步骤，可以有效避免资产管理过程中存在的盲目购置和浪费现象，确保预算管理能够被严格执行，但预算管理涉及高校各部门及资产管理的各个环节，其复杂程度较高。首先，要严格按照预算专项资金对资产配置资金进行列报，高校在每年编制资产预算过程中，要明确购置专项资金，其总额要严格根据实际需求和各部门预算执行情况来确定，同时要求各二级学院及部门做好预算审核，强化大型仪器设备配置需求论证，严格把控预算配置资产的具体标准，在进行资产管理过程中，必须要以事先制定好的标准为基础和依据。其次，要对预算资金进行科学细分，细化到具体部门，借助信息化技术手段对专项资金指标进行动态化管理，提升预算资金使用的效力。最后，要严格做好高校资产预算的采购审批，包括资产购置资金的报销及资产购置指标的调剂，确保所购置资产能够切实满足实际需求并发挥其应有的效能，以确保在预算范围内实现资产管理效能的最大化。

二、科学实施资产绩效考核

高校在资产管理方面要借助预算绩效管理实施资产绩效管理，在此基础上将具体责任进行细分和落实，优化资产管理的奖惩机制，有效解决各类资产使用效能不足的问题。首先，要实施资产预算的精细化管理，明确资产绩效目标，在各二级学院和部门绩效目标基础上分配专项资金，其内容包括资产项目名称、所需资金总量、具体实施实践、立项要求以及项目绩效的具体目标等。其次，要强化资产管理的绩效运行情况的日常监控工作，高校要对二级学院及各部门资产进行监控，确保能够如期完成绩效目标。最后，要实施有效的资产运行结果评价，对资产绩效评价指标进行科学设计，比如资产运行效率指标、资产收入管理指标、资产安全指标等，并对各项指标进行细化，将绩效考核结果视为高校年度资产预算管理的重要基础，以此提升资产使用效能。

三、更新修正高校资产管理机制

（1）认真学习不断更新的各项相关管理制度规定，将新制度中的最新规定补充到原有的高校资产管理制度中，从而使资产管理制度更加的完善。同时根据各高校的实际情况，界定高校资产的范围，强化高校资产在申请采购、验收入库付款、日常维护保养、使用效益考核等各方面的相关规定，使高校资产每个管理过程的工作职责更加明晰和切实可行，资产运作更加有效、有依据可以参考。

鉴于我国高校资产具有高概率的重复购置情况，高校的各归口业务部门一定要做好资产管理现实情况的检查和登记工作。尤其是购置一些大型贵重和精密仪器，一定要由专人严格进行检查和分析，尽量减少固定资产购置的重复性现象的发生。然后再根据购置预算，以及相关程序办理购置手续。此外，资产总账、明细账由分管财务和资产的部门来负责，资产的验收单及卡片由具体使用部门来整理和归档，这样各司其职，一切按不同职能分工来办事，避免人为因素的随意性管理，各部门、各院系要相互制约、相互监督，真正踏实高效地按照程序来管理高校资产，将高校资产的使用效率发挥到最大。

（2）完善无形资产管理规定，建立与学校实际情况相符，规范可行的管理流程，根据制度分工，成立无形资产内部管理分管部门，实行归口分管监督管理，确保管好用好无形资产。

（3）应加强内部纪委监察、审计部门对国有资产管理的监督和审计作用，强化部门间联动协作监督功能，建立专项审计和日常监督相辅相成的监督体系。

高校内部审计部门应定期对国有资产管理制度框架的设立与实际执行进行专项审计，发现存在的问题，及时修正和完善监督管理制度，不具备条件的，可以委托外部有资质和能力的管理机构进行评价。纪委监察部门应根据专项审计的结果，对制度执行及修正情况开展有针对性地督查和问责，以此来提高制度的执行力。

四、加快推进资产管理信息化

随着信息技术的不断发展和应用，对高校日常管理尤其是资产管理提供了诸多便利，但同时也带来了很大的挑战，在高校资产管理过程中充分借助信息技术手段，实现信息化管理一体化不仅可以有效提升资产管理的效率，还能实现对整个过程的实时监控管理，避免出现违规问题。信息化管理当前在政府会计制度实施和内部控制等方面得到了大量应用，所以高校在资产管理过程中要加快推进信息一体化平台建设，借助大数据、人工智能和云计算等信息技术手段，打破资产管理各系统各模块之间存在相互独立和集成化程度较低的问题，同时强化资产管理、非税收入、账务处理、预算管理、合同管理、决算管理等各系统之间的有效衔接，在原有资产管理的模式的基础上打造智能化、便捷化的资产管理信息系统，转变传统的以人工为主的资产管理模式，不仅可以提升高校资产管理的信息化、科学化和精准化，还可以为高校内部管理工作提供有效的借鉴。

五、积极加强人才专业培训

财政部门及高校财务、资产管理人员应转变服务理念，以目标为导向促进自身制度、流程不断完善。建议财政部门将资产报送时间变更成与税务局要求的税务报表报送时间一致，这样才能更加符合财务报表生成的协调性、一致性和准确性，减少财务与资产管理人员摩擦与困惑压力。提高资产与财务人员专业素质。配备专业素质较高的资产管理人员，资产管理人员拥有良好的财务专业知识储备或背景，将大大提升资产管理效率和质量。

另一方面，加强对资产管理人员的培训，在有意识提高资产管理人员服务水平和理念的基础上，通过现场面授、网络学习等多种方式学习新政府会计制度理论、资产管理有关最新法律法规和政策。做到转变服务理念，专业技术与时俱进，不断提升资产管理水平和能力。

第九章　高校科研经费的创新管理

基于科技兴国的背景，科研教学在高校教育中的地位逐步突出，科研经费也在逐年扩增，与此同时科研经费的管理暴露出大量漏洞，高校科研经费的管理迫在眉睫，本章介绍了高校科研经费管理概述、高校科研经费管理的常见问题、高校科研经费管理的对策建议三点来说明高校科研经费的管理创新的重要性。

第一节　高校科研经费管理概述

一、高校科研经费概述

（一）高校科研经费的定义

科研经费是所有用于研究、创新和发展的资金，这些经费主要由国家或企业出资用于科研项目，以取得科学成果为目的。科研经费为科研活动提供了一定的物质保障，让科研活动顺利地进行，同时，推动了国家科学技术的进步和发展。可以说，一个国家的科技创新能力和发展水平以及科研的发展地位，从科研费用总投入就能窥探出来，投入越高，发展水平越好。所以，越来越多的国家都重视科研方面的投资与产出。而我国的高校是学术发展的重要阵地，科研更是学校学术发展的重中之重，而科研经费在其科研活动中占据着非常重要的位置，从项目的开始到项目的结束，整个过程都是依靠科研经费的支撑。高校项目费用的支出包括直接和间接费用，直接费用主要指的是项目本身的花费，比如说科研工作中所需要的材料、物资、科研等等费用，以及购买这些设备的维护费用，间接费用所包含的就比较杂，例如人工成本、水、电等不可或缺的保障经费。

（二）高校科研经费的来源及分类

高校科学研究是一个非常重要的科研主体，高校除了拥有科研场地，还有各种层次的研发人员、工作人员，是我国科研领域的重要组成部分，占据很大的比例。可以根据不同的分类标准对高校的科研经费进行分类汇总。

1. 根据高校科研经费来源分类

目前，我国的高校科研经费根据其来源主要分为两个方面：纵向科研经费和横向科研经费，这也是最基本的分类方式。纵向研究经费：指由国家、省、市各级政府机构承接，其科研项目参与的主体是官方的，主要由政府部门或国家自然科学基金资助的研究项目。横向研究经费主要指的是由企业或者事业单位出资，高校负责科研，两个单位之间的项目合作。目前，在高校的科研项目中，横向科研经费占相当大的比例。尤其是最近几年，由于经济的不断发展，市场对于企业提出了更高的要求，企业就不得不寻求技术改进，这就导致企业与高校之间的合作就越来越频繁了。两者之间的合作，不仅使企业的产品品质和技术得以提升，同时，高校利用企业的资金支持，为其科研提供了资金保障。尽管科研经费的横向和纵向来源各不相同，但都由大学的财务部门管理，关于其中的经费的报销、使用情况等都是要必须严格遵守国家和学校的规章制度。

2. 根据高校科研经费去向分类

高校经费的使用情况，根据其具体的资金用途也是分为两种：直接和间接费用。直接费用主要指的是在开展该项目的过程中，产生的直接用于项目使用的费用，比如说购买项目所需的基本的设备和物资、参与该项目人员的差旅费、项目相关的设备的维修和维护费用、人工成本等费用。间接费用指的是在项目推行的过程中，不能直接列出的与项目有关的一些费用，比如项目参与单位的仪器、水、电、房屋以及项目相关的一些消耗品的费用，还有就是一些随着项目推进，更改项目计划所产生的费用。直接经费和间接经费都是为了保证项目顺利开展的费用支出。

（三）高校科研经费的特点

1. 高校科研经费具有周转性

划拨到高校的科研经费一般是能够反复和多次使用的，是能够部分或者全额收回的。科研经费的价值及实物形态通常要经过投入、回收、再投入、再回收的流程运转，处在一直不停地循环周转中，体现出高校科研经费较强的周转性。

2. 高校科研经费具有复杂性

高校科研经费逐年增加，加之高校科研经费的来源较广，种类较多，涉及面及层次也较多，使得高校科研经费具有一定的复杂性，科研经费的管理具有一定的难度。

3. 高校科研经费具有先行性

高校科研人员要启动任何一项科研任务时，除了必要的科研队伍的组建、科学知识的储备和科学管理能力的培养外，对于科研经费的保障也是先期条件，是科学研究启动的基础和有力支撑。

4. 高校科研经费具有隐含性

科研活动一般是一条漫长的道路，投入到其中的资金只有比例很少的一部分可以立见成效，而大部分在投放项目一段时间后，甚至在项目完成后仍需要较为漫长的等待才能产生预期的经济和社会的双重效益。因此，科研经费具有很强的隐含性。

二、高校科研经费的管理

在高校内部，科研经费主要指的是学校内部的经济管理活动。高校的财务部门、科研部门和审计部门主要参与科研经费的管理工作。根据国家有关法律、政策和学校有关规定，监督和监管项目资金的具体的使用情况。对项目从申请、实施、执行、评估、验收、项目完成以及项目的归档的全过程进行监督，以上流程高校都会进行监管，对项目的顺利开展和完成都是非常关键的。我国当前的治理模式是借鉴美国等西方发达国家的经验，并且结合我国当前的高校现状来开展工作的。横向科研经费是一种合同管理方法，项目的用途和金额将在项目中说明，在考核管理绩效时，主要看这些方面的支出是否符合国家法律和学校规章制度，以及这些支出是否全部适用于该项目。科研经费的纵向管理与横向管理还是有很大的区别的，横向管理是一种预算管理。对于这类项目管理，项目执行过程必须在预算管理的框架内进行，在保证了项目的顺利开展的同时，也必须遵守相关的法律法规。

（一）高校科研经费管理特性

科研项目经费管理在高校科研管理过程活动中显得尤为重要。科研经费是以货币形式对科研活动过程中耗用各种人力、物力的补偿，如果科研经费在科研活动进行中得不到保证，则可能造成项目无法正常进行，如果项目进行中经费过度使用可能导致项目入不敷出。因此科研项目经费管理需要根据科研性质来进行事前、事中、事后的全过程管理。

1. 科研经费管理的复杂

科研经费管理的特点具有主观性、系统性、复杂性等特点，这就造成科研经费管理的成型比别的领域的管理成型更为复杂。科研经费管理特点如下：

主观性和阶段性。高校科研项目经费管理过程中，主要以项目负责人的经验与认知能力为主要意志进行负责，同时，由于科研活动的不确定性影响，最终结果与主观人为因素差别很大。此外，高校科研项目活动进行是分阶段的，每一阶段都配套相应经费管理办法与操作流程，才可以更好地完成整个项目。

系统性和创新性。科研经费管理是作为一项系统工程，不同的管理方式对科研项目造成的影响是多阶段、多方面、多层次的，构建一个相互关联的科研项目管理体系是科研活动进行的重要保障，通过系统性的管理方法，可以对科研经费管理体系开发提供创新性思路。

复杂性和不确定性。高校科研项目的高投入、高产出、多方面、多层次，形成了一个复杂的管理系统，而科研经费管理体系研究往往受科技状况、经济现状、发展战略等多因素的影响，造成科研经费管理的效果显示更为复杂。不同高校承接科研项目的政治影响及带来经济收入的不同使得经费管理要求不同，这是由其探索的不确定性决定的。

2. 科研经费的性质

科研经费表现出先行性，周转性，复杂性，隐含性等性质。

先行性：一个科研项目的启动，不仅要求科研团队具有基本学术研究素养，更重要的是研究经费要先行到位。

周转性：科研经费在使用中是可回收的，可以多次使用，其基本形态过程是投入——回收——再利用——再回收，价值形态不断周转重复。

复杂性：科研经费种类多，覆盖广，包含层次不同，管理复杂，既要懂得财务管理知识，还要懂得科学活动过程中的特殊规律。

隐含性：科学研究投入的经费仅有一小部分能立即见效，大部分需要在科研项目结尾后一段时间才会产生其效益，其效益具有很强的隐含性。

固有科研经费管理模式中，科研工作涉及的各部门之间缺少一个互联互通的信息系统，经费管理缺少预见性、控制性和准确性，经费拨付滞后。从研究——应用——再研究——再应用循环往复但周转很慢，经费预算比例失调，经费利用率低，一直以来的经验性与行政性管理模式表现出科研经费管理的不科学性，造成了流动资金的不合理分配

（二）科研经费管理模式

依据国内研究现状，管理模式建立在人性假设前提下制定出全过程管理理念、管理方式、管理流程、管理主体、管理机制和管理方法体系。管理模式为解决流程中问题，明确科研工作程序，健全管理运营机制而建立。管理模式是对管理行为系统性的总结，使管理者对目标进行具体的管理办法。因此，根据管理模式可将科研经费管理模式定义为加强和提升专项资金管理而制定的一整套管理方式、管理主体、管理机制和管理方法体系。

科研经费管理的基本模式具体如下：

（1）管理主体。科研项目根据项目性质由一个或多个主管部门进行申报、评审、分配，涉及管理部门可能单个也可能众多，或虽然是一个单位主管，但在使用上又涉及众多单位。

（2）管理方式。考虑到科研工作者使用科研经费的及时性，适当调整预算管理办法，根据情况下放管理权限，保持总预算不变并将科目里会议费、合作交流费、差旅费进行合并，方便科目费用互相调配。为便于预算管理不需提供测算依据，项目负责人依据项目预算细则自行管理。并且简政放权，把直接费用的出版费、知识产权费等相关费用预算权限下放承接单位，改进预算编制使其人性化、简便化。

（3）管理机制。由项目负责人申请立项并填报经费预算，其单位财务处负责科研资金编制指南使用规定审核，做到各司其职，权责相符。申报程序上，由科研负责人自行申报，送科技部门立项审批，再报相关部门评审，最后进入网上公示，确定立项拨付经费。在这一过程中，如需提供证明材料的须项目负责人提供第三方证明材料，以达到项目申报的真实性。

（三）高校科研经费管理的内部审计

1. 制度建设方面

高校科研经费管理内部审计的内容从制度建设方面来看，主要是监督科研项目管理部门与相关单位，是否根据科研经费管理工作设置了互相约束的岗位职责、制度体系、程序性文件（申报、结题等）；同时监督科研成果是否建立了验收、绩效奖励以及评价制度体系与知识产权管理制度体系，并且通过构建完善的制度还可以使科研项目档案的完好性得到有效保证，如：实行过程记录、申报文件、科研成果文件以及合同书等相关资料。

2. 财务管理方面

从财务管理方面来看，科研项目管理部门是否针对科研经费管理构建了外拨经费审核机制；是否出现科研项目与公司法人代表是研究人员所在院系的其他在职人员现象；项目研究人员是否存在利用自己职位之便转移套取科研经费的情况；是否出现项目负责人知道与合作公司具有利益关系的基础上，没有告知学校科技主管部门等现象。

（四）高校科研经费管理的理论依据

1. 委托代理理论

委托代理理论在 20 世纪 70 年代初开始被学者普遍认可并使用，首先出现并应用到企业中用来解决信息不对称问题，因为资源在分配过程中会导致信息不对称性问题，因此在企业中采用经营所有权和管理权分开，股东可以行使剩余索取权，聘用经理经营管理权分散的企业管理模式，而且这种新型管理方式沿用至今。委托代理理论应用范围广泛而且较为普遍，由于企业业务不断扩张、生产力和生产规模的扩大使得企业生产条件发生改变，企业管理方式和运作模式需要进一步完善，企业所有者不仅要进行管理工作还要兼顾生产经营，会导致精力和时间的不足等问题，因此，企业所有者作为委托人，将企业生产经营任务分配给代理商，代理商往往具有专业的业务知识、熟练地管理经验、敏锐的思维，有精力而且有能力将经营生产任务高效率、高质量地完成，通过委托代理所有者不仅实现了企业利润最大化，代理商除了获得薪水、奖金和福利待遇外，还进一步锻炼自己的业务能力、积累了管理经验并最大程度实现了自我价值。

美国学者 David Guston 指出政府和科学之间也存在某些特别的代理关系——委托代理。他认为，政府把资源委托给科研人员，科研人员利用自己的专业知识来实现政府的基础目标，从而达到最终的特定目标。事实上，政府需要依靠科学来解决经济社会发展中面临的技术难题，从而提高国家科学技术的整体水平，从而提高综合国力。在当前的社会分工下，政府自身不具备进行科研的能力，通过将资源委托给科研共同体，付费来获取相应的收益，形成了双方之间的特殊关系，即委托代理，想要解决委托代理问题可以通过激励政策。但政府研究资助的过程中，仍然存在一些问题，政府和科研工作者由于追求实用程序的不同，所设计的融资机制角度也不同。因此，如果在保证代理人追求自己最高效益的同时也保证委托人的效用是当前的主要难题。

2. 内部控制理论

内部控制五大要素为内部环境、风险评估、控制活动、信息与沟通和内部监督，五者相辅相成，共同协调相互作用。五个要素中最根本为控制环境，在内控活动进行当中，需要全面评估企业管理过程中可能遇到的各种风险。有效的监督可以有效保障内部控制的质量。

内部控制理论从内部牵制、内部控制初探、内部控制架构、一体化内部控制到全面风险管理一直不断发展，并不断完善。

内部控制是确保企业高效有序运行以及企业经济平稳运行的重要保障手段，如果企业缺乏有效的内部控制，员工对于企业的各项规章制度视若无睹，将导致经营生产活动紊乱以及资本运作滞后。另外，要保障企业内部控制起到应有的效果，就需要一套系统的内部监督体系，对企业生产经营过程进行全程监督控制，与此同时，内部控制通过评估内部监督体系的系统性和高效性，来实现对其他要素的重新控制。内部监督是指对企业管理过程中的内部控制流程进行定期监督和检查，进而对内部控制的有效性进行评估，以期尽早发现内部控制存在的管理缺陷。企业应注重内部审计工作，通过营造企业内部形成良好的氛围，成员对企业的责任权和使用权进行互相监督。董事会所属企业的审计部门或者实际履行其他有关部门的监督和内部控制职责的，应当在企业授予权力的前提下按照法律法规和企业的要求，运用适当的方法对内部控制进行监督检查，形成总结性的书面检查报告。

高校科研经费管理在实践中，内部控制过程较为烦琐，是一项实施过程比较困难的系统性工程。任何一个企业、单位都有自身的内控规范，以此保证自身正常运行，没有内控规范的企业、单位如同缺乏质量保证一样，时刻都有不确定因素与风险。由于内部控制涉及面广，因此每个高校应根据自身制定相关内控规范要求，但高校内部控制的过程太过繁琐，因而不是一个部门能够解决的问题，高校内部控制规范需要多部门共同协商制订具体细则。

3. 激励理论

随着经济一体化程度加深以及信息科学技术的系统发展，激励功能在组织管理实践中变得越来越重要。激励措施主要满足员工的内在需求并以此作为动机调动员工的创造性和积极性。激励越有效，员工对企业的满意度越高，对工作热情就越强，从而达到顺利完成工作目标和改善工作绩效的目的。

生活中，大都存在激励不相容问题，即缺失激励机制。通过资历、职称等指标来考核科研工作者现象普遍，“论资排辈”现象已经潜移默化。并且人员付出劳动与报酬回收不对等，对科研人员造成计较得失，使之心理不平衡，致使消极工作，最终使得科研效率低下。

由于知识型员工具有特定要求并且参与动机较高，对于知识型员工的激励主要是赋予员工更多的权利，通过资源控制权的使用增强员工的认同感和参与感，鼓励知识型员工参与企业科技生产活动的管理，员工从被动工作的角色中逐步转变为主动地积极参与，不仅能够激发知识型员工的工作积极性和创造力，还能够进一步培养员工的企业忠诚度。当然，如果仅以某种单一形式的激励方法可能会使得激励的有效性减弱，因此业应充分了解员工近期的真实需求，要根据员工的实际情况，提供具有激励效果的多样化激励措施。激励包括物质激励和精神激励。物质激励通常是指工资、福利和股权等方面的激励，企业出台健全的奖惩制度，制定惩罚的标准，进行绩效考核，岗位的分工致使工资不同可以表现出激励作用，可对重要技术岗位员工实行专项奖励制，用专项奖励激励员工，留住人才，对于高层次管理员工，大都采取股权分成的办法，将管理者个人利益与企业利益挂钩，使管理者专心发展，促进个体与企业共同进步；精神激励能够使员工在做好本职工作后，充分激发其能动性和创造性，进而提高员工创新精神。

三、高校科研经费管理的内部控制

（一）高校科研经费内部控制现状

随着创新驱动发展战略逐步深化，高校科研经费的投入力度不断加大。《全国科技经费投入统计公报》显示，2010—2019 年期间我国对全国高等学校科研经费的投入呈现高速增长趋势。2019 年高等学校经费支出 1796.6 亿元，较 2010 年的 597.3 亿元增长了 1199.3 亿元，增幅超过 200%，年均增幅在 20% 以上。特别是从 2017 年开始，高等学校经费支出较上年增长均在 15% 以上，2019 年高等学校经费支出增长幅度达到 23.2%。科研经费的持续增长是高校科技创新的重要源泉。然而，高校科研经费在使用和管理中出现了众多内部控制风险，严重阻碍其效率地发挥，完善高校科研经费的内部控制势在必行。

有专家使用 SPSS 分析了从巴尔卡应用大学收集的数据以及描述性统计和测试。研究发现，在会计处理中利用网络，结合计算机软件、程序、数据库等，都会提升内部控制的有效性，也会提高内部控制中使用的会计信息和会计数据的稳定性和适用性。随着国家对创新需求和科研投入的增加，当前的科研经费管理制度必须与时俱进，否则很难与新形势下国家提出的科研发展新要求相适应。针对科研经费数额快速增长以及投入渠道的增多，其在科研项目实施过程中将凸显更多的问题。而随着十八大首次提出创新驱动发展战略，科研也要与“放管服”相结合，但在新政初始，部分高校因自身未能很好地解读新政策，也由于讨论决策费时费力，单位和科研人员存在利益矛盾，难以下放自主权。另有部分高校畏难而退，未结合本校实际，具体细化规定经费的使用和支出，仍寄托于由国家统一详细规定。尽管国家层面出台了一系列办法和意见，但要将制度落实到实处，各单位必须自觉履行职责，也要充分运用内部控制这一强有力的工具。我国高校科研经费内控从无到有，再到现在有了更为全面的管理措施，是不断向好的。但在“放管服”政策背景下，科研经费的内控难度也愈加大了，大体为：科研经费内控亟须创新以应对不断增长的投入，科研松绑与内部控制间该如何做好权衡。目前我国高校科研经费资源配置存在不合理现象，并且由于科研经费管理主要由管理方、受托方、依托方三方共同参与，因此可能存在协同效应缺失。高校科研经费内部控制涉及多个职能部门的诸多环节，而当前科研经费管理存在封闭性，导致出现信息滞后及无法有效获知现象。2019 年政府工作报告中提出了科研经费“包干制”，科研经费“包干制”充分解放科研活动生产力、激发科研创新活力，有利于提高科研经费的使用效率和效益，深化我国科研经费管理体制改革。但在给予了科研人员更大经费自主权的基础上，使得原有的财务审核、审批模式被突破，容易导致科研经费违纪违规事件的发生。该政策真正落地之所以存在迟滞，是因为各高校还需解决在思想认知、执行制度、实施细则、配套措施等多方面的问题，不断进行论证与研究，权衡利弊。实行更多更大的包干，改善高校科研经费管理机制，也大幅提升科研人员投入到科研创新中的积极性。

（二）高校科研经费内部控制的问题

相关研究者指出，澳大利亚目前的科研经费制度过于复杂和混乱，主要是因为后期修改更正只是在原有框架上进行简单增加。专家认为高校科研经费内部控制存在审计监督职能不完善，相关职能部门各自为政，科研经费报销存在随意性而引发违纪违规行为等。当高校科研经费外部监管受限，内部控制缺失，监管也就自然会出现纰漏，致使科研人员乱用科研经费。高校在科研经费管理改革中存在科研服务质量不高，监督只是表面功夫，没有在科研项目执行过程中起到日常检查和监督作用，对违纪违规行为的通报不足等问题。高校内部控制制度不完善，科研经费预算也只是单纯为了编制而编制，与实际执行存在脱节和滞后，在项目结题时存在不结账现象，高校对结余经费也没有紧密管理。有专家整理归纳了写作前两年一万多份不符合规定的报销材料，得出科研经费使用不合规的情况主要集中在：报销内容不合规、审批手续不完备、报销附件不全、原始票据不合格、不符合资金结算规范等。在项目申报环节中，科研人员未能对项目申报做充分准备，相关部门对项目论证以及预算编制的审核不足。在经费拨付环节，主要存在不及时领取到账的科研经费，存在经费外拨现象。在经费支出环节，主要存在没有明确的审批权限规定和操作流程，材料和设备未能按规定进行采购，经费发放和支出不规范。在结题验收环节，主要存在决算报告未能严格进行编制，结余经费不规范使用。在没有经过足够论证的情况下，科研项目组会重复购买新设备，而这些新设备其实有旧设备可以替代，由此导致本可以维护并继续使用的旧设备闲置，新设备又一次性使用，造成经费使用效率低且随意。也有科研人员为了跟上预算进度，光顾使用资金而不考虑实际效益。由于科研经费本身的管理控制、业务流程就已十分繁杂，再加上信息化缺失，各部门之间无法及时共享信息，会给高校科研经费内部控制带来不少困难。类似的，科研部门、财务部门、项目负责人本应互相贯通、密切联系，而事实上他们只独立做自己管辖的事宜，这加大了各种风险发生的概率。高校科研经费内部控制中存在科研经费预算风险，支出风险和政府采购风险。在项目执行过程中，当执行进度落下时，科研人员往往会突击花钱，这会让科研经费的支出和决算风险大大增加。高校科研经费存在分配划拨、预算不合理，出现虚假报销、贪腐浪费、私自挪用等廉政风险点。

（三）高校科研经费内部控制的措施

在国家“放管服”背景下，高校科研经费全过程优化：高校首先要加快更新建设符合国情、适应本校的科研经费制度，教育事业经费和科研经费从定义和用途上来说，是两种不同的经费。教育事业经费支出按用途分为人员经费支出和公用经费支出，用于学校培养专业人才、服务社会、维持正常运转和发展教学与科研能力。科研经费按科研性质分为工科类、理学类和人文学科类，按用途大体分为设备费、材料费、外协费、劳务费、会议费/差旅费/国际合作与交流费、资料费等，是根据开展科学研究过程中发生的支出而进行的投入。二者用途的截然不同，决定了它们的经费管理办法也不能“一刀切”。高校应根据科研经费不同的性质和类别，专门制定科研经费管理办法，这是健全规范科研经费管理、提高经费使用效益的前提，也是深入贯彻落实“放管服”政策和完成深入推进科研经费“放管服”改革的前提。为科研经费全过程业务处理提供规范。要升级和加强信息化建设，落实各部门职责权限，对科研经费全过程实行高效统一管理。既要

“放权”，更要加强内控，将内控有效地贯穿于科研经费全过程管理中。高校在管理科研经费的过程中，要不断提升服务，精简流程，减轻科研人员除科研之外的工作量，抛除负担，让科研人员更加专注科研，在自己擅长的领域发挥潜能，为社会创造更大价值。可以配备专业的财务、审计人员成立专门的科研经费管理小组，让科研人员更加轻松省心地开展科研项目。高校可采取修订科研管理相关文件，制定财务助理制度，简化科研管理流程，加强信息化建设以适应“放管服”政策。在放权方面首先要扩大经费使用自主权。在管控方面提出了要完善科研经费内部控制体系，强化科研人员责任和诚信意识，建立诚信档案等。在提升服务方面，提出将信息系统整合，搭建跨部门信息融合平台，打造“线上+线下”全方位财务服务体系。在结题结账时，科研负责人首先要提高自主意识，科研部门应联合财务部门进行结账操作，财务人员应及时跟进项目的实施进度和资金的使用情况，对于即将结题的项目给予结账提示。准确把握管理权责界定，完善管理配套措施，建立长效督察机制。可以通过专业助理事前介入预算，事中协助报销，事后配合审计来优化高校科研经费内部控制。应注重内控，并将监管重心放在科研经费使用的合理性、合法性上。纪检、监察、审计等部门要将检查贯穿于日常工作当中，以常态化、重实质的监管为工作总基调。事前要充分宣传以增强科研人员的主体责任意识及自我约束力，最大可能让违纪违规事件扼杀在摇篮。事中要注重科研经费业务流程的运行管控，谨防在此过程中出现违纪违规事件发生的苗头。事后要对科研经费监督审查，加大披露及处罚力度，制定问责机制及奖惩办法。在当前科技创新背景下，高校要落实和完善科研体制改革，主动下放科研自主权，以此适应科研发展需求。

有专家认为美国科研经费的内部控制应以符合美国国情为前提执行。科研项目在申报立项时就应该被纳入监管控制，要有周密的预算编制，并且在项目执行过程中也要以预算为重要控制指标，在结题时依然重点关注决算与预算的匹配程度，确立了预算在科研经费内部控制中扮演的重要角色。科研经费内部控制最有效的办法即是将预算作为重点，在整个项目进行过程中都要按预算标准进行控制和监管。有专家以当地高校作为研究对象，提出了科研经费内部控制制度要与时俱进，主动适应愈加多元复杂的科研经费投入，也要跟随着时代发展的大背景，不断前行，优化完善。专家指出德国高校在控制科研经费时，会有一套完整的管理制度，这套制度首先由各高校、各部门单位提出并汇总，由专业机构评估，最后经相关专家审批通过后，高校便可将制度落地，用来规范科研经费在项目中的使用。完善高校科研经费内部控制的对策主要有构建合理的内控组织结构，建立与应用财务信息系统，完善预算管理机制，加强对资产的采购控制，对科研经费要有实质性监督。要优化科研经费内部控制环境、预算管理，构建科研经费管理信息化平台，加强科研经费内部控制监督机制。加强以预算为重点的控制活动，优化控制措施，加强资产管理，同时要完善科研项目执行过程中的授权审批制度。

第二节 高校科研经费管理的常见问题

一、高校科研经费管理现状

党的十九大报告提出加强国家创新体系建设，强化战略科技力量，大力倡导创新型人才的培养和创新水平的提高。为深入贯彻中央相关政策和指示，教育部等五部门联合印发《关于深化高等教育领域简政放权放管结合优化服务改革的若干意见》（教政法〔2017〕7号）等一系列政策文件。高校放管服改革进程不断向纵深发展，科研人员使用经费自主权进一步提高，高校教学科研人员从事科研活动的积极性也得到增强。同时，放管服改革的深入推进也对高校科研经费管理水平提出了新的要求。当前，科研经费管理的诸多问题也逐渐暴露出来，科研经费使用过程中仍存在内部机制不完善、流程设计不规范、使用效率相对低下等问题，高校科研经费面临全新的机遇和挑战。

二、高校科研经费管理问题分析

（一）科研人员预算编制意识淡薄

1. 科研经费管理制度不统一、不够完善

现阶段我国高校科研活动虽然备受瞩目，但是在经费的管理制度上却落后于经费数额及规模的增长，国家管理制度的出台主要由以下几步组成，中央出台管理指导政策，“985”高校依据本规定进行经费管理，其他的高校需要依据省市依据中央出台的政策制定本省市的具体管理办法，各高校再依据省市出台的办法制定本校的经费管理制度。这样一个制度的制定流程，很多时候各省市的高校经费管理制度远远落后于“985”类高校，而且省市直属高校，管理层级较多，省市教育局，省市科技局等等，各方对高校科研经费管理都有部分自己的要求，高校的科研经费不仅有来自各项国家基金还要来自各级省市科技局、教育局等的科研项目，不同来源的项目有不同的管理办法，如我国现阶段就有以下经费管理办法：《国家高技术研究开发计划专项资金管理办法》和《国家科技支撑计划专项资金管理办法》《成本管理办法》《国家自然科学基金项目资金管理办法》《自然科学基金项目资金管理办法》《省部级项目资金管理办法》《机构级项目资金管理办法》等。管理制度的分散、不统一，导致高校科研人员在科研经费预算上需要掌握每一类的预算编制细则，这对科研人员来说是一个比较大的工作量，而且还是在科研工作以外的事务性工作，在很大程度上降低了科研预算的科学性。

2. 预算编制的理念有待完善

高校的研究者们仍然存在忽视预算编制的想法，他们还只是认为预算是申请科研项目工作的“附加产品”，只要能申请下来足够的项目，各项目的预算编制只是众多工作环节中无关紧要的一环，往往敷衍了事，随意编制后就提交，在科研人员的思想上对预算还是不够重视。

3. 科研人员的专业限制

科研项目的预算编制属于一种财务工作，大学承担的科研项目众多，各个专业、方向都有，科研人员在自己的科研及教学工作上非常专业，但是对财务工作知之甚少，对财务管理工作的不了解，在预算编制过程中仅以科研负责人的主观意愿为主导，在预算编制过程中，大学的财务人员几乎不参与预算编制工作，一是人员不足，而是科研项目小组不愿外部人员了解过多的科研内容，往往也不会主动寻找专业人士的帮助。

（二）科研经费管理效率低下，使用风险较高

高校科研经费管理需要各部门协调配合。但在实际操作中，科研部门负责项目的立项审批和跟踪执行，财务部门负责经费核算，项目负责人则是经费实际使用和支配的主体责任人。操作过程中三个部门彼此相互独立，导致信息沟通渠道不流畅，互相缺乏了解。例如，财务部门作为经费的审核部门，却对科研经费前期的申报过程了解甚少，从而影响核算过程中的监管，对项目经费缺乏整体把握。项目负责人和科研管理部门对财务规定也缺乏了解，导致科研经费花费不合理的现象也时有发生。这种信息的不对称导致的信息孤岛，使得经费管理过程发生断层和割裂，不仅导致管理效率的低下，也无形中增加了经费管理的风险。

（三）科研经费监督机制不完善，缺乏全流程监督

放管服改革背景下，高校要转变传统思路，在放权的同时做好监管。目前，

很多高校科研项目还主要依靠事后监管，仅在项目结题时进行验收，尚未建立完善的科研经费绩效考核机制，对科研经费的使用过程和效果缺乏必要的监督，难以有效预防风险。有的高校即使建立了科研经费指标体系，仍存在有些科研项目评价标准侧重项目研究成果，主要关注发表论文数量、专利申请数量等定量指标，缺乏社会效益、科研成果市场转化率等定性指标；考评标准单一，考核水平低；指标体系设计得不合理和考评机制的不完善，造成科研经费监督流于形式、科研成果重复利用等诸多问题，考评真正作用无法有效发挥。

（四）科研设备共享欠缺

科研用固定资产和低值易耗品管理中存在着固定资产购置是否符合投资基金标准或是否纳入预算等问题；固定资产购置程序是否符合规定，是否按程序签订合同；验收程序是否符合规定；财务处是否入账；固定资产处是否登记。在消耗品管理方面，一方面科研经费用于科研的支出不断增加；另一方面，消耗品不属于固定资产，其购置过程一般不由高校资产管理部门管理。这些因素综合导致了高校科研耗材管理的风险，增加制作虚假清单的情况，没有对相关消耗品的管理，管理混乱，隐藏着危险。

（五）科研部门的职责不够清晰

科研经费管理所涵盖的部门及主体较多，不同单位或部门所关注的领域拥有较为鲜明的局限性与狭促性。譬如科研处负责立项信息，而财务处负责数据的核算。如果缺乏较为系统、科学的共享机制和协调机制，将导致数据信息相互独立、职责较为模糊，致使相互推诿、责权不清的问题频繁出现，进而影响到各部门间的协作交流，造成部门职责脱节和重复的问题层出不穷。除此之外，由于科研工作者更加关注项目本身，对科研经费使用、预算执行质量缺乏一定的重视，导致科研工作者与管理部门之间的冲突和矛盾日渐激化。

（六）绩效评价机制缺乏科学性

现阶段我国高校在经费管理层面上，普遍存在“轻执行”“重立项”的问题，通常以文章影响因子及发展数量等量化指标，作为评价经费使用质量及成果评价的指标。而这种较为单一的、刻板的评价方式不仅缺乏合理性、还缺乏科学性，难以正确引导科研成果的形成与产出，制约着科研经费管理的实效性与有效性。而要解决此问题，需要构建出较为科学的绩效评价机制，将产业化、市场化发展作为科研成果的评价指标。唯有如此，才能更好地提升科研经费管理的有效性与针对性。

（七）经费实际支出与预算存在较大偏差

科研人员违规使用科研经费，主要表现为报销虚假发票、增加发票数量、支付助学费、报销咨询费等形式。部分科研人员套取现象普遍存在，科研项目负责人的与其研究生提前达成一致，教师先将经费以发放劳务费的形式发放给学生，当钱款到达学生个人银行卡后，学生私下将全部钱款或大部分钱款转给教师；还有一种做法是，高校教师以自己的名义注册公司，然后以购买设备或者其他名目将科研费用转入该公司账户，转入公司的钱款就等于是进了教师的私人钱包；科研项目负责人为了将科研经费转入个人账户，供自己使用，违反经费管理规定违规使用经费问题屡禁不止，其中还包括科研人员无故延长科研经费的使用期限，科研项目结项前仍出现突击花钱的问题，根据审计署的审计报告，违反财政系统专项资金等文件管理政策的问题，大体上在于高校资助项目，经费以 1 亿元为单位。经费的使用与科研项目的研究工作没有紧密联系，可以通过改变研究对象来使用。科研经费报销存在一些共性问题，如差旅费、设备费、办公用纸等费用报销，或终端账目报销不正确，与实际成本不符。

科研经费收支管理的难点是：其一，科研经费的核算和实际管理工比较混乱，财务部门负责核算入账科研项目的各类支出，大学的部分科研人员在经费管理上比较随意，钱花了可是能不能报账往往不经思考，如此一来，财务人与拒绝入账时，科研人员又开始不停地去麻烦财务部门人员，这样一来不仅增加了会计核算管理的成本，也降低了大学财务会计的效率。其二，用于实际科研开发的经费十分有限，经费支出比例科研主管为科研活动支付的费用比较大，从科研经费核算的现状来看，科研经费的大头使用在交通费、招待费、研究生及博士生的人工补助上，用于实实在在科研工作上的资金有限。

1. 科研经费管理的过程有许多不合理的地方

其一是缺乏有效的监督途径，比如对科研经费使用缺乏监督，高校经费记入总账，代为核算。学院只控制每个项目的资金总量，不计划和控制资金的使用和支出。其次，科研核算与实际情况不符，高校对科研项目框架内取得和使用的资产不编制专项账户，致使利用科研经费购置固定资产，高校经费只能纳入实验设备管理中，此外，在科研经费的购置和转移上也存在一些问题，主要表现在注册资产管理缺乏会计核算，转移手续不细致。科研经费的核算方式，用不太科学的方式来说，就是横向管理科研经费。横向是指从高校在完成科研项目的时候获得相应的报酬，根本上来看，是一种经营管理活动，从企业角度来说，是要收付实现制，但是，从目前高校财务会计的现状来看，基本都是现金支付制，记账只能在开具发票后进行，项目经费是否实际划入学校有关账户，征缴制度的规定与国家税务机关的纳税要求相抵触，科研经费未划入账户的税收一般由高校承担，在这一过程中，受诸多因素的影响，税收无法及时缴纳。

2. 资金套现、结项前支出增多现象严重

虽然一些大学的资金管理要求各项目组严格按照预算执行，但有些资金没有及时拨付，要在规定时间内使用，只能收票据保管科研进展后先报后缓用，导致年底突然支出，在退回科研项目时，存在一些虚开的集资发票或合并的票据，甚至是票据，是为购买而支付的，实际挂靠公司尚未出现或不会出现，虽然有的大学按照现金集中收付和公务卡制度改革的要求，实行了公务卡使用制度。但是，一些持卡人有时间去钻研推广过程中的不完善之处，以及不满意的持卡环境和服务，比如学校要求公务卡消费退单时，必须同时提供客票或网上银行账户，但由于很多支付宝或微信商户多为个人，很难让账单上的商户名称完全一致可能有一些发票没有用名片删除还款，虽然发票金额相等，但可能是个人消费，采取这样的手段。

3. 报销的内容混淆了公私两种，不易辨认

科研经费一般支出的国内差旅费必须事先核定；但是，如果财务人员只认证该票据是否获得某人审批后不详加审核便对齐进行支付确认，其中就有可能夹杂着大量非公务差旅费用账单，特别是在社会科学和人文科学领域，很难区分票据和事实是否统一，难以甄别，研究人员以调研为名实则探亲、旅游等私人活动，如果费用报销，大学财务部门的工作人员根本无法判断该票据的真实情况。

4. 科研研究的复杂性和专业性加大工作难度

高校科研研究的复杂性和专业性使财务人员对于管理科研经费中充满了挑战和艰难，特别是在一些高精端技术研究领域，多数财务人员都被搞糊涂了，他们不了解相关技术内容的，科研活动的规律和过程。同时，科研项目和科研经费逐年增加，但由于财务人员工作强度增大，人力出现紧张局面，一方面大学没有增加财务人员人数的财力，另一方面也很难很快地提高财务人员的科研经费管理能力。在这个长期高压的工作状态下，大学财务部分的从业人员很难在短时间内对科研活动相关的费用进行适当的检查和评估。

第三节　高校科研经费管理的对策建议

一、“放管服”对科研经费管理的基本要求

在科技创新的战略布局下，我国相关政府部门在下放权利、深化改革的过程中，对项目单位的科研经费管理质量提出较为严格的要求，既要“放”、又要“管”，还要“服”，其中“放”主要指“简政放权”，通过简化流程、制度及下放权限的方式，提高项目单位的科研实效、而“管”则指项目单位只有强化责任，增强监督，才能为科研工作者发挥价值，保障科研经费的合规合法使用提供支持。至于“服”具体指项目单位要将“服务”融入科研经费管理的全过程中，通过提高效率，简化流程的方式为科研工作者提供便利、贴心的服务，使科研人员更积极地参与到科技创新的活动中。具体来讲，“放管服”是优化服务、加强监督、简政放权的简称。

在具体的科研经费管理中，“放管服”还对高校提出了较为基本的要求。

首先应明确责任。高校肩负着资金管理与项目实施的基本责任，二级单位则肩负着资金监督、组织协调的责任，课题负责人则是项目实施的主体，承担合理使用科研经费的义务。在“放管服”的视角下，只有明确高校、课题负责人及二级单位的职责权限，健全监督管理体系，强化诚信机制，才能更好地落实“简政放权”要求，才能让科研工作者真正地享受到便利的服务。其次是科学评价。高校应构建出较为科学的考核机制与监管体系，充分发挥自身的引领作用，促进绩效评价的导向性、科学性、全面性发展。并通过营造积极、规范、公平的科研环境，确保项目得到平稳、健康地推进。最后，要将管理与服务有机地融合起来，使服务成为科研经费管理的有机组成部分，使科研工作者真正地享受到便捷。

二、高校科研经费管理经验学习

（一）英国

英国处于全球科学研究的前列，在同一水平的国家，英国科学研究支出在GDP中的比重并不高，但投入产出率却很高。英国大学将科研成果视为分配科研经费的重要依据；英国每5至7年对大学的科研质量进行一次评估，并将其用于20亿英镑。持续的科研评价已成为高校和科研机构提高科研质量的重要引擎，为高校和科研人员提供了强有力的绩效激励。英国政府征求各科研机构、科研人员

等多方意见，针对相关建议修改评价细则，使评价更加公正、透明，并要求各院所积极整改存在的问题。文献计量法远低于专家的大规模评价，但目前文献计量法在科研评价中尚不完善。最重要的方法和评价专家由当地高水平科学家、国际专家和相关研究用户组成。

依据英国经费管理的特点，中国的高校应避免大量繁杂的评估，改变依赖文献计量的现状，优化这一领域的专家库，在一定的时间内就评估文献一次，然后出具相应的可靠的评估报告，把评估报告在一定的圈子内交流使评估报告更专业。在英国，这种流程已经经历了几次改革，得出了几个结论：研究的质量、环境和影响。这些专业的评估报告，可是使科研环境变得越来越健康，也加强了各个科领域的交流，从而提高了整体的科研水平，使科研成果能更好地服务我们的社会。

现阶段，我国应该改变自己在专利、文件的评判指标和方式。应该借鉴 REF 中的方法来评估科学的影响，来建立我们自己的体系：以对科学创新的贡献、科研成果的质量、科研课题的绩效分类体系。这方面我们可以研究一下英国的做法。英国比较注重科学的差异性，对于不同的科研项目采用不同的评估方法，在原则不变的基础上，根据不同的项目来评估科研人员的工作情况。在评估过程中，要充分考虑到科学的差异性，在确保公平公正的基础上，对各类科研成果进行评价。

（二）美国

美国的科研经费管理要卓有成效，首先要做的一步就是成本管理，只有明确规定了什么可以报销，哪种类型的成本不能报账，各个机构才能有法可依、有据可循。并且各个申请人也才能在实际项目的实施中合理规划经费的使用情况，以避免或是减少无法报销的成本的比例，从而减轻项目负责人承担的风险。清晰的成本规定能够在很大程度上规范机构的经费使用，进而提高经费使用效率，减少经费的过度浪费。同时，明确的成本规定也能够提高机构申请计划的通过率，从而减少机构的返工成本，减少人力资源的浪费现象。总而言之，清晰的经费配置是做好国立科研机构科研经费管理的“第一步”。

美国实行内部控制与外部监控相结合的科研经费监控体系。在美国，高校有负责经费的副校长，高校科研部门负责科学进度的控制和预算的执行。审计部门全程监督，在科研项目完成后出具审计报告并予以公布。为了接受公众的监督，美国对科研经费的评价有了更为具体的规定。鉴于美国的科研经费与下一阶段的科研经费水平密切相关，鉴于投资者将密切关注科研经费的支出情况，在每一阶段每一个科研项目都要对项目的成果和资源进行评估。只有经过评估下一阶段的科研经费才能支付。此外，科研项目的年度决算，应在科研工作完成并综合分析资金使用效果后编制。

我国大学在对科研经费管理过程中需要注意这一点，我们现在监督主要还是采取事后的审计监督以及上级对科研项目的监督，主要的监督还是来源于一个方向，可以模仿美国模式，建立一个双向监督模式，引入外部监督，如在学校官网对各项目经费进行公示，进行社会监督；还可以引入外部专业审计机构对科研项目经费进行审计，但是每个项目进行审计，对科研人员来说压力较大，可以进行抽签进行部分项目进行外部审计，增加外部监督。

（三）德国

德国科研经费管理模式最具特点的是德国高校科研方面所有的报销工作主要是科研秘书负责由科研部长负责，教授只负责签字授权即可，这样的做法，使得高校教授很少花时间去处理财务报销工作。当研究人员计划出差，先填一张表，在出差过程中，研究人员先用自己资金支付费用进行垫付，回校后把相应的账单交给科研秘书，秘书会替科研人员去进行各项费用的报销工作，这一过程中科研人员只需要先行垫付资金，后续的工作全部可以交给科研秘书进行学校规定的各项财务报销流程。如果多人一起出差，科研秘书会将出差相关的所有事宜提前计划，所有的科研人员不用浪费时间在规划行程上，非常的方便。

在德国，当科研人员购买实验材料等或科研相关物品时，只需将所需物品的详细情况告知科研秘书，如果有明确指定物品，科研秘书会直接进行购买，若只是规定某大类秘书会进行对比后购买，待收到物品后，对于常用物品，科研秘书会提前做好充分准备，进行分类存放使用等，后续的与资金支出相关流程全部由科研秘书负责。一般情况下，科研秘书直接打电话给固定供应商，告知他们的科研小组的所有需求，供应商会进行下单；对于货款的报销，学校财务处财务人员直接联系供应商，完全不会经过科研人员，德国科研活动的资金结算主要是通过银行账户交易获得的，一般不使用现金，德国大学中的科研秘书为科研组提供全部的办公辅助要求，这与中国高校科研人员负责采购等办法不同，不仅减少了科研人员的工作量，解放了科研人员的时间；还使得科研经费管理更加透明化，全部资金结算通过银行转账进行，由科研秘书进行联系供货商，财务部门进行付款。德国大学的科研资金主要来自国家科研经费支持已经横向的企业、机构的资金，政府的经费管理稍微严格，所以要做比较详细的预算，相比来自于企业的资金管理体制相对宽松，只要科研小组完成合同要求的科研任务，就没有预算要求，德国高校的管理体制和各类科研辅助类工作人员为研究人员提供非常多的辅助性服务，科研人员只需要专心完成自己的科研任务就行，国家及高校也不需要制定各种复杂的规定来防止科研人员贪污经费。同时德国大学教授和管理层有很强的主人翁意识，他们清楚地知道科学研究是最重要的工作，如果遇到阻碍科学研究活动的制度，他们会很快讨论解决。在我国，虽然由许多科研人员和管理人员认为科研经费管理存在问题，但没有人愿意提供解决办法，只是不断向中央有关部委反映意见，再由中央研究出台相关的指导意见，有关部委、各省、各高校、各高校管理部门再针对中央文件制定新的本级管理办法，整个过程不仅浪费时间，效率低下，很有可能最终的解决办法完全出台后已经失去时效性。

在德国科研经费管理系统下几乎没有科研腐败事件的发生，因为教授只负责签字，物品的采购和报销都是由科研秘书来完成的，资金支付由高校财务部门统一支付，教授很难避过科研秘书和财务部门将科研资金私有化。此外，德国教授个人觉悟很好，而且教授的工资非常高，社会地位不凡，这一点与中国有很大区别，国内研究人员的待遇远不如德国，而且国内科研人员对科研经费的认知稍有偏差，他们认为这部分经费是属于自己的，总是想各种办法将经费私人化。德国教授认为，科研经费由国家资助自己的进行研究，只能用于科研活动，总体上德国科研经费管理比我国更成熟，更符合科学规律。以科研为中心，有利于调动科研人员的积极性，取得更好的科研成果。

（四）日本

日本科研管理在预算上有明显的特点，主要体现在预算的评估和调整上，日本政府规定，每半年对每个科研项目的进度和预算执行情况进行一次评估。从科研项目支出总额和各预算项目执行情况两个方面进行评价，如果评估过程中发现科研项目预算执行情况不理想的，那么科研委员会就对有问题的科研项目进行再评估，进一步确定是否应该调整预算资金，日本科研预算中的科学性在不断地评估和适应中正在逐步实施。

日本的预算管理比较灵活，以半年为一个周期进行审核评价，我国大学科研预算管理是否可以采取类似模式对预算进行管理，很多基础科研项目持续时间长，始终保持最开始的预算不符合实际情况，而且我国的大学也可以在预算调整方面进行简化，方便各科研小组进行预算调整。而且这一点也符合我国最新的“放，服，管”要求。

三、高校科研经费管理优化建议

（一）优化经费管理办法

1. 加大经费管理的宣传工作

首先，想要提高高等院校的科研经费资金管理，就需要增加宣传力度，引起人们重视，在经费管理过程中保持管理的公开性和透明性，加强高等院校科研经费管理和监督制度，这也是高校科研经费审计工作当中重要内容之一。高校领导层对科研经费重视程度需要进一步加强，减少认识误区，加强宣传工作，特别是有政府部门带头制定相关的政策来控制资金的管理工作，做到规范管理，严格管理。内部审计的核心在于科研经费管理过程中有效全面的监督，主要优势在过程控制，实施控制，但对于虚设课题骗取资金这样的问题，还是应该以国家社会审计监督为主导内部审计，配合协调，进一步提高经费管理的公开透明性。院校充分发挥媒体与互联网的作用，通过媒体能传播更多高校科研经费管理的方法策略，增强管理人员的专业水平。国家也可以采取新的科研政策，针对多头申报的问题，除了支付基础费用之外，还需要让科研项目走向市场化的道路，由项目业主单位或者是客户，企业投资，这就能促进高校科研进一步发展，研究出真正有意义的成果。

2. 健全大学科研经费管理办法

为进一步提升大学的影响力及全国排名，大学应该建立一支高质量的科研团队，科研活动这一影响因素与高校排名及影响力密切相关。那么大学就需要针对先进科研管理上存在的问题进行科学地优化，建立一个创新的健全科学的科研经费管理办法，一方面兼顾国家相关规定，细化国家指导思想，建立一个符合国情又符合自身的独特管理方法；另一方面还应兼顾一线科研人员的真实意见，鼓励一线科研人员进行反馈，管理部门合理审视反馈，利用反馈信息去完善大学的科研经费管理办法，经费的管理是一个动态过程，管理办法也要根据实际情况的改变而去改变。最后应尽量满足科学技术的要求，遵循国家基本科研规则，科研工作的实际需要促进科研人员的创新活动，目的是大学科研资源管理办法要与国家改革创新措施充分衔接，遵守其他财务法律法规，确保管理办法全面有效。

3. 建立大学科研信用管理制度

目前，我国科研造假成本比较低，所以滋生的科研舞弊、套取资金、预算执行不严等科研腐败现象日益严重的重要原因。因此，有必要建立一个信用体系。政府和科研经费管理部门要实行顶层设计，建立信用管理制度，让违规者和失信者付出适当的代价，为改变科研氛围，提高科研资源利用效率，大学要明说科研项目的负责人什么是可信的，什么是可以做的，什么是不诚实的，什么是不能做的，形成一套行为规范，以确保大学的科研学分管理制度应是科研项目负责人资格的学分标准，科研项目评审资料的资信标准、科研项目履约合同的资信标准、项目评审验收行为的资信标准，包括科研项目评审员的资信标准和科研项目经理的资信标准。验收要以科研人员的信用信息为依据，作为科研管理和决策的重要依据；充分发挥科研信用管理体系在科研经费管理中的重要作用。

（二）建立健全的内部科研经费管理制度

学校在进行科研经费管理的同时，需要健全学校内部科研经费的管理制度，明确学校科研财务部门以及课题负责人在经费使用过程中存在的问题以及职责权限。学校的科研部门也是要负责科研项目的成立，科研项目的合同管理等各方面的工作，对于课题执行过程中出现重大事项提出意见与建议，进一步提高课题验收和技术评审工作，做好日常的经费管理工作，由财务部门负责科研经费的财务管理以及会计审核工作。课题指导负责人在编制经费预算的同时，需要审查项目的细节，做好监督审查工作，在有效的权限范围之内，合理使用科研经费，确保科研经费使用符合国家和学校的相关要求。科研部门、财务部门以及项目负责人，都需要在整个科研项目进行过程中密切配合，做好经费的管理工作，这样才能进一步提高科研经费管理。

（三）完善校内项目经费管理平台

1. 建立信息化管理平台的必要性

近年来，政府部门提出了“互联网 + 政务服务”的战略它简化了工作流程，提高了政府办事效率，把很多人的工作转变为电脑的工作，只需要将各类数据输入电脑，电脑进行智能化分类处理，这一做法大大提高了政府办的事效率。所有高校也存在同样的问题，大量的科研数据，如纸质数据，专利数据、项目数据等，也必须利用信息化的科研管理信息系统，实现数据的自动实时更新和处理，使科研对象即高校教师在互联网上实现绩效，科学决策的需要。从目前高校科研管理信息系统的功能分析来看科研管理信息系统通过对大数据的统计和评价，实时、有效地提供全校最新的宏观经济研究信息，科学研究管理系统提供了多种数据形式，为科学研究决策提供了重要依据。

科研人员的需求。科研的标准化、网络化，不仅使科研人员能够及时了解不同学科类型的申请时间、申请条件和评价结果，进行中期评审，及时完成课题结题工作，它还可以随时通过固定电话和移动终端查询手段的使用情况，及时进行横向沟通，准确上报文件，在传统手工管理的背景下，科研全过程的控制、完成和评价耗费了大量的人力物力，存在掌握进度、统计困难等问题，年度考核和职称评定时效性差、准确性差，科研人员和科研管理人员耗费大量时间和精力，登记、上报、统计是保密工作的重中之重，对上报的工程成果提出质疑，以往纸质文件、图纸容易丢失，文件传递过程容易泄露等等。加密算法和重要信息被隐藏起来，为用户建立了分级授权系统，为防止文件被盗和意外丢失提供了可靠的保障。

2. 具体措施

（1）权限管理

根据不同的用户，科学管理信息系统有不同类型的登录用户，如普通用户名、特殊用户名、特殊用户名等。根据本校科研管理信息系统制定的安全规程或安全规程，不同用户只能访问授权资源，提供不同的权限和功能菜单，不同的权限可以保证研究人员能够实时、科学地掌握自己的科研项目负责人，掌握所属管理类别下不同项目的进展情况，学校和上一级管理人员能够管理学院的全局甚至是一所学校。

（2）综合办公室。

科研管理信息系统可以发布公告，科研人员可以及时查阅科研部门的最新公告，与传统的门户网站不同，新系统可以根据科研方向发布项目申请，发布沟通和公告时避免信息的大量发布；对于文件的下载，可以根据不同权限下载相应的文件和文档。预警信息能及时接收工程进度和预警信息。

（3）科学的项目管理

科研人员可以利用项目立项、修改、总结等功能，在项目周期内完成科研全过程，更新项目进度。负责输入和维护经高级部门审定的科研项目的基本信息，并及时通知发起人项目是否通过审定。避免由传统手工输入失误引起的错误。

（4）科研经费的监控与管理

科研管理信息系统还可以实时监控、核查各项目经费使用现状，监控资金使用和进度。控制经费支出和科研经费的外部分配，科研负责人也可考虑实时报销科研经费。

（5）科研资产管理

科研管理信息系统可以对各科研项目组购买的各类实验仪器、科研资产进行透明化管理，设立专门的闲置资产租借板块，有的大学在学校官网便有各类实验仪器租借链接，但是有些大学暂时还没有；这一做法不仅有效地降低各类科研资产的闲置率，而且还减少了不必要资产的购买，有力地节约了科研资金。

（6）科研成果管理

科研管理信息系统可以录入科研人员从检索结果中索取贡献和工作成果的贡献和成果信息，并登录、评价、转化、奖励和一般来说，高校技术成果转化率很低，产业规模较小，经过科研成果的系统管理，促进了生产与教育科研的对接，促进企业与高校的紧密合作。

（7）科学数据管理

在学校的定期评审和年终评审中，信息化系统可以同时对各位教师的科研成果、经费种类、在研项目、科研结果转化等方面进行综合的统计分析，对最终的量化评分更加公正及科学化。而且还有助于科研项目再完成申请立项完成后，科研小组人员可以及时在门户网上了解全校、全院、所有科研人员申请项目的准确数据和评估结果。

（四）加强科研经费的结余管理工作

高等院校在进行科研经费管理的时候，一定不能忽视科研项目结余费用的管理。对于一个科研项目来说，在项目完成之后，结余项目的经费是否继续留归课题，还是作为其他科研项目的前期启动资金使用，这都是科研经费管理过程的难题。由于高校结余课题越来越多，导致高校科研成本核算出现问题，在这样的背景之下，对于科研经费管理人员来说，就需要根据学校实际的情况办理结余项目的整体经费核算，明确指出基于时间和结余费用的管理方法，及时清理结算结题经费，避免长期出现挂账这样的现象，防止经费的浪费与流失。为了提高高校的经费使用效率，高等院校需要进一步严格按照国家相关财务部门规章制度执行。结余资金管理需要清楚管理计划，这一部分资金是否留给学校，还是用于补助其他科研发展。

（五）科研经费管理审计模块优化

1. 加强审计技术支持

随着政府科技投入的逐步增加和科技项目基金审计业务的发展，迫切需要大量的技术咨询，为规范和开展实际工作，制定了科技经费审计的有关具体准则、审计方法（细查、抽查）、审计程序的实施、审计报告的编制等，规范和规范审计报告格式，编制统一的工作底稿，促进审计事务所审计行为的管理和规范，提高审计工作的规范化水平。

目前，信息系统在高校中普遍存在，在审计工作中也应采用新技术、新工具，为了监测和监测高校各种资产的流动，以及监测和评估财务信息、科研项目和大额资金使用的影响，高校应建立一个信息化的审计系统，不仅可以实现在线上对内容进行审查，还能同时对所有违规行为进行自查，报告公示。现今市面上已经有了审计机器人，大学也可以引进或者开发智能审计机器人，并进行信息稽核，从初始审计到后期设计，实现信息机制的全过程、转变审计模式由单一模式向多种模式转变，动态审计与静态审计相结合，现场审计与远程审计相结合，并将在线审计与离线审计相结合，审计信息的开发显著提高了审计效率和影响，利用审计信息系统可以识别审计监控的时机，直接将预算与实际支出进度进行比较。任何一个科研项目都可以用该系统查看，这有利于提高审计效率。此外，我们还可以定期或不定期组织对科研人员及审计人员的专业能力提升的讲座或培训，聘请具有审计资格的专业公司进行业务咨询和培训，推广良好的经验和做法，积极组织有关审计人员开展业务往来，进一步规范科技基金审计工作。

2. 结合科研实际进行科研经费审计

财务人员应与科研人员合作，弥补科研人员经费不足的问题，并制定更有效的科研预算。解决问题，科研人员不熟悉财务工作，科研人员是预算编制的主要负责人，要充分重视科研经费的预算编制，财务人员提供专业的财务指导，将研究进展与研究所需的各项活动进行比较，减少预算编制与最终结果之间的差异，提高预算准确性；汇编预算数据，结合当时的市场情况，参考以往同类型、类似容积率项目的最终支出，根据目前的数据和经验判断，确定最合理的预算。

大学审计部门应定期和不定期对科研项目经费使用情况进行审核，审核时应注意确保原始凭证的真实性及有效性，未列入支出的项目是否属于相关制度和管理办法的范围，日期是否在规定的期限内，是否与各自的财务制度相适应，对超过重要程度的投资性支出，要进行重点检查对委托的资金进行审查，确定是否存在挪用资金的嫌疑，必要时可以异地进行实地调查。特别是对资金要求高的事项上更应保持重点关注，大额支出可以在整个过程中加以关注重点监测。同时对于发现的问题，应该追查问题到真实个人，科研人员也应该对自己的失误负责，不应该在被抹去或者视而不见。在开展审计工作前应做好沟通工作，无论是国家科研经费管理部门，还是学校的审计部门以及科研秘书，都应保持有效的联系，以确保工作的顺利进行。

3. 建立合理的审计结果公示制度

审计结果的公布和各项目组根据审计结果进行改正是审计工作的最后一环，实施有效的审计结果公示制度不仅有利于完善学校内部管理，还可以强化高校规范体系，规避道德风险，加强廉政建设。

我国大多数高校并没有一个合理的审计结果公示制度，这一点可以仿照美国高校对审计结果的公布方式，一方面在校内对审计结果进行公布，同时还可以在学校财务公开网站对科研项目的各项报告进行公布，接受社会的监督，同时还要遵循公平公正的原则，对审计结果的公示要突出学校各科研项目在经费使用过程中需要改进的部分。审计工作的目的就是为了公布审计结果，加强整改和责任认定。

在整体对这方面进行修改应该围绕以下三个方面进行改进：一是加大整改力度，审计过程中发现的问题，项目负责人应进行自查，对发现的问题及时提出意见，并在限定时间内进行改进。学校内部审计部门要对所有项目进行审核和监督，在项目组纠正完成后，还需进行最终审核。二是找到最终责任人，大学科技部门、纪检监察部门、内部审计部门共同对科研经费进行审核，对审核中发现的问题依法明确。科技部、纪检部门正在对有关责任人进行调查，责任追查到个人。三是加快结果公开，公布各类审计机构的审计结果，还要做到公开透明，进一步节约审计资源，经费提供者比较关心的是科研项目结果能够产生的技术效益、社会效益和经济效益等。四是高校审计人员必须注意对审计结果的使用，针对审计过程中遇到的问题，必须及时向有关部门和个人通报和公布。同时，高校审计人员还应完善绩效考核机制，实行奖惩相结合；而对于情节较轻的，应限期改正，通报批评；情节较重的，给予行政处罚；违法犯罪的，依法移送司法机关。

（六）完善科研财务团队的构建

将科研财务团队构建完善，可以对科研经费政策细节多以及变化快等多种问题进行有效解决，进而为科研工作者在结题验收和执行以及调剂还有编制过程中提供综合性的服务。尤其在财务报销方面，构建优秀的科研财务团队能对经费执行过程中出现的矛盾与冲突进行切实解决，以便让科研工作者和管理人员之间减少冲突，确保科研经费管理的科学化和合理化以及精细化。在这一过程中，高校应注重提升人员的业务能力以及综合素质，这样才能让科研管理质量得以提高，进而使高校科研工作实现健康发展。

1. 树立正确的科研和行政管理间的关系

科研管理工作要以服务校内各类科研小组为宗旨，保障科研活动良性发展，减少科研人员非科研工作压力及事务性工作。科研管理部门、财务部门、审计部门、采购部门、资产管理部门等参与科研管理从申报、立项、科研活动进行、审核、最终审计的全过程，都要从优化管理服务，简化管理流程方面入手改革现在的工作方式，减少行政干预，科研经费的申报、执行等全过程都要落实和“放”“服”“管”的新政策理念。

2. 增设科研财务管理助理岗位

科研助理岗位的设置有助于优化科研项目团队的组织结构，从根本上释放科研人员在非科研事务上耗费的时间，整体提高项目团队的科研效率。高校应仿照德国对科研经费的管理模式新设立科研助理岗位，也不需要完全照搬每个项目设置科研秘书岗位，而是应该以自身实际情况出发，建立自适应的科研秘书岗位，确定岗位职责，依据科研项目资金量及管理难度进行衡量，是否需要设置专门的助理岗位，或者可以多项目雇用同一财务人员，达到岗位人员使用效率最大化。同时还要保证科研秘书的专业性，和对职业的正确认知，可以采用竞聘上岗的选拔制度，选拔通过后通过签署正规的劳务合同，制约科研秘书行为，成为专职或兼职的科研秘书。大学的科学助理应参与本单位或研究组项目管理的全过程，负责研究项目的预算、审核预算、报销、审计前的准备工作等事宜，引入科研秘书岗位，有利于科技人员更加专注于科学研究工作，促进提升高校的科研活力，减少科研人员事务性工作，在一岗谋一事，实现高校人力资源的优化配置。

3. 提升科研经费管理队伍水平

科研团队是一所高校科研活动的主力军，只有提升科研从业人员的整体水平才能从根本上提升学校科研实力以及学校的综合实力，提高高校的竞争力，在全国高校的排名中才能稳步前进，因此高校应该加强对科研工作相关的所有人员的工作能力及思想觉悟，由内而外的变化才能引起更大的功效，高校由上而下应该致力去建立一个结构完整，具有较高科研能力，执行力的科研团队。首先，应密切监测和审查科研管理人员，比如，科研审计人员必须具备相应的科研专业资格，才能保证科研基金管理人具备完成任务所必需的创业能力。其次，应将科研负责人与科研秘书的专业支持与其工作成果紧密联系起来，鼓励科研秘书的职业发展。

第十章　高校财务绩效管理研究

高校的健康运行需要充足的资金作为支撑，而财务管理的情况会直接影响资金的运行与使用情况，引入绩效考核制度，会对高校的财务管理工作产生积极的影响。本章就从高校实施财务绩效管理的意义、当前高校财务绩效管理现状及问题分析、高校财务绩效评价指标体系研究三个方面出发，阐述了高校财务绩效管理的重要意义。

第一节　高校实施财务绩效管理的意义

一、高校绩效管理概述

（一）绩效的定义

"绩效"一词起源于管理学，是包括工作能力、技能、产出结果、工作完成度、贡献、过程和影响的多维度的有目的的行为。一般来说，绩效是指组织成员通过发挥专业能力以及工作积极性而最终完成工作的情况，从而对组织以及个人进行评价。

（二）高校绩效管理的内涵

在高校教育管理体系中引入绩效管理，可以使组织与个人、内部与外部形成多维协同机制，使高校更好地实现其职能，为社会培养更多优秀的人才。高校绩效是高校在一定时期内，投入、产出以及办学过程的多维建构，也是外部表现与内涵提升的有机结合。高校绩效的内涵呈现多维性特点。高校在人才培养、科学研究、服务社会和文化传承方面的产出的数量、质量和效果，是高校绩效的重要内容。同时，高校在办学过程中优化管理、提高质量、降低成本、提高办学声誉，是高校自身建设和内涵提升的具体体现，是高校办学过程中所取得的成绩，也是高校绩效的重要内容。高校的绩效目标，体现的是高校教育的价值、使命和作用。

（三）高校绩效管理的流程

高校绩效管理是一个完整、封闭的动态系统，是由绩效计划与指标构建（Plan）、绩效实施与辅导（Do）、绩效考核与评估（Check）和绩效反馈与应用（Action）四个环节组成的 PDCA 循环过程，这几个环节环环相扣，任何一个环节的脱节都会导致高校绩效管理的失败。

（四）绩效评价的理论基础

1. 绩效评价的定义

绩效评价，是指组织对部门以及个人工作的完成情况与既定目标进行比较，评定其完成的效率与效果并进行反馈的过程。实施绩效评价的出发点和最终目标是通过考评组织内成员的工作完成情况以保持组织的竞争优势，从而实现组织的战略目标。

高校作为非盈利组织机构，绩效评价有其特有的内容。高校的绩效评价主要是基于人才培养、科学研究和社会服务三大职能开展，通过绩效评价来保障高校战略目标的实现。因此，对于高校二级单位进行绩效评价，应符合高校自身的特点，而不是简单地套用其他绩效评价标准，这样才能得到一个客观、公正的评价结果。基于以上原则，本书对于高校二级单位的绩效评价，主要细分为人才培养、教学建设、科学研究和财务指标四个主要模块，并对每一模块内容进行指标细化，最终进行绩效评价并得出相关结论。

2. 绩效评价的方法

（1）目标管理法

目标管理法是指由领导层与基层共同商讨决定的具体的绩效目标、分工以及评价标准，领导层定期检查目标的完成情况，并根据目标的完成情况实施奖惩规则的绩效评价方法。目标管理法主要分为组织目标、部门目标和企业目标。

该评价方法的优点在于全部员工全程参与评价过程，评价标准可以直接反映员工的工作内容，结果易于观测，适合对员工提供建议，进行反馈和辅导，同时，可以增加个人的参与度与获得感，提高员工工作的积极性。其缺点在于，目标管理法通常只针对某个部门进行设定，部门之间以及不同部门的员工之间缺乏统一的衡量与比较标准；受传统自上而下管理方法的影响，目标管理法在应用的过程中容易产生较大偏差。

（2）平衡记分卡法

平衡记分卡是以组织的战略目标为依据，从财务、客户、内部流程、学习与发展四个维度出发对组织以及个人进行分析和考核的绩效评价方法。其中，财务维度主要指企业的获利能力，经营成果等，主要运用各财务指标进行分析计算对比；客户维度主要指客户的满意程度、客户的数量与质量等；内部流程维度以企业内部管理为导向，主要指企业生产成本、产品周转率等，通常采用内部经营指标进行评价；学习与发展维度主要指员工的保持率、培训计划的完成情况等。

采用平衡记分卡进行绩效评价的优点在于通过对组织绩效评价指标的维度划分，可以不断达到企业内部与外部的平衡、财务与非财务的平衡、定量分析与定性分析的平衡，同时使个人目标与组织目标高度协调一致，促进组织战略目标的实现。但是该方法在实施的过程中，指标的选择以及权重的确定存在诸多问题，很多指标难以量化，组织达不到信息系统以及管理能力的要求等问题屡见不鲜。

（3）关键绩效指标法

关键绩效指标法的理论依据在于百分之二十的经济行为，可以为企业创造百分之八十的价值，因此，在进行绩效评价时，关键绩效指标法以企业的战略目标为导向，分析组织的关键领域和主要发展方向，对绩效构成的可控部分进行衡量

对实现企业战略目标的核心指标进行考核和评价关键绩效指标法的优点在于：

①目标清晰明确，高效率促进总体战略目标的实现。关键绩效指标法由上而下分解细化总体战略目标，再由下而上促进总体战略目标的实现，使个人目标与组织目标协调一致，加快组织战略目标的实现。

②利益主体相互依存，高质量保证总体战略目标的实现。目标的清晰明确保证了各主体的责任与利益，当个人利益与组织利益具有高度的一致性，组织的战略目标随即转化为个人的目标，个人在保质保量完成目标时，组织的战略目标就会更容易实现。

但是，该指标也有不足之处，不足之处在于：

①对于关键绩效指标的选取存在困难，难以做到指标清晰准确选择以及组织核心价值因素的鉴别。

②绩效评价指标体系设计要求较高，指标体系设计不当容易造成企业价值导向偏离。

（4）EVA 绩效考核法

EVA 绩效考核法最早在 1991 年由美国一咨询公司提出，在运用的过程中，

EVA 绩效考核法可以衡量企业全部生产要素的效率，将企业全部资本成本作为税后营业净利润的冲减项目，充分体现企业短期价值创造能力。

EVA 绩效考核法的优点在于：

①将组织的全部资本成本纳入绩效评价过程中，反映企业全部价值创造能力；

②便于投资人、公司和股票分析师之间的价值沟通。但该指标也存在不足之处。

其缺点在于：

① EVA 绩效考核法通常只适用于企业短期生产经营与生产效率情况，对于企业的长期生产经营以及发展战略目标规划等则不适用；

②不同行业、不同规模、不同发展阶段的企业之间无法进行比较。

（五）财务绩效评价相关概念

1. 财务绩效的概念

财务绩效是企业在一段时间内根据财务管理制定的战略实施和执行下对企业成绩和效益的反映。企业在控制成本、对资产运用、投资活动等活动时，可以通过财务绩效检验这些活动的效果，具有一定的科学性和客观性。

2. 财务绩效评价的概念

财务绩效评价是企业管理绩效方面重要的评价之一，最终目的是为了企业更好的发展，它是通过对大量财务数据进行综合分析后，构建出一个适合评价公司的财务绩效评价体系，能够直接评价出企业这一段时间的财务活动对企业的影响。通过对企业历年数据和同行业数据比较可以体现企业战略目标是否适宜，从而得到综合的评价结论。我们对企业财务绩效评价是先计算好财务相关数据，通过计算得出相应的财务指标，分析经营活动中涉及的财务指标和非财务指标，根据分析结果实时地对企业在财务方面的发展策略进行优化，并给予科学、有效的建议。

3. 财务绩效评价相关理论

（1）利益相关者理论

利益相关者理论是以企业股东权益最大化为目标，起源于西方经济学学者结合大量实际案例，是支撑并孕育企业经营绩效评价制度的基础理论，使得企业经营绩效评价更加客观而真实。企业在制定战略目标时考虑到所有的利益相关者，会使企业绩效评价杜绝了损害部分人利益、满足剩余部分人的可能性，减少企业内部分歧，减少管理者与获利者之间的矛盾冲突，使得企业运转更加的精简有效。

企业是否具有足够的市场竞争力取决于它是否能够满足各个不同利益相关者的利益需求，这就要求管理者必须分别从企业内部与外部多个角度进行考虑，从员工、股东、客户、消费者乃至管理者自身的角度出发，全方位地分析公司的机遇与风险，需求与供给，进而设计出既能够满足所有利益相关者需求、又不损害企业自身发展的、相对平衡的企业经营绩效评价体系与具体内容。因此，利益相关者理论是企业经营绩效评价体系中必须要参考与重视的重要组成部分。

（2）委托代理理论

委托代理理论是在现代企业公司股份制度下，基于股份所有者自身能力不足催生出来的新兴产物，其本质上是指公司股份拥有者与经营管理者二者角色的分离，它是指导企业委托代理关系的雏形渐成，进一步完善发展，拓充协调机制以及论证其有效性的理论基础。委托人定期对自己所持有的资产进行分析与评估，根据自身资产的增值状况对职业经理人的经营状况进行评价，以此保证资产的发展前景、经营方向为委托人所满意，进而保证双方契约的有效性。同时，这一理论制度的诞生也极大程度地刺激了职业经理人的工作热情，职业经理人可以通过这一制度定期向委托人展示自己所取得的成就，进而可以获得更加优厚的待遇，达到双赢的根本目的。因此，经营绩效评价理论的出现，极大程度上帮助委托人避免了因为信息不对等、对企业经营、投资管理等方面专业知识了解的不足导致的被蒙蔽、被欺骗、进而造成资产损失的情况。

现如今，经营绩效评价制度在原本的基础上额外衍生出了两权分离的方式，二者共同成为现如今现代企业管理制度的显著标志。委托人可以参考一系列的指标去衡量和评价企业的经营状况，必要时可以考虑是否提前结束契约，是否更换新的代理人。

（3）战略管理理论

战略管理理论是在企业委托代理的前提下，以战略目标为基础，要求企业在进行绩效综合评价的同时，把企业的长远目标作为管理者与企业员工共同努力的既定方向。首先要制定具体的，详细的短期内可实现的阶段性小目标，起到激励与鼓励员工积极性的作用；同时又要明确长期以及宏观性目标作为整体努力方向，实现宏观调控，避免企业发展方向与市场需求出现太大偏差，便于及时调整纠错。这样短期目标与长期目标相结合，微观性与宏观性相制约、相印证的发展方式，才能够促进企业更好更快的发展。而这一目的实现的根本基于目标的正确性与有效性所以，企业战略管理应当是在对于自身实力，企业经营状况等要素有详尽了解的前提下，结合市场前景、技术发展与更新换代方向、政策导向以及行业趋势，为了企业更好发展从而进行战略上的长远布置与合理投资安排，目的是在市场风险越来越大的今天抢占先机。战略管理理论的核心基础就是要对企业内部与外部所有资源进行整合，对自身可利用资源进行有效评估，进而确定可承受资金额与风险程度。

4. 财务绩效评价方法

（1）杜邦财务分析法

杜邦分析法最早是在美国企业中诞生的，但由于其与传统财务分析方法相比具有诸多优势，所以迅速受到众多企业的青睐，并逐渐被全球众多企业所借鉴。该方法也被称之为杜邦分析法，是一种专门针对企业财务状况进行分析的方法，其以净资产收益率作为核心分析指标，然后结合企业资产盈利能力、资产运营能力、偿债能力等进行综合分析评定，从而全面揭示出企业的财务运营状况。该财务分析方法强调对各项财务指标间关系的分析，通过对各项指标参数数据的乘积运算，再对比企业经营业绩，最终找到企业经营中存在的问题。杜邦分析法突破性地将评价企业经营效率、财务状况的比率依照一定内在联系相互结合起来，从而形成了一个完整的指标体系，最终以权益收益率对企业经济状况进行综合反映，使企业管理者可以更为准确地掌握权益基本收益的相关决定因素。

杜邦分析法中所涉及的财务指标主要包含权益报酬率（ROE）、总资产净利率（ROA）、权益乘数、销售净利率以及总资产周转率。而各项指标又各自反映了一定的指标关系。

（2）沃尔评分法

沃尔评分法，本质上是指根据行业状况、企业经营状况、市场行情等种种结合起来，选取相应的财务比率并将其用线性关系连接起来，再根据重要性以及相关数据的不同给予不同的比率比重，根据最后各指标得分情况对企业信誉做出评价的方法。现如今，这个方法的通常使用方式是根据行业的不同选取默认的相关数据，参照标准比率对企业自身的状况由百分制进行赋值，然后结合所有指标数据得分综合与每一项的分值，最终对于企业自身经营状况以及企业发展前景进行评价。相对而言沃尔评分法的最大优势在于它本身的通俗易懂，不涉及任何相关专业知识，但其明显的不足在于该方法对于指标的选取没有明确的依据或者理论进行支撑，选取的数据难免会有一定的针对性或者指向性。

（3）因子分析法

因子分析法是由英国心理学家斯皮尔曼通过大量实验后提出的。该方法通过对大量数据的整合研究后，观察数据之间存在的关系，用少量具有代表性的数据变量来表示原始数据的情况。在运算中会将研究的所有数据根据内在的联系聚集在一起，形成显著的、各自基本独立的少数公共因子来反映原始资料的情况，具有科学性和全面性。

前期大量的数据统计是因子分析法的不足之一，这项工作需要细致、耐心和时间；大量的数据也是因子分析法的优势，涵盖了反映企业经营活动的大多数财务指标，覆盖面较广。

（六）高校财务绩效评价

财务绩效评价是针对一个组织、企业财务部门进行的绩效评价，评价的内容是各类财务报表和账务往来，以能够对组织的财务情况进行衡量。

高等院校内的财务绩效评价指标是一种能够将高等院校在教育资金方面投入研究成效折射出来的指标，通过这种指标中，可以对高校财政投入的效果和产出效果进行探究，指标中包含的因素有经济效益和效率，能够对高校资金的使用情况进行客观评价。高校财务绩效评价具有下述特点。

1. 目标的多元化

对于高校来说，其内部组织、部门比较多，业务交互也较为复杂，这种多元化的组织特征使得绩效考核更为困难。通常来说，绩效的首要步骤是对组织的目标进行明确，然后部门之间进行各种业务来往、关系串联，部门内部进行目标细化与执行。对于高校来说，其经营目标是在正常运转的基础上，为社会培养更多的、更好的人才；需要利用合理的方法，筹集更多的经费，为学校进行更多的软件、硬件方面的投入；需要做出更多的科研成果；需要将教育资源向社会开放为社会服务等。由此可见，高校的目标是多元化的，这就为高校财务绩效的评价带来了一定的困难。

2. 产出难以量化

对于一般性企业来说，其产出通常有具体的产品和服务来体现，产品的质量和服务水平有既定的参考标准，容易量化，而对于高等教育院校来说，其产出结果比较复杂，不仅包括人才，也包括科研成果，教育资源对社会的开放性，知识的传播面等。它们具有无形性，难以以数值具体衡量。在进行财务评价时，就很难以具体的数值进行定量分析。

3. 指标与评价标准的模糊性

在具体实践中，因为其产出难以量化，也很难定义高校培养的毕业生是否为人才，对社会的贡献能够为多少等，因此对其绩效指标的界定十分模糊，难以具体化。这也为绩效评价体系的建设带来一定的难度。

二、高校实施财务绩效管理的意义

（一）完善财务绩效考核体系的必要性

财务绩效管理依据财务工作中不同岗位的工作范围、职责、工作目标等制定相应的考核指标，对财务人员的工作履行情况、目标完成情况、知识技能水平等进行科学、量化的考核评定。并以此作为人事管理、薪资管理的基础依据。实行科学合理的绩效管理制度是提升财务管理水平的有效手段。其一，合理的财务绩效管理体系将工作人员自身的发展需求与单位职责职能进行了有机结合。通过在人事调动、薪资发放、奖惩评定等环节充分考虑工作人员绩效考核水平，可以充分调动工作人员的积极性，进而提升财务管理部门的工作效率。其二，通过针对性的考核指标设置、定性、量化，将考核结果其作为奖惩评定的基础依据并按规定公开，对提高单位凝聚力，提升资源利用效率至关重要。

此外，实施科学合理的财务绩效管理体系，有助于单位及时发现财务管理制度、资源配置上的风险及漏洞，及时针对性地改进和调整。

（二）高校实施财务绩效评价体系的意义

1. 反映资产情况

高校资产管理的受重视程度在近年来逐渐提高，尤其是新政府会计制度的出台更是对此提出了明确的新要求。不过受高校性质、过往资产管理模式等因素的限制和影响，高校的资产核算难度并不小，在实践中很容易面临资产核算不清、不准确、不全面的问题。而通过构建财务绩效评价体系的方式，尝试基于财务指标来对事业单位的绩效情况进行客观评价，无疑能够在各个方面有效、清晰地反映事业单位资产情况，支持资产核算工作的有效开展，为事业单位的良好运行和长远发展奠定稳固基础。

2. 支持人员管理

人员管理历来都是事业单位管理工作的重要部分。只有做好人员管理工作，才能充分调动人员积极性，挖掘人员潜力，促进工作整体水平的有效提升，为高校整体发展提供支持。构建财务绩效评价体系后，能够直接通过财务指标对人员工作情况进行反映，从而对人员工作质量、效率等进行准确把握，为相应的人员管理提供重要依据。同时基于财务绩效评价体系的人员管理能够围绕资金使用成本以及效率等进行调整，进一步加强对人员管理成本的有效控制。

3. 支持财务工作

新政府会计制度的实施，意味着高校需要更加关注并做好财务工作。全面落实资产管理、预算管理、资金管理等，保障财务工作的开展与单位的运行发展深度契合，尽可能强化对高校资金的有效控制，既要通过预算管理对各部门的资金使用情况进行合理控制，也要加强资金监管以保障资金使用的科学性和合理性。而积极构建财务绩效评价体系，正是以财务指标为基础，合理评价单位绩效并为财务工作的开展提供支持，拔高财务工作在整个高校工作体系中的地位，促进财务部门和其他部门间的有效联结及沟通，促进财务工作高质量、高效率落实。

第二节　当前高校财务绩效管理现状及问题分析

一、高校财务绩效管理现状

（一）财政拨付压力加大

近年来，全球经济保护主义、单边主义蔓延，中国经济发展面临严峻的外部环境，发展方式的转变与结构性、体制性、周期性矛盾交错。而2020年新冠疫情形成的巨大冲击，使政府支出、社会投资、企业运营、居民消费、民生保障都受到了较大影响，社会经济运行面临前所未有的困难和挑战。从当前国内外疫情防控、国家宏观政策方向以及区域经济社会运行情况看，财政收入增长乏力将是大概率，政府各项刚性支出一定时期内还将不断增长。因此，财政收支缺口必将进一步扩大，因经济波动引发的地区财政债务风险防控也将面临较大压力。

以上这些对于运转首先依赖财政转移拨付的高校而言，将在今后发展中，面临基于预算资金使用审视基础上更为严格的绩效考核，以及院校之间由于绩效管理效益差异带来的资金拨付差异，并进而影响办学竞争力。

（二）管理效应亟待优化

当前，新政府会计制度在高校推行已近两年，但大部分高校绩效管理却不尽如人意，主要体现为绩效目标编制质量差、指标定位不清晰、绩效管理过程中跟踪缺失、绩效评价不科学、支持绩效管理的信息工具不足等，难以引导学校在竞争中获得更优发展。

2020年国内新冠疫情初期，高校运行管理与内部建设受到诸多考验与挑战，暴露出若干短板与不足。截至2020年底，新冠疫情仍在全球肆虐，尽管在党中央强有力的领导下，中国近乎完美地控制了疫情并成为全世界最先实现经济复苏和正增长的经济体，但疫情已经引起国内外环境及产业生态发生巨变，国家经济与社会运行仍面临着巨大的压力，必须从持久战的角度加以认识，加快进行以国内大循环为主体、国内国际双循环相互促进的新发展格局的战略预判与抉择，对新时期高校的发展与建设、服务区域发展的能力与方式提出了更高的要求。

（三）疫情重塑教育生态

2020年的新冠疫情重塑了整个教育行业，并对人才培养、内容提供、师资打造、综合服务、品牌塑造等各方面带来了显著改变和深远影响。疫情使得在线教育受到了前所未有的关注，强烈的课程需求进一步带来了用户及流量激增，并从常规学校教育延展至全民教育领域。在此大潮下，高等教育教学不再只是高校的“独家配方”，在线教育提供也不再是教育科技企业的独有产品，无线通信支持下的教育产品在线服务，已成为所有阶段教育的可选模式，并吸引了众多资本及相关顶端教育企业再次加大投入与布局。新模式下，学生或客户对学习内容及教师拥有充分的自主优选权，这对于所有以传授知识为主的线下教育主体带来了强烈冲击。面对在线教育用户渗透率的空前提升，相对于中小学而言，高校面临的形势更为复杂。一方面，理论知识传授部分，面临学生更加挑剔的审视眼光以及线上教育产品的有力挑战；另一方面，在线教育无法替代或覆盖工、农、医及部分理科类的实践教学、知识转化及创新探索部分。

此外，随着经济增长放缓、就业竞争的加剧，高等教育的需求被进一步放大，更多的学生的家长更加关注高校的情况，学生对高校的期望值和评价也会反馈给高校，社会的评价也是绩效管理的重要内容，现在“按生拨款”机制下，高校的学生质量高，管理水平高才能更有可能获得更多的发展资金，这是一个良性循环的过程。

因此，如何通过绩效管理优化资源调配、满足内外需求、助力区域高质量发展，已成为高校迫在眉睫的现实问题。

二、以绩效为导向的高校财务管理存在的问题

（一）高校的内部预算不合理

高校财务管理的主要问题之一，就是缺乏内部预算管理，大部分的高校在进

行财务管理的过程之中，并没有意识到预算管理的重要性，没有意识到预算管理对于整个财务管理的影响，因此，大部分的高校并没有引入预算管理工作机制，忽视了预算管理对于学校未来的规划布局的重要作用。因此导致预算管理的作用不能充分发挥出来，存在一定的滞后性。

（二）绩效管理缺乏监督机制

高校在进行财务管理的过程中都缺乏有效的监督机制，这是目前大部分高校在财务管理中存在的普遍问题。由于高校在财务管理的过程中缺乏有效的监督机制，因此高校的各个部门在申请经费的预算过程中，为了获得更多的经费，虚报经费预算、增加学校的财务支出，高校又没有建立相应的监督机制，因此高校的管理者很难发现各部门虚报经费的问题，加大了高校的财务支出。

（三）高校的财务信息化不足

目前，我国的大部分高校财务管理还停留在传统的会计模式，对于高校财务管理的信息化没有给予足够的重视，因此，投入的管理成本不足。传统的财务管理模式不能与现代的管理系统相匹配，因此很容易出现高校的财务管理与高校的人力资源管理、行政管理等处于分割的状态，彼此之间不能够进行良好的信息交流和传递，这在一定程度上阻碍了高校的财务管理，也阻碍了高校的进步和发展。

第三节　高校财务绩效评价指标体系研究

一、高校财务绩效评价方法

（一）层次分析法

美国学者 T.L.Saaty 在 20 世纪 70 年代给出了层次分析法，在当时被公司的决策层所采用，用于各种决策的编制和执行，将所编制的决策进行排列，选择最优的决策。

详细地说，在层次分析法中，将各种复杂的问题进行量化处理，将问题设计成一个指标，然后把这个指标进行逐一细化，对于每个细化后得到的因素赋予权重，然后核算每个指标的重要程度，根据重要到不重要的顺序排序，层次分析法也被我们称之为 AHP 方法。

接着层次分析法中的评判排序模式，可以构建出顺序化的递解指标系统，从而给出权重指标系数。

高校财务绩效评价中，层次分析法仅仅是其中一种。甄别其优缺点，有利于抑制缺点，利用好评价方法。而其优点是显而易见的，即非常具有实用性，简单而容易理解，没有复杂的概念信息左右人的判断；缺点则同样明显，即无法给使用者提供一种全新的措施，没有太多定性的分析，因此其分析结果的可信度有待考验，所赋予的权重值不够精确化，也难以让人信服。具体说来，其优点、缺点如下：

1. 优点

（1）系统性的分析方法

层次分析法能够将所研究的内容进行系统化，对该系统进行综合分析和判别，通过深度研究分析，得出内容的层次化的结果。相对其他分析方法，其具有综合性，对其中各个影响因素都有考量，较为平衡。

（2）简洁实用的决策方法

相对于其他分析方法，层次分析法不要求分析者和决策者拥有太多的逻辑推理能力，也不要求作者拥有高深的学问。其中需要将各个影响因素根据其具体情况授予不同的权重，并最终进行整合，得到最后的结果。这样的分析方法和分析结果，很容易被人理解，这也促使该方法在很多领域得到应用，并受到学界的广泛欢迎。

（3）所需定量数据信息较少

在很多社会分析方法中，都需要一些准确的数字做支持，随着计算机信息技术的发展，大数据理念的深入，这种现象越来越多，似乎数据能够说明一切，即使数字分析得出的结论与人们的认识大相径庭也无法阻止人们对其的信赖。然而事实上在很多领域都是数据无法测定的，至少不能准确衡量，因此定性的分析是必要的，而层次分析方法也为数据分析进行了有效的弥补。

2. 缺点

（1）不能为决策提供新方案

在决策中，层次分析法被人们普遍使用的最大原因，是其能够从中选择一个方案为决策者考虑，然而在复杂的企业经营中，决策者所遇到的情况是多元化的，管理者需要对企业内部的财务、人力、技术、人力结构，对外部的行业竞争力、市场潜力等进行多角度的考虑，而层次分析法所提供的并不是创新性的方案，而只是从过去的、现有的状况中选择最优的。由此可见，利用层次分析法，无法为决策者提供新方案。

（2）定量数据较少，定性成分多，不易令人信服

较少地使用数据是层次分析法的一个重要特点，也是数据分析方法的一种弥补，让人们可以对于一些复杂的问题、数据无法客观呈现的问题进行较为客观地认知。但不可否认，数据是能够解决很多问题的，而且数据所呈现的，大多数是准确的。在层次分析方法的具体应用中，很多都是主观的、分析者个人的认知参与其中，比如针对某个城市人口包容性的分析，可能该城市的原有居民的认知与外来者的认知就存在很大差别，从而使得其分析结果不够客观。同样，针对女士外套的选择问题，如果你不能基于女性的角度，基于某种女性（富贵或平淡）的角度，就无法对其是否值得购买进行全面的分析，一些女性对衣服的外观比较重视，但忽视了其质量和耐用程度，而如果分析者是男性，则得出的结果更容易大相径庭。

对于上述这样一个问题，虽然可以通过增加评价指标来提高问题的解决精准度，但是这样的不当之处在于一个问题需要多重指标来分析显得过于烦琐，因此可知，层次分析法的第三个不足之处在于数据统计量大且权重难以确定。

（3）指标过多时数据统计量大，且权重难以确定

有时候面对一些社会问题，所需要分析的影响因素是多方面的，这样通过层次分析法进行探讨，就需要找到很多层面、很多方面的因素。在具体分析中，还需要对每个环节都要理清楚，每个环节的因素的权重也需要合理地定性分析。由此可见，在指标过多时，分析者的工作量就非常大，而且其层次性、内容的权重关系也很难界定。而如果其中的部分影响因素被定为错误，其他的因子也会受到极大的影响，这都会对最终结果造成偏差。在一些简单的问题中容易解决的事项，在复杂事情面前则使得层次分析法变得无能为力或者说措手不及。

（4）特征值和特征向量的精确求法比较复杂

在层次分析法中我们需要对矩阵的特征值和特征向量进行求解，虽然在高等数学的理论下，是有既定的计算方式对其求解的，比如二阶如何求解、三阶如何求解，方法固定，可解。但当阶数很高时，这种计算就十分的复杂，呈现指数级的增长，这也是层次分析法推广使用中的难点之一。

（二）平衡计分卡

平衡记分卡简称 BSC（Balanced Score Card），是常见的绩效考核方式之一。它是从财务、客户、内部运营、学习与成长四个角度，以企业的战略和使命为基

础，依托于战略地图中所描述的企业战略，对每项战略进行分解，制定衡量指标和目标值，同时配之以达成目标的行动方案，形成一套对战略进行衡量的考核指标体系。平衡记分卡最早于 1987 年由 Ana-log Device 公司开始进行初步的实践尝试，又经哈佛大学教授罗伯特·卡普兰和诺朗顿研究院研究员戴维·诺顿对平衡记分卡的学术理论作出进一步的深化研究，并将其研究成果发表在《哈佛商业评论》的文章中。

平衡计分卡有助于企业构建“实现战略导向”的绩效管理模式，可以确保组织的各个层面了解长远目标，驱动各部门采取有利于实现战略目标的行动，并将部门、个人目标和企业的长期战略联系起来。所以，平衡计分卡受到越来越多的企业管理者的欢迎。

因为有效地冲破了对财务评价的局限性，平衡计分卡模式能够对组织管理做出更为全面和客观地评价，更容易促进组织目标的实现，其特点如下：

其一，可以有效提升组织的内部管理。在国际市场越来越透明的背景下，任何行业的竞争都在加强，一个企业要生存必须从各个方面下功夫，尤其是在内部管理方面。而平衡计分卡能够从内控的角度对个体、部门的工作进行全方位的评判和监督，能够对员工带来激励，这有效地提升了内部管理水平，为企业提升了竞争力，为其战略实现提供了保障。

其二，平衡计分卡能够有效地提升职工的工作效率。保障职工的工作效率，是绩效考核的基础性目标之一，平衡计分卡能够对企业 4 个主要层面进行考核，最基础的一点也是能够将战略目标细化，细化到每一个职工身上，并以此为根据判断员工做出的成绩是否达成。考核的结果，也会为员工发放奖金等，体现出一定的激励性，因此能够带动职工的工作热情，提升职工的工作效率。

其三，有利于加强内部团结。平衡计分卡的指标分类，会将作为一个团体的部门进行综合考量，这就需要部门内部精诚合作，将公司分配的工作集中做好，以提升团体性评分。部门负责人同样负有一定的责任，要求其提升自己的组织能力和领导能力，并给以评价和激励，由此提升部门的凝聚力。

其四，有利于降低企业的信息负担。现今社会，信息是首要资源，很多企业因为信息获得不足够而竞争力低下。而在平衡积分卡模式的落实中，能够有效地发挥员工的积极性，使得全员管理成为可能，他们的信息来源会扩大，也增强了信息处理的能力。

（三）目标管理法（MBO）

目标管理（Management by Objective，MBO）的方法最早为美国人德鲁克，其将该理论写入自己的书《管理的实践》，认为组织的经营要围绕目标而来，在具体的落实中，通常由上下级员工一起确立经营目标，同时规划一定的周期内完成目标，完成后获得一定的奖励。

该方法的流程分为如下几个步骤：

其一，设定目标。会发动所有成员，对企业或组织的经营目标进行设定，这需要经过大家一致性的讨论，尽量听取所有人员的意见，确定一个最为合理的目标值。

其二，落实目标。由中上层领导集体对目标进行下达和有效地控制，由基层员工去具体执行。

其三，绩效评价。对目标完成的情况进行考核，同样要对目标进行细化和指标化，根据实际完成的情况，以个人为评价对象进行分数的评定，并以此值作为员工绩效工资的发放依据和晋升依据。

相对来说，目标管理法也有诸多的不足，比如目标难以定性掌握，难以标准化，绩效的期限容易短期化。

（四）关键绩效指标法（KPI）

关键绩效指标（Key Performance Indicator）方法的逻辑性较强，其根据企业的具体特点，将其工作流程视为一个通道，并从入口和出口处分别设置几个重要的参数，以衡量这些参数的方式达成衡量工作效益的目的，这样将组织或企业的整体性目标一步步化解成具体化的目标。KPI 方法来自于一个十分流行的管理学规则，即“八二原理”，该原理指在组织中，二成的人创造了八成的效益，而其他八成的人创造了二成的效益。这样的假设下，我们需要对这能够创造 80% 效益的 20% 群体视为关键群体，把这种工作视为关键工作，以此找出绩效的核心点。

关键绩效指标法在绩效管理中发挥着不可或缺的作用：第一，关键绩效指标具有指导和激励功能。关键绩效指标体系的建立，将企业目标落实到员工个体，帮助员工在繁杂的工作任务中找出重点方向，员工通过对关键绩效指标的掌握，方便在企业实际工作中明确工作重点，约束自己的行为，提高工作效率，朝着完成企业宏观战略目标的方向努力。管理层能够依据关键绩效指标进行战略管理，更有效地实施资源配置。通过关键指标的指导和激励作用，关键绩效指标法有效地将企业整体目标与内部人员利益联系起来。第二，关键绩效指标具有降低管理成本、提高管理效率的功能。关键绩效指标能够方便企业内部员工进行实时沟通。通过事前和事中控制，员工能够有效明确自身的工作职责，及时发现日常工作中出现的问题和不足，方便业务管理人员及时采取改进措施。

KPI 方法具有如下特点：

一是有强调客户带来的价值。该方法将市场作为企业发展的核心，强调客户是上帝，根据客户的需求来进行工艺设计、生产制造和物流运输、售后服务。

二是强调职工利益与企业的一致性。该方法可以将企业的整体利益与职工的个体利益一致化，有效地激发了员工的工作热情。

三是指标不容易界定。KPI 强调完全以定量的方式进行指标的衡量，然而在实践中这个要求是很难实现的。

四是 KPI 很可能造成考核过程的机械化。

二、高校财务绩效评价的相关理论

（一）利益相关者理论

利益相关者理论是伴随着现代商业社会的形成而确立与发展的，在英美等国，企业控制理论具有外向型，即企业治理由外部控制，这与一切为股东服务、以股东马首是瞻的理念有所不同。其核心观念认为，所有企业的经营都与利益相关者息息相关，这些利益相关者不仅包括股东与债权拥有人，还包括地方政府、消费者与员工、产业链其他商家等。在公司运营中，需要对这些利益相关者进行综合性的考量，以达到维护相关利益的目的。

20 世纪六十年代，美英两国的很多企业恪守外部管理控制的经营理念，并对该理念进行了持续的改善，以至于最终利益相关者理论被提起和发展。其中弗里曼对该理论的定义进行了阐述。

弗里得曼认为，公司不是孤立地以利益至上、以股东利益至上的经济体，而是一个多边关系的经济体，一个企业越大，与之有关系的群体和组织就越多，包括消费者、股东、供应商、销售商、员工、债权拥有者等。他们的生活与工作与某公司相关，而某公司的经营也与他们息息相关。一个公司的经营结果与其利益相关者的共同作用分不开，如大家努力则容易成功，如大家都不努力则容易失败，体现了不同资源的整合。该理论就是从这个角度出发，指出公司治理结构和其利益相关者的合力有关。他们从不同角度，对公司产生一定的影响。比如员工的努力工作有益于公司的经营发展，而员工的破坏则损害了公司的利益；消费者的反馈有助于公司找到问题并解决；股东的放弃会对公司造成一定打击等。由此可见，公司在进行一些决策时，需要对利益相关者进行多层面的考虑。从这个角度来说，公司维护自己的权益，也需要考虑利益相关者的权益。

但是，该理论呈现了一定的不足，主要如下：

一是针对公司自身来说，其运营的主要目标是实现利润并使得利润最大化，也就是以最低的成本、最低的风险获得最大的利润，在这种理论支持下企业可以有效获取市场竞争优势并持续发展下去，如果一些决策要考虑其他人群，企业需要平衡多方利益以获得均衡的发展，也就是经济利益之外的社会责任、政治意识等都需要考虑，这时候企业的利润就会为上述内容让步，企业的目标就会变得不再明确，同时企业还需要承担更多的责任，往往这种情况下企业容易被唯利润的企业管理模式所抢占市场，严重时甚至导致企业无法经营。

二是该理论对利益相关者的定位并不明确，我们无法确定这个群体到底该包括哪些人，没有明确的群体划分。对此一些学者进行过相关的划分标准，但并没有得到广泛的认同，且尚在探讨阶段。另外，利益相关群体之间的利益诉求也是不同的，比如原料供应商希望能够提升原材料价格，而消费者则希望价格更加优惠，这就造成了利益相关者之间不确定的态度，也没有一个准确的标准。

对于高校的财务绩效评价来说，利益相关者理论有如下价值：

首先，该理论可以梳理高校管理的各种工作，不同部门之间的责任划分，效益的衡量等。不同的利益相关者将基于自身诉求提出见解，但他们之间是有矛盾的，它们追求的绩效的维度也就不同了。在进行绩效评价指标设计中，需要对其进行利益最大化地设计，以平衡他们之间的利益诉求。

其次，对于高校来说，其财务绩效管理是十分系统的，也是相对稳定的，这就需要教务部门、各个学院、实验室、体育馆、图书馆等利益相关者部门之间拥有系统化的关系，需要它们将责任厘清，同时也需要和社会，和政府，和家长群体，和投资方等建立责任关系。

（二）公共产品理论

公共产品理论是一个经济学术语，最早提出公共产品概念的是德国人，是指具有非排他性和非竞争性的物品。前者意味着，个人在认同某事物时，不能阻止别人不认同，即你喜欢某个产品，但也得允许别人讨厌该产品。所谓非竞争性，是指在某种条件下，个体在消费某产品时，也不会对别人的消费行为造成任何影响。即对他人消费的边际成本的增加值为零，由此反映了该产品的不可分割性，多了若干消费者，没有提升其可变成本，也没有改变其边际成本。若一个产品同时拥有上述两个性质，就认定其为纯公共产品。若某产品同时拥有排他性、竞争性，则认定为纯私人产品。由此可见，实践中严格具有公共产品属性，或者严格具有私人产品属性的产品均非常稀少，生活中大多数产品为准公共产品，其性质为两者之间。

在这种理论下，公众教育是公众产品，大学教育是准公共产品。大学因为其重要性不同，由各级财政部门给以一定的补贴，对图书馆、体育馆、实验室等投入给以一定的财政支持。同时随着高等教育水平的提升与普及，其私有属性的比重也开始加大，促使社会组织、社会企业等也与政府一起共同成为高校的投资者，因此将大学教育成为准公共产品。这就需要高校在进行财务绩效评价体系建设时，考虑其公共产品理论下投资多元化的问题。另一方面，对于公共产品价值的衡量，政府和财政部门也会有所考量，因此会对高校的财务绩效进行监管。

（三）委托——代理理论

委托代理理论（Principal-agentTheory）是过去 50 多年里契约理论最重要的发展之一。针对委托代理而言，其核心的目的是对存在利益方面的矛盾的情形之下，委托人应当对契约进行怎样的设计，才能有效提升相关工作人员的效率。对于高校来说，其所有者多为国家或地方政府，或部分甚至全部属于社会组织、企业，但因为所有方并没有专业的办学能力，会将经营权（校务）交付给专业的学校管理团队，形成委托——代理关系。同时学校对各个学院，学校对各个职能部门，对实验室、体育教研室等，对社会服务机构，也构成委托——代理关系。在对高校财务绩效评价体系建设中，应当以委托——代理的角度对这些交叉性强的财务机制进行梳理。

（四）系统管理理论

系统管理理论是在一般系统论的基础上建立起来的。1963 年，系统管理理论代表人物弗雷蒙特·卡斯特与理查德·约翰逊、詹姆斯·罗森茨韦格共同撰写了《系统理论与管理》一书，全面地阐述了系统管理的观点，成为系统管理理论的奠基之作。系统管理理论把管理视为一个系统，系统内部又包含了多个子系统，各子系统既有自己的特性又与其他子系统相互联系，任何子系统的变化都会影响其他系统的变化。其核心是运用系统分析的方法，分析组织机构和管理行为，以寻求普遍适用的模式和原则。

系统管理理论是指将通常性的系统概念在组织管理中使用，采用系统性研究的方法，和其他管理方法相结合，最终实现一种普遍适用的方法。能够采用通用性的控制论方法，对组织结构与管理职能进行考察，最终解决管理问题。系统论的主要思想是：

（1）系统是以多种因素组成，各个因素之间有一定的相关性。

（2）系统的整体性。

（3）系统的层次性。

对于高校的财务绩效评价来说，评价的内容十分复杂，涉及的内容比较广泛，层次性较多，为此需要进行系统性地设计。

三、以省属高校为例财务绩效评价指标的研究

（一）省属高校现状

据教育部统计，截至2020年底，全国共有高校3005所，其中，省属高校2500多所，占我国高校总数的85%以上，是我国高等教育体系的主体部分，但与部属高校相比，省属高校发展仍受限制。我国高校经费收入主要来源于教育经费拨款、科研经费、教育事业收入和社会捐赠，其中，财政拨款的比例最大。部属高校由中央财政直接拨款，省属高校则与地方财政配套。

就生均拨款而言，2014年，部属高校生均公共财政预算教育经费平均为24920.06元，比地方高校的16713.41元高出8206.65元；同时，东部11个省市的地方高校生均公共财政预算教育经费又比中西部20个省市高出5534.50元。通过这些数据可以进一步看出高校隶属不同，学生获取教育资源的总量和质量就不同，进而影响学生的培养质量等因素，最终阻碍省属高校的发展。

另外，省属高校与部属高校相比，明显缺少某些资金项目。比如，省属高校没有明确的“住房保障支出”项目，基本都在一般经费中核算。总而言之，上述所有数据实质上都反映了一个事实：部属高校和省属高校在经费方面明显存在差异，省属高校的成长受条件约束。

在债务偿还上，两类高校虽然都依靠财政和自有资金还债，但部属高校债务由中央财政偿还的比例较高，而省属高校除近几年能获得部分奖补资金外，其余债务全靠自有资金偿还，比例较大，背负着沉重的利息负担和债务本金偿还压力。

政策上，国家对两类学校的态度有所不同。首先，有些项目只对部属高校开放，省属高校根本没有申请资格。其次，在长江学者、新世纪人才、科研课题及

科研奖励的选择上，被选入者多数来自部属高校，省属高校处于竞争的弱势地位。当然，在学位点上，硕博学位点设置时会优先考虑部属高校，国家重点实验室及重点学科也会向部属高校适当倾斜。以上种种表现显示，部属高校的地位一直高于省属高校。虽然近几年颁布了某些法规，用以保护省属高校的发展环境，扩大了省属高校规模，促使师生人数逐年增长、筹资渠道逐年丰富、可使用资金越来越多，为省属高校带来了机遇与挑战，却也为问题滋生提供了温床。

（二）省属高校财务问题

省属高校招生规模逐年扩大，办学经费来源愈加丰富，财务风险不断扩大，财务管理工作也日趋繁重。财务管理暴露出的问题呈现多样、鲜明、亟待解决的特点。

1. 省属高校资产管理的问题

省属高校的资产管理问题比较复杂，具体要求多，工作要求细。资产管理是省属高校财务问题调查中被提及最频繁的环节，关键点主要概括有资产成本、资产使用效率、资产价值评估、管理制度和激励机制。具体而言：

第一，高校成本核算工作并不积极，资产管理意识不足。省属高校属于事业单位，资金多以政府划拨的经费为主。审批项目、费用报销、设备维护等经常发生的直接支出项无须计算成本，而学习用品与设备的利用，固定资产的转让，设备的折旧与报废等活动，相比之下比较复杂，均需要成本计算。省属高校对已有资源的管理程度和需要计算成本的资产管理积极性并不高，而且资产的管理缺乏统一、体系化的管理规范，管理制度往往流于形式。

第二，资产管理制度不详细，资产细分落实不到位。省属高校的资产多采用传统管理方式，资产的权责明确度不高，物资的管理分类不细，无法确定校内每一项资产的责任人和状态。

第三，资产使用效率低下。在高校资产管理工作中，仍然存在高校资产管理使用效率低下的问题。其根本原因就是高校资产管理体制过于落后，未能对高校资产管理体制进行创新，而且在责任、权利方面严重脱节，未能明确具体工作责任和义务，加强对国有资产和相关资源的有效管理。同时，很多高校一直沿用各级政府分级监管的管理模式，在结合自身工作需求，加强高校资产管理机制创新、体制创新，提升资产使用效率方面存在不足，也没有通过落实相关责任和义务等对策，对相关工作单位和部门进行有效管理。在高校资产管理中，其管理方式过于僵化，在图书馆、各院系、电教部门方面，缺乏明确的资产管理工作职责和权利，也没有通过有效明确和分配相关资产等方式，让资产管理工作达到预期的目标，进而造成责任和规定落实不到位，影响相关工作的健全发展。

第四，无形资产流失比重大。无形资产看不见、摸不着，省属高校财务管理者无法确定无形资产的现实状态，无形资产的产生、转让、出售管理有漏洞。

第五，国有资产价值评估及所有权模糊。省属高校的土地、房屋在经营活动中，很多都未进行价值评估和所有权说明，不利于产权的管理与责任的明晰。

第六，绩效评价与激励机制不健全。由于资产管理与管理者的工资等不挂钩，资产管理者无所谓于高校资产的状态，使高校的资产管理缺乏动机。

2. 省属离校负债管理的问题

省属高校负债问题相对较少。最鲜明的是负债金额巨大，难以偿还。基本上，所有高校为了发展都会在银行申请贷款，每年利息巨大，还款更是遥遥无期，为省属高校的发展埋下隐患。其次，省属高校筹资的方式不多，多是“高息揽储”和“高利得贷”的方式，隐性负债比重大，又时常生成新的负债，负债管理欠缺科学性。

3. 省属高校收入管理的问题

省属高校的收入都是以财政拨款为主，自筹资金和其他产业经营收入为辅模式。在收入环节，省属高校存在的问题大致有：收费手段老旧，期限内收费任务不能保证完成，收费效率低；学杂费划款日期变动大；经费收入的内部管理体制不健全，缺乏责任落实和权责规范；奖学金、助学金和学生贷款等管理体系不完善。

4. 省属高校支出管理的问题

支出管理问题比较复杂。首先，省属高校对支出的划分比较详细，可能会造成支出管理过于冗杂，降低支出管理的效率。其次，针对支出项目理解的差异，会产生财务系统与其他管理系统的信息不一致，对某一支出项目，可能漏存或重复储存。然后，省属高校支出的结果仍需更高层次的合理化，严格设计教学、科研、基础建设和学校活动的支出结构比。另外，省属高校支出存在浪费情况，要考虑能否及如何节约。还有，省属高校存在支出高于预算的积极支出行为或支出不及预算的消极支出行为。最后，省属高校的支出由自己决定，存在金额可变性、地区差异性和支出随意性特征，支出缺乏统一或合理的地区支出管理体系。

（三）省属高校财务问题成因

近年来，省属高校内部管理程度远远没有跟上其扩张速度，制度上的薄弱和管理上的漏洞是省属高校面对的主要问题。为了便于构建省属高校财务绩效评价体系，根据数据和省属高校财务从业人员的指导，笔者简要概括了省属高校财务管理问题的成因。

1. 外部成因

虽然国家重视高校财务建设，相继颁布了《高等学校会计制度》等一系列法规条文，但主管政府部门制定政策相对延后，会阻碍省属高校财务工作时效性。在高校改革发展的大背景下，筹资渠道愈加丰富，省属高校可支配的资金总额越来越多，高校间会形成竞争意识，容易形成管理观念的偏颇。高校受审计等部门的监督，但不能保证外审人员对省属高校运行情况的了解程度，或是因为相对缺乏高校财务管理知识，容易造成审计结果的偏差；或是因为时间紧、任务重、难度大等因素限制，仅对省属高校财务进行抽检，不能将问题落实到每个院系，纵容问题的生长扩散。当然，舆论宣传和执法力度深度不足也是重要原因之一。

2. 内部成因

省属高校财务问题内部成因要从政府支持、管理制度、人员素质等多方面探究，主要有以下几点：

第一，财务预算不规范。高校在财务预算方面的不规范主要表现在如下几点，一为高校日常支出管理体系不健全，如普通高校工作活动中举行学术性会议尤为普遍，而借着参与会议名号外出旅行情况也并不少见，将会产生会议经费流失问题。加之部分学校对教育职工的资金控制具备严格的管理力度，使得高校财务管理活动中产生严重的支出比重失调现象。除此之外，因通信行业的进步、发展，学校在电话、网络等基础设施建设中所投入的经费每年均高速上升。其次为学校针对事业性收入并未严加管控。最后为部分账簿的记录合理性与规范性缺失，使得高校无法对某些项目的盈亏情况加以准确预算，致使学校财政性收入减少。

第二，财政拨款不足，资金使用效率有待提高。政府作为省属高校经营活动的资金提供者，对其日常发展具有至关重要的作用。财政拨款充足，省属高校可以放开手脚，迎头向上；财政拨款欠缺，省属高校则会遇到瓶颈，发展情况受制约。

第三，省属高校盲目扩张。不管是出于“评优”目的，还是出于高等教育大众化的政策需求，高校近几年都在扩大自己的规模。此行为带来的往往是资金与资源不足、经营质量跟不上扩张速度，为管理带来困难。

第四，行政管理体制有缺陷。省属高校的内部管理控制缺乏全面、有效的管理机制，内部控制与认识不足使措施执行不得力，每项管理活动并不能都落实到责任人，管理方式不一定与现实状况相匹配，管理质量得不到有效衡量。

第五，负债运营。省属高校资金的使用程度超过了政府划拨的经费总额，外借款项又伴随高额的利息，以债养债，负债金额越滚越大，压力愈来愈重。

第六，捐赠收入较少。企业和个人捐赠在发达国家的高校收入中占有不可忽视的比重。从收入渠道、收入总额和收入质量上，这一原因都应作为省属高校财务，尤其是收入问题的重要影响因素。

第七，信息披露机制不健全。省属高校的投资者、校友等不能从网站或其他渠道直接了解学校的经营和财务状况，学校的学生、教师、职工也不能直接了解管理情况，这种信息的缺失，严重制约了省属高校的发展。

第八，财务从业人员素质有待提升，制约了省属高校财务管理水准。从业人员的素质，主要为职业素质和业务素质，不能熟悉掌握行业法律法规，不能保证财务信息完全有效，或不能保持严谨公正的作风等行为严重影响了省属高校财务管理进程。

（四）财务绩效指标设计原则

高校的财务绩效评价体系是由一系列反映高校教育资金投入而产生结果的情况，可以用来评价高校的资金使用情况和产出的效益状况。根据高校财务管理的特殊和复杂性，所以在建立高校财务绩效评价体系的过程中要考虑很多，既要考虑到财务管理的通性还要考虑到高校的独有特征。评价指标的设计除了考虑到评价要研究的任务，还要符合客观的本身事实特点。在体系构建过程中，要以现有的会计数据作为基础进行分析，从理论上要注意到指标的科学性和完整性。

实施财务绩效评价的目的，是为协助省属高校认清本年财务工作和决策的优劣，为下一年度省属高校的发展提供指导。省属高校作为独特的经营主体，追求的是“育人”和“贡献”，体现在财务上更强调财务运营能力、筹资揽收能力、资产资金控制能力等。在构建省属高校财务绩效评价体系时，结合省属高校的财务特点，考虑指标体系的可行性和实用性，指标设计原则明确如下几点：

第一，科学严谨原则。设计省属高校财务绩效评价指标的目标就是通过指标计算，促进相关者对省属高校财务状况的认知。因此，必须满足体系内各指标合理存在且具有计算科学性和数据严谨性，并能获得理论与实践的双重认可。采用科学的方法，对省属高校财务绩效评价指标进行设计、筛选、权重计算与综合评级，保证各指标指向清晰且容易操作。

第二，独立性与关联性并存原则。通俗地讲，就是既要保证各指标独立反映现象或问题，又要保证各指标间存在互联互补关系，使省属高校财务绩效评价体系指标织成一张严密的“网”，做到指标不重复、不遗漏。

第三，可测量原则，即指标存在测量意义，实践中具备可行性。这就是说，省属高校财务绩效评价指标的设计既要满足评价目的，亦要符合操作要求，数据可以在日常财务凭证中直接或间接获得，评价及计算方法可以掌握。

第四，代表性与全面性并存原则。省属高校财务绩效评价指标的设计不能仅局限在财务数据上，还应考虑反映省属高校财务系统的全貌和学校经营情况。但是，财务绩效考核指标数量庞大，为了体系的可行性和操作便利性，指标选取时必须有舍有得，用更直观的方式展现省属高校财务状况。

第五，差异性原则。我国高校分公立高校与民办高校，公立高校又分不同层次，比如“985”“211”工程高校、普通高校、高职院校等。鉴于不同隶属高校间的差异，着重构建既满足省属高校横向时间对比，又满足纵向主体间对比的评价体系。

（五）省属高校财务绩效评价指标体系表

省属高校财务绩效评价指标体系表，如表 10-3-1 所示：

表 10-3-1　省属高校财务绩效评价指标体系表

一级指标	二级指标
运行能力	总资产周转率
	资金周转率
	周转资金规模的控制程度
	资产收入率
	结转资金控制度
	控制结余资金努力程度
经费支付能力	人员经费保障率
	人均公用经费变动率
	公用支出比重
	公用经费保障率

续表

一级指标	二级指标
偿债能力	资产负债率
	流动比率
	收入负债率
	收入支出率
风险应对能力	筹资渠道变动比
	自有资金占用程度
	其他资金占用程度
预算实现能力	预算支出完成率
	预算收入完成率
	预算调整率
管理能力	新财务系统待改造程度
	在职财务人员考核结果
	财务管理工作完成度

（六）省属高校财务绩效评价方法设计

按照数据标准化处理的分类要求，将省属高校财务绩效评价指标依照越大越好、越小越好和在一定区间内好三种标准分类。其中，总资产周转率、资产收入率、人员经费保障率、人均公共经费变动率、公用支出比重、公用经费保障率、收入支出率、筹资渠道变动率、自有资金占用程度、在职财务人员考核结果和财务管理工作完成度属于越大越好型，按照公式进行了正向化处理；周转资金规模控制、控制结余资金努力度、收入负债率、其他资金占用程度、预算调整率和新财务系统改造程度属于越小越好型，按照公式进行了正向化处理；资金周转率、结转资金控制度、资产负债率、流动比率、预算支出完成率和预算收入完成率属于在一定范围内好，按照公式进行了正向化处理。

（七）省属高校财务绩效评价体系的应用

高校要把财务管理工作人员、项目负责人、科研部门召集在一起，通过各方面的不同需求，进行分工协作，确保每一个部门都能各司其职。第一，在项目的立项阶段，科研管理部门要和财务管理人员共同定制预算编制，以此来保证预算编制的科学性，再将预算编制进行送审。第二，在项目的实施阶段。科研部门要对预算编制进行实时的评价，根据项目开展的实际情况及时地进行预算上的调整。第三，在项目的验收阶段。科研部门根据申请人提交的申请材料进行核对，在确保所需的物品、设备、器材等都准确无误后，再由资产管理部门进行验收以及费用审批。第四，在项目的跟踪阶段。科研部门需要根据项目的具体进展，进行结余资金使用情况的申请报告，最后由财务部门进行统一的管理。

假定这里一个典型特点的省属高校例子。（以下数据为模拟或网上查询数据）某高校是一所省重点建设的应用基础型人才培养名校，具备 7 个国家特色专业，1 个国家综合改革试点专业，3 门国家级精品视频公开课，1 个国家级人才培养模式创新实验区，历年来学校获国家级教学成果奖 4 项，省级教学成果 70 余项，符合本文所构建的省属高校财务绩效评价指标体系的应用范围。2019 年，该校教师人数为 2285 人，学生 59213 人，职工数为 578 人，资产总额约为 34.27 亿元，流动资产金额约为 4.68 亿元，全年支出总额约为 10.66 亿元，全年收入总额约为 10.87 亿元，科研经费总额约为 1.94 亿元。2018 年，该校教师人数为 2867 人，学生 58185 人，资产总额约为 32.74 亿元，全年收入总额约为 10 亿元，经费总额约为 10.33 亿元，

某高校财务绩效评价体系指标计算结果如表 10-3-2 所示：

10-3-2　某高校财务绩效评价体系指标计算结果

一级指标	二级指标	2019	2018
运行能力	总资产周转率	32.88	30.55
	资金周转率	71.74	77.13%
	周转资金规模的控制程度	59.07%	31.81%
	资产收入率	32.30%	29.97%
	结转资金控制度	0.04%	2.61%
	控制结余资金努力程度	4.88%	3.42%
经费支付能力	人员经费保障率	100.74%	93.23%
	人均公用经费变动率	7.93%	5.44%
	公用支出比重	57.76%	58.31%
	公用经费保障率	94.94%	88.32%

续表

一级指标	二级指标	2019	2018
偿债能力	资产负债率	12.24%	10.95%
	流动比率	115.51%	107.33%
	收入负债率	37.73%	34.28%
	收入支出率	101.56%	97.69%
风险应对能力	筹资渠道变动比	14.75%	3.57%
	自有资金占用程度	8.19%	6.33%
	其他资金占用程度	8.04%	11.62%
预算实现能力	预算支出完成率	112.20%	103.67%
	预算收入完成率	130.05%	109.84%
	预算调整率	30.48%	17.88%
管理能力	新财务系统待改造程度	17.57%	14.29%
	在职财务人员考核结果	16.63%	14.83%
	财务管理工作完成度	95.86%	98.47%

某高校财务绩效评价体系分项、综合得分如表 10-3-3 所示：

表 10-3-3　某高校财务绩效评价体系分项、综合得分表

一级指标	指标得分	4.75
运行能力	17.66	57.68
经费支付能力	8.58	
偿债能力	8.61	
风险应对能力	13.85	
预算实现能力	4.23	
管理能力	4.75	

从综合水平来看，2019 年，该高校整体财务绩效综合得分为 57.68 分，对应财务绩效等级为“良好”。说明高校被测定的运行、经费支付、偿债、风险应对、预算实现和管理能力有待发展。

从运行能力看2019年，这所高校该项得分为17.66分，对应等级为“优秀”。总资产周转率、周转资金规模的控制程度、资产收入率和结转资金控制度2019年数值优于2018年，说明本年该高校资产经营效率有所提升，加强了对财政资金和结转资金的控制力，利用资产获取收入的能力有所增长，整体资产运行呈良好态势。但资金周转率和控制结余资金努力程度表现不好，数据显示本年事业收入资金使用效率有所下降，说明高校资金运行仍有潜力可挖。另外，支出管理不到位，可能存在消极或不作为行为。

从经费支付能力看，2019年，高校该项得分为8.58分，对应等级为“及格”，距“良好”等级有0.07分的差距。结果显示，公用支出比重和公用经费保障率本年表现逊于上年，表示高校对其成本的控制水平需提升。人员经费保障率较去年有所增长，人均公用经费金额上涨，这说明本年该高校“保工资”和“保运转”水平提升，但就数值看，仍与本地水平略有差异，需改进。

公用经费支出比重低于上年，说明高校的公用和事业支出结构变动不合理，有待调整。

从偿债能力看，2019年，高校该项得分为8.61分，但与“及格”只相差0.21分，对应等级侥幸为“优秀”，存在问题。其中，资产负债率和流动比率表现良好，说明本年高校在偿债能力的管控上花了力气，利用债务经营的能力较强，但短期债务变现能力与地区值间仍有小幅差异，需继续提升。收入负债率不得分，说明在不考虑支出的情况下，高校本年收入偿债能力回落，收入与负债的增长幅度差值如大。收入支出率表现不及上年，表示隐性负债质量相对本年财务总体情况变差，原因需深究。

从风险应对能力看，2019年，该高校该项得分为13.85分，满分，对应等57级为“优秀”。筹资渠道增多，资金筹集风险变小，说明本年该校在拓展资金来源工作上表现积极。自有资金余额占用程度增强，其他资金占用程度减小，说明高校自主支配的资金变多，其他资金储备增加，本年财务经营的自由性增高，财务风险减小，风险控制手段可继续保持。

从预算实现能力看，2019年，该高校该项得分为4.23分，对应等级为“不及格”，亟待反思。支出和收入2年数值均超出预算，说明高校收入能力表现良好，但需寻求节约支出途径。支出预算完成度在可接受范围且向好，收入预算变动超出范围且额度加大，说明本年高校支出可能存在浪费或花钱不办事的情况，财务期初排预算计划时过于保守，低估了收入能力。预算调整程度的加深反映了该校追加、追减或结构调整的预算资金有所增长，说明存在对本校日常经营状况了解程度不足或预算制定手段不够科学的情况，预算管理水平需提高。

从管理能力看，2019 年，高校该项得分为 4.75 分，对应等级为“及格”。其中，在职财务人员考核情况表现优异，财务系统未量化程度和财务管理工作完成度不尽如人意。数据显示，本年财务系统指标增加 3 个，之中 1 项未量化指标，“改刀”数较多，改造意识值得褒奖，只是未量化指标比例较去年有所增加，来年需要寻求合适手段测算或直接选用其他合理指标替代。工作完成度较去年有大幅下降，需要从人员素质、管理能力等方面分析影响本年财务管理工作效率的原因有哪些。

第十一章　高校财务管理信息化创新研究

随着通信网络和数字化水平的提升，高校在财务管理方面不断地提升信息化水平，高校财务管理信息化的介绍比如概念、基础理论等需要简略了解，同时本章也介绍了高校财务管理信息化的应用、高校财务管理信息化的现状及问题、高校财务管理信息化的创新建议。

第一节　高校财务管理信息化概述

一、高校财务信息化相关概念

（一）财务管理信息化概念

随着经济飞速发展，财务工作内容发生了重大的变化，不再是传统的记账和核算工作，而是报表分析、财务预测、预算管理、财务监控等更加复杂的工作。财务管理系统的出现，提高了财务工作的效率，更多的企业通过信息化的建设，来帮助企业进行财务管理。财务管理信息化是将企业各个部门的业务通过系统软件整合到一起，财务部门可以对各项业务进行把控，做到事前预测、事中监控、事后结算、业务分析，保证项目资金的安全与真实性，提高业务过程的透明化、公开化，降低财务风险。通过财务数据汇总，提供可视化的财务分析报表。

财务管理信息化可以定义为依靠信息化技术，对资金、成本、信息、业务等财务相关的数据信息进行汇总整合，并且运用计算机设备和网络通信等信息技术手段，对财务进行管理和控制。

（二）高校财务管理信息化概念

《国家中长期教育改革和发展规划纲要（2010-2020 年）》明确指出，信息技术对高校的重要性，高校教育发展离不开信息技术的支持。高校应充分利用信息化技术，将信息技术与教育进行深度融合，实现教育资源共享，促进高校教育信息化变革。高校财务管理信息化建设是实现教育现代化重要组成部分，高校财务管理信息化不仅仅能推动高校财务管理的改革，还能规范资金使用，有效地降低财务风险，提高财务管理水平。

高校财务管理信息化是指以高校财务工作模式重组为基础，利用信息技术、数据库技术，实现高校财务活动信息的收集、分类、汇总，通过集成化管理和控制，为管理人员提供决算、预测、决策、监管等分析手段，保证财务活动合法合规以及资金的安全、真实，实现办学效益最大化。

（三）高校财务管理信息化平台概述

财务信息通过系统软件的集成便形成了财务管理信息化平台，高校财务管理信息化平台是财务信息传输的通道，是实现财务管理信息化的重要支撑。高校财务管理信息化平台建设主要包含四个内容：一是建立数据交互平台，通过数据交互系统对各个部门的数据进行数据传输、数据共享，解决“信息孤岛”的现象，为了保证数据的安全性，必须设定不同权限，针对不同的部门做出不同的反馈结果，数据只能在业务相关的部门交互，避免信息泄露；二是制定信息化标准，对活动内的信息按既定的标准进行数据采集、数据分类，保证各个部门基础数据的统一性、准确性，为数据交互提供保障机制；三是内控平台的搭建，通过建立内控信息化平台，实时掌握院系、部门管理动态，使业务办理过程数据透明化、公开化，及时发现和解决问题，从而有效推动相关工作的程序化和常态化。四是业务流程再造，通过现代化技术手段，重新梳理业务流程，针对不同的工作人员给予不同的系统权限，强化管控，规避财务风险。

二、高校财务管理信息化基础理论

（一）信息化下财务管理的演变

1. 财务管理由封闭型转向开放型

随着信息技术的发展，不仅在财务内部，学校部门之间、学校之间的信息传递和交流日益频繁和迅速。财务管理与学校其他业务上的联系更加紧密，因此必须打破传统财务管理模式上专业封闭的局限性，将财务管理与学校管理目标、组织结构、业务流程结合，实现财务管理的真正开放融合。

2. 财务业务由分离转向业务协同

在信息化模式下，网络技术的发展使得财务业务的协同化成为可能。财务业务协同包括财务内部业务协同、财务业务链协同。信息化可以实现学校内部各部门信息的搜集、整理、分析，对财务业务链中分布在各部门的业务流程点进行重新整合和重组，从而为财务业务协同化提供必要条件。

3. 财务管理由分散式转向集中式

一方面，高校的经费来源呈多样化趋势，校企合作、二级单位创收已成为学校收入的重要来源；另一方面近年来的全面预算、国库支付等财务改革措施要求加强对学校资金的统一管理。高校财务逐渐加强了对二级单位的财务管理控制，执行规范化的集中管理模式。信息化条件下的远程处理、远程核算与监管为这种集中式的转变提供了可能。

4. 财务管理由粗放型向精细化转变

经过大范围的高校扩招和新校区建设等基础设施投入后，高校的发展必须由教育硬件条件的改善和招生规模扩大转变到提高教学质量和科研水平，以培养学生质量的提高为标准的内涵建设上来。为实现这种发展模式的转变，财务管理的精细化也就显得极其重要。借助于信息化手段，可以实现对财务状况进行量化管理、实时监控、动态分析，对于财务的事后核算转变为事前预测、事中监控、事后监督等，对高校运行进行全过程的目标成本管理和控制，为高校内涵建设提供全面的精细化服务。

（二）信息化下财务管理的目标

（1）预算管理目标是指建立对高校资金的预算编制、预算审批、预算下拨、预算调整、预算执行、预算监督和预算考核的全面预算管理制度，以达到合理、高效使用资金的目标。

（2）收入管理目标是指在当前高校收入以教育经费拨款为主、科研经费收入、捐赠收入等其他收入共同组成的情况下，通过高校收费制度和资金管理制度的创新，拓宽高校资金来源渠道，为高校发展筹措最大化的资金。

（3）成本管理目标是指高校必须加强成本核算管理，以绩效最大化为目标进行有效的成本效益管理，避免资产流失、重复建设等现象，降低学校运行成本。

（4）资金管理目标是指高校应对学校的存量资金加强运营管理，建立资金的时间价值观，合理进行资金筹划，利用定期存款、国债等理财形式，探索资产保值增值的目标。

（5）投资管理目标是指随着学校的发展，高校一方面对新校区建设和教学设施、实验设备的投入巨资进行改造；另一方面学校对校办企业、下属单位的校企合作投资也逐年加大。为此高校应加强投资决策管理，合理制定投资目标，对投资进行必要的可行性分析，确保投资效益的实现。

（6）财务分析目标是指高校财务应改变财务管理模式，从只重视日常会计核算转变到注重财务决策和财务管理分析上来，通过对资金状况、预算执行情况、决算情况等财务情况的分析，为领导层决策提供及时有效的依据。

（三）信息化财务管理理论基础

1. 内部控制理论

2008 年 6 月 28 日我国发布的《企业内部控制基本规范》中给予了内部控制的权威定义：企业内部控制是由企业董事会（或者规定的经理、厂长等决策人或者治理机构）、管理层和全体员工共同实施的，其目的是合理合规的保证实现其既定目标的一系列控制活动。并指出内部控制的目标是保证企业管理的合法性、合规性，保护资产的安全和财务报告的真实性、完整性，从而提高经营效益，促进企业健康发展。

2012 年 12 月，财政部发布的《行政事业单位内部控制规范（试行）》中规定：各单位应当充分利用现代化信息手段加强内部控制，信息化建设需要对应管理部门与责任人，必须归口管理，将经济业务和组织内控制度有机融入信息系统的建设中，避免人为因素的操控，保证信息系统的安全。实现高校管理信息化，就得厘清内部控制五要素。内部环境是基础，支撑着高校内控体系的运行；风险评估是高校系统分析，识别风险的重要保障环节，避免高校在发展过程中带来的不利风险；控制活动是高校通过分析风险，评估风险后对经济活动把握在可控范围内；信息与沟通是高校连接各部门的重要桥梁，收集内控信息，保证内控平台的有效沟通；内部监管是高校内控执行过程的监督和自查，发现问题、及时反馈、自我改进。

2. 流程再造理论

流程再造理论最早是由美国著名研究学者迈克尔·哈默（Michael Hammer）和 CSC 管理顾问公司董事长钱皮（James Champy）在其合著的《企业再造——企业革命的宣言》书中提出的，书中对业务流程再造理论给予明确解释。200 多年来，我们一直遵循传统的劳动分工的思维方式来创办和管理自己的企业，基于这个概念，我们应该把分解的工作任务重新组合到业务流程中去，书中对 BPR 给出的定义：为了可以快速地降低成本，提高质量与服务，必须对业务流程重新分析、重新思考，从根本上进行彻底改革。他的核心思想就是要彻底打破原有企业设置的传统工作方式，彻底改变按照劳动分工的原则，把一个工作分成相互独立的工序，取而代之的是以业务流程为中心，以发展现状为基础，以客户为导向，淘汰落后环节，重新设计企业的管理过程，追求企业效率最大化。

在20世纪90年代流程再造理论达到了全盛时期，随着不断研究和发展，流程再造理论的运用领域得到进一步的拓展，美国学者Susan M. Grotevant、英国D. K. Allen和N. Fifield等众多学者研究提出大学流程再造（University Process Reengineering），学者们认为，流程再造理论不仅仅适用于企业，也可以用于高校改革，突破高校的发展困境。业务流程再造可用于高校的财务管理、招生管理、组织机构管理等教育教学管理中，通过拆解、分析、整理，改进高校管理水平，降低办学管理成本，提高工作效率，使高校的教育教学、科研管理、财务管理等核心管理工作更加健康、高效发展。

随着互联网的高速发展，信息技术的普及，各种业务流程必须基于信息化系统上进行。高校的财务管理由最传统的手工记账开始，过渡到会计电算化，发展到现在的互联网管理时代，传统的财务流程不仅分工不明确，而且流程烦琐复杂，环节冗长拖沓，落后的业务流程已经无法适应新形势下的财务管理，财务管理业务流程优化迫在眉睫，优化业务流程就必须利用信息化技术手段，只有应用信息技术才能彻底完业务流程再造。

3. 信息不对称理论

信息不对称理论是指不同人员在市场经济活动中，由于各种因素的影响，会使得他们获取的信息不一致。掌握信息较多的人员自然就处于优势位置，而信息匮乏的一方就处于劣势位置。信息不对称是市场经济的通病，掌握信息量的多少是影响经济地位的重要体现。

高校的财务信息只有本部门的人员才知道，甚至只有部门领导才有详细的财务信息，其他职能部门几乎没有关于财务的相关信息，教职工完全处于消息闭塞的状态。一方面高校的组织架构各级部门都是平行管理，部门之间相互独立，另一方面财务处缺少与其他部门积极沟通，导致各部门获取财务信息量处于不同水平。这种信息不对称现象，造成高校财务制度得不到落实、财务事故频发。随着信息技术的发展，高校财务管理应和先进的科学技术相结合，利用信息化手段，实现财务管理信息化，一方面可以解决信息不对称现象，保证财务信息透明化、公开化，另一方面可以提高财务人员的工作效率，促进财务管理健康发展。

（四）财务管理信息化的特点

对于财务管理信息化的概念，财务管理人员应当从以下几个方面对其进行理解和审视：

1. 信息技术是财务管理信息化的基础

现代信息技术的飞速发展是财务管理信息化的技术基础和实现手段。信息技术为财务信息的搜集、验证、存储、分析预测以及输出提供了必须的技术支撑，离开现代信息技术，财务管理信息化将无从谈起。

2. 财务信息是财务管理信息化的对象

进入知识经济时代，财务信息成为支撑学校发展和运行的重要战略资源，而高校财务管理的本质也就是通过对学校各项财务信息资源的掌握和分析，从而实现学校综合管理水平的提升，经济资源的合理配置。

3. 业务流程重组是财务管理信息化的关键

在长期工作融合中，财务内部形成了各种正式或默认的规则，这些规则引导学校各个部门在业务的不同阶段开展工作。财务信息正是在这种有序的、规则的业务流程中产生并传递，因此财务工作的效率必然取决于其业务流程的设计与协调。财务管理信息化系统设计的目的就是为了协调和整合财务业务的流程，以使财务业务流程能更有效的运作。

4. 财务信息化标准和财务制度规范是财务管理信息化的保障

信息技术对财务管理的影响和改造不是毫无章法、混乱无序的。它对财务信息的整合、对业务流程的重组必须依照一定的标准和制度安排。这其中就包括财务信息化技术的标准以及长期以来形成的各项会计制度和财务管理规范。这里的各项标准和制度规范并不是一成不变的，它由财务人员根据信息用户的需求综合制定，并且随着外界环境情况的变化不断调整。

5. 服务利益相关者是财务管理信息化的目的

财务管理信息化最终是为财务信息的使用者服务的。高校财务信息的使用者主要包括学校的管理决策机构，社会公众以及政府监督部门等利益相关者。随着财务管理信息化的实施，财务管理者不再仅仅局限于对财务信息的搜集和存储，更注重于数据的分析和信息公开；政府及社会监督部门不再满足于对信息公开的要求，而会以一种更负责任的形式参与到学校的建设发展当中。

三、高校财务信息化管理发展概述

高校财务管理信息化不是一蹴而就，而是经历多年的积累发展，随着信息技术的进步，慢慢地由最传统的手工会计记账发展演变而来的。基于技术手段变迁的财务工作角度出发，我们可以发现高校财务管理由最初的手工记账管理发展到如今的财务管理信息化经历了四个阶段：手工记账管理、会计电算化、局域网时期、互联网时期，下面就这四个阶段进行详细地梳理。

（一）手工记账时期

在早期计算机在我国未普及之前，高校财务管理均采用的是手工记账的模式。早期各个高校的资金来源也较为简单，人员、部门构成并不复杂，因此单纯的手工记账已经可以满足学校的财务需求。对高校的经济活动进行手工记账、汇总、分类，这也是财务管理的雏形。其实记账在我国发展多年，在我国历史上很早就有“账房”这个概念，延伸至现在也就是我们眼中的财务部门。

（二）会计电算化时期

随着社会的发展，计算机办公进入人们的视线，一些一线城市的高等院校已经开始使用计算机办公记账，原始的手工记账逐渐被计算机替代，也就是我们所说的会计电算化。这一时期，会计电算化和手工记账的内容变化其实不大，两者主要的区别在于运用记账的载体不同。会计电算化替代了传统的记账方式，财务数据通过计算机数据计算，可以获得更加精准的数据，数据查找、汇总也更加方便。由于此时计算机并未在高校全面普及，高校的财务软件也很单一，功能简陋，市面上的财务软件大多数都是停留在模拟手工记账的层面，并且教职工、学生行为习惯并没有及时转变，现金使用仍是主流，计算机的使用频率并不高，此时的会计电算化只是由手工转化为计算机记账，本质上改变的并不多。

（三）局域网时期

局域网是财务管理信息化的一个重要发展阶段，随着计算机的普及和互联网的到来，不少一线城市的高校已经建立起校园局域网，这一时期涌现出许多新的财务软件和专业的财务管理系统。局域网时期，计算机记账已经不再是简单的模拟手工记账，涉及的内容更加广泛、全面，对于财务工作的效率有了很大的提升。

大多数的校园经济活动的资金已经能够通过计算机来实现，并且能够实现内部人员之间相互传递数据，也可以多人协同操作。局域网时期存在很大的局限性，财务系统的信息和数据与外界的计算机无法做到互联互通，以至于校园外部的经济业务难以融入，校园内部的财务信息难以共享。当高校需要对外使用财务数据时，仍然需要财务人员通过信息提取，外界才能够看得到，并且不能够被外界的财务系统所使用。局域网时期的财务软件之间衔接并不好，都具有一定的封闭性，这一时期，只能说计算机技术进一步地完善了财务管理。

（四）互联网时期

随着互联网的发展，网络信息化时代的到来，移动端的发展，无论是资金流动的方式还是支付方式都发生了翻天覆地的变化。特别是对于高校来说，财务管理信息化已经进入了一个高度互联共享的状态，几乎所有的财务相关的工作都能通过互联网的方式来解决，不再仅仅局限于内部。无论是高校内部各个部门之间还是与外部之间，或者是校内的学生之间都能够完美的对接。比如校园一卡通、学费缴纳等等，都能够通过互联网的形式完成，能够与其他的系统平台进行数据连接，也能够更加高效地进行数据处理、数据共享、数据分析等工作。

第二节　高校财务管理信息化的应用

一、高校财务管理信息化建设的意义

信息技术在各个领域都是极为重要和有效的管理工具。2019 年，我国进一步加大了会计制度的改革步伐，传统会计机制已被迫随之调整，在这样的背景下，高校财务管理需要因时而异，不能固步就封。高校在财务管理领域推行信息化，意义显著而且重大。

（一）有助于现有财务管理模式的优化

当今社会，信息技术在社会的各个领域快速普及开来，高校作为社会发展各领域的引领者和高等人才的培育者，也需要普及信息化，也需要运用信息技术。对于高校管理来讲，财务管理既为重要内容，也是基础环节，故而在财务管理领域推进信息化的建设水平，价值十分重大。把信息化技术运用在高校管理之中，收集以及分析相关数据，高校管理工作的效率能够被有效提升，管理模式也可以得以进一步地优化，从工作时间到管理成本都能进一步得到有效控制。

（二）提升会计核算的准确性

在高校进行相关业务的资金核算过程中，用以替代相关的手工业务，能够大幅提升工作效率，并且信息技术较为严密的逻辑，能够确保数据的准确性。当前，信息录入方式多样化发展，可以直接从端口上进行数据的调整，减少了人为因素的干预，可有效降低因为人为因素引发的工作失误，使得核算的精度和准确度获得良好的保障。

（三）扩大管理的权限

信息化的财务管理环境中，对各项指标的计算会充分依赖信息技术以及设备，这样管理者就能更好地掌握高校的具体情况。通过财务管理信息化建设，使得财务管理不只是更为简单，而且更为便捷，还能达到管理水平的有效提升和管理能力的日益增强。

二、高校财务信息化应用的特征及趋势

（一）大数据与新技术综合运用的特征及趋势

未来的财务数据必然具备大数据属性特征，体现在：数据类型复杂，不仅包括结构化数据，还包括多种类型的非结构化数据；数据规模海量，随着各部门、各类型财务相关数据的汇聚融合，财务数据量必将成倍增长，数据规模将从目前GB、TB到PB级，经数据清洗、关联，形成更加结构化的海量数据。未来财务管理将综合运用大数据与云计算、云存储、人工智能等技术，由传统的单一财务报表分析向财务信息和非财务信息融合的多种数据类型分析演化，由传统的财务人员分析向人工分析与人工智能综合分析演化，最终形成准确完整智能高效的决策报告。

（二）高校财务与业务全面融合的特征及趋势

高校财务信息化正由早期的会计电算化逐渐发展到财务信息化，由早期会计核算软件阶段（财务信息化仅局限于个别相对独立的会计核算模块），经财务集成软件阶段（会计核算模块之间通过信息网络技术实现数据互通共享），向财务业务集成阶段（高校财务信息系统开始逐渐融合高校其他业务处理）发展，实现财务信息系统与业务信息系统集成融合，成为数字校园建设的有机组成部分，更好地发挥会计管理功能，全面提升高校管理决策水平。

第三节 高校财务管理信息化的现状及问题

现如今，信息技术在高校教学管理中的运用十分广泛，由此带来的影响也十分显著。而高校财务作为高校发展的经济基础，对财务管理信息化发展的本质是为了更好地实现对高校财务的使用规划，促使高校实现“双一流”的建设规划。当然，财务信息化发展绝对不再是简单地使用会计电算化或将高校自身相关的财务业务从线下转移到线上，而是通过财务信息化管理提高高校财务服务保障能力，统筹资金，从而促使高校在面对不同项目时具备更高的能力。可以说，高校财务信息化建设是高校财务未来长期改革发展的主要方向。高校应该体现出财务的保障以及服务能力，通过搭建校内相关财务管理信息系统，实现校内多个部门的整合，进而展现出财务在高校建设发展中的多功效以及综合性能力。同时，要通过搭建相关数字化引擎实现高校财务的全面改革创新。不难发现，高校财务采取信息化管理方式，应该要找到适合的发展方式，以解决现存的财务问题，从而把握未来长期的信息化发展方向。

一、我国高校财务管理信息化现状分析

（一）高校信息化工作重系统轻规划，信息化体制机制建设滞后

对于现如今的高校而言，信息化建设已经成了高校发展的大趋势，但是很多高校没有重视信息化工作对高校发展的影响，更多的还是将信息化建设作为一种系统工程缓慢推进。特别是在财务管理工作上没有真正深入研究信息技术，没有建立相对应的信息化财务管理制度，更多的还是就事论事，发现问题解决问题，没有从高校的顶层设计思想上思考财务信息化建设的意义和价值。这主要是因为高校领导缺乏改革创新的决心，依旧将财务工作简单地理解为解决资金的问题。

（二）跨部门协作多，系统融合难度大

现如今，高校作为教育领域的重要环节，本身已经涉及诸多财务相关工作，且高校财务与人事、校园资产管理、科研管理、采购招标以及一些国际交流合作等相关工作紧密联系。因此，对于高校教职工而言，应该要转变对财务的狭隘认知，将高校财务从基本的预算、核算、决算等工作中凸显出来，同时要认识到高校财务的工作性质以及工作内容都伴随着时代的发展而改变。特别是政府会计制度改革的落实，高校财务所涉及的各个业务以及相关工作都与多个部门有着重要

联系。因此，高校在建设财务信息化的过程中，应该要将相关的经济业务合作全面延伸到线上，通过整合高校内部各种制度全面建设信息化。高校内部各个不同的部门都存在机制上的差异以及服务需求上的不同，因此在相关信息系统的整合上难度较大，需要高校领导进行责任划分，尽可能地解决融合难度大等问题。

（三）高校财务信息化服务渠道与方式仍相对滞后

相较于企业而言，高校在财务管理上的创新以及发展存在不足之处，这主要是因为高校没有企业所面临的天然的利润驱动形式，也没有企业那么重视吸纳先进的财务管理理念，没有意识到财务信息化对高校发展的重要影响，导致高校信息化技术起步比较晚，再加上高校独特的教育属性，致使他们往往没有将财务管理的发展和创新放在首位，甚至对于现行的财务管理模式以及财务管理制度比较满意，不愿意改革创新。高校信息化服务渠道以及创新方式的滞后，显然与高校独特的社会地位以及运行模式有很大关系。

（四）高校财务信息资源利用率较低

高校财务信息资源是高校十分宝贵的重要信息资源，因此，高校内部往往为了防止泄露而采取内网使用的方式，但是这种方式在一定程度上会影响高校财务信息化的发展程度，致使高校难以获取海量的财务数据以及实现高校财务信息资源的共享以及对接，一定程度上限制了高校财务信息资源的利用。同时，现如今，高校财务信息化的发展还处于不断突破尝试创新阶段，因此很多财务管理数据往往来源不足，没有进行有效的整合，导致高校财务信息资源的利用率较低，相关的财务数据也没有发挥出支撑整个高校财务数据的作用。

二、高校财务管理信息化问题

（一）信息化建设落后

高校信息化建设落后主要原因是资金的限制，另外跟学校管理层也有很大关系，多数的院领导对财务管理信息化建设认知不足，认为财务管理信息化就是安装几个财务软件罢了。现有的财务管理模块主要是预算管理、财务核算，虽然能满足基本的预算执行、财务做账，但是各功能互相独立，与其他的管理系统数据不能互通，无法做到数据信息共享，存在“信息孤岛”。有些学校的财务管理软件是多年前采购的，由于系统制作的时间久远，只能满足一些基本的核算管理工作，并没有将整个高校各部门需求纳入进来，也不能满足现有的内控机制，管理范围有限，绩效管理、决策分析、可视化数据分析等功能不健全，无法辅助管理人员做出财务决策。有的高校财务软件自购买后，就没有进行升级，高校对维护更新、软件开发应用不重视，难以适应现有业务的迫切需求，最后导致财务管理工作烦琐复杂，对财务人员的工作效率产生了极大的阻碍。

（二）内部控制监管难

一些高校已经建立了内控制度体系，但从实际效果来看，还是表现出制度不执行或执行不到位的情况。其一，由于体制原因，高校的财务部门更像是执行部门，对于财务管理并没有实际权力，而真正对财务有影响的往往在校长手中，导致财务部门的工作停留在执行，对于财务的监管并不到位，造成权责不明，财务监管工作难以深入开展；其二，因财务管理软件的落后，在实际操作过程中，会因很多数据无法录入到系统，财务信息无法有效地传送到各职能部门，使财务管理工作无法按预期进行，最后很多业务为了达到预定工期，在业务审批上跳过一些重要的流程步骤，由此导致内部控制监管产生极大的局限性；其三，财务管理部门对报销的管理主要是核验票据的真实性、是否有相关部门领导签字，只要经费的支出、报销符合预算，就可以办理相关业务，对于业务的真实性很难全程监管、考证；其四，大部分教职工忽视了内部控制的重要性，一些职工缺乏财经知识、法律法规认识，不理解内部控制的重要性，有部分管理人员认为内部控制制度只是财务处需要遵循的，与自己部门关系不大，缺乏系统的约束，导致内部控制制度难以在全校教职员工中形成完整、行之有效的制定和执行。

（三）业务办理效率低

公办高等院校属于非盈利的性质，“统一领导，集中管理”是高等院校一贯实行的财务管理制度，这种财务管理制度的局限性，使得各部门及师生都要到财务处办理相关收支手续。财务处虽只有一个不足十平方米的办公室，但是前来办理业务的人员却是人头攒动，有时候下班了还有师生在排队等候。近年因扩招导致经济业务数量逐年增加，财务工作量越来越大，而高校领导认为财务岗位技术含量低，配置的一线财务工作人员仅有二人，财务部门在有限的人员配备上，虽然已经全力以赴地工作，却很难及时、高质量地服务师生，无法完成工作任务，导致前来报账的师生经常排队等候，极易造成教职工情绪不满。

一些高校财务业务办理都是通过纸质审批，如果有一个审批领导出差将导致业务流程无法继续处理，往往签一个字，就得跑上四五次，在时间、空间上都给教职工带来了很大的不便，同时也降低了财务工作人员的质量和效率。另外还有部分教师对财务制度不了解，在办理业务的时候，经常会出现相关手续不齐全，比如审批流程不合规、原始凭证不符合要求或超过报销标准等众多问题，导致教师经常拿着报销单据反复审核，这样既耽误了审核人员和教师的宝贵时间，还降低了财务人员的工作质量和工作效率。

（四）人事系统与财务系统对接效率低

信息化建设是当前许多企事业财务部门所进行的改革工作，其在高校财务工作中也是管理创新的一部分。高校与其他企事业单位不同之处在于其财务活动复杂度更高，所包含的内容也非常多，这对于财务活动的统筹规划而言具有一定的挑战性，因而其信息化建设并未体现出全面性，而是分别以各部门为单位所实施，建设相应的信息化管理系统。学校其独立性的信息化管理系统导致其与财务系统的信息共享度较低。所应用的软件系统与财务软件系统的对接效率较低，不能直接将人事系统的信息数据直接反馈到财务系统中，由于二者之间的互通互联不够熟悉，还时常出现对接失误，引发工资发放金额错误等状况，大大增加了学校管理上的矛盾，也制约高校财务信息化建设优势的充分发挥。

（五）管理机制不完善

由于大部分高校的主要资金来源于财政拨款，对于财务管理这个环节的重视度不高。随着我国教育改革不断深化，高校的运营方式也有了较大的变化，特别是财务方面的内容将变得更加复杂。其资金来源也不再是简单的财政拨款，而是变得多渠道多样化。教育改革带来的新发展，对高校财务管理提出了新的要求，但是很多高校的管理制度仍然停留在过去管理财政拨款的制度之上，没有得到应有的重视而改变，现有的管理机制难以适应教育改革的需要。

一些公办学校，因体制和环境导致其财务管理机制改革一直存在阻力，难以适应新的财务管理模式。随着财务管理内容的不断增多，导致高校财务混乱，相应的经济问题也频发。特别是学校人员众多，各个部门标准不统一，协调难度大，导致新的财务管理制度难以推行。

（六）管理人员不专业

财务管理信息化赋予了财务工作更多更全面的工作内容，但是相对应的也要求从事这项工作的人能够拥有更多的专业技能才能够胜任这项工作。信息化之后的财务工作不再是简简单单的记账，工作内容更广泛、内容更加全面，不是说具备了简单的电脑技能和网络知识就可以胜任，更多地是指财务管理人员在意识上要具备大局观，不仅能够将信息化网络技术和财务管理工作巧妙地结合，更能够从全局出发，能够对经济活动做出准确的财务预算审核，对财务数据有准确的分析能力等。

一些高校是院长负责制的管理方式，Q 高校财务管理这个职位没有专业的财务管理人员来进行工作。现有的管理人员要么只是具备传统专业的会计工作技能，要么就是计算机能力较强而财务专业知识较弱，要么就是两者皆能兼顾，但是缺乏对于财务数据的敏感以及大局观和远见，不能对财务数据进行精准的预算审核和数据分析。

某些高校部分职工还停留在“铁饭碗”的时代，特别是老员工，存在着“少做、不做，就会少犯错、不犯错”的错误观念，缺乏对工作的激情和自我工作能力提升的积极性。而新进职工也没有经过严格的审核，财务人员入岗前并不需要经过财务相关的考试，对于是否有“会计资格证书”也没有硬性要求，甚至有个别转岗过来边干边学。

高校财务工作人员大多都属于核算型财务人员，对财务信息化认识不够全面，认为财务软件只要能报账、记账、做报表就行了，对于财务管理信息化的建设产生抵触情绪，不愿意接受培训，碰到操作问题就推给软件公司，没有意识到财务管理信息化的重要性，忽略了财务管理软件强大的数据整合能力，这样不仅仅降低了工作效率，而且制约了学校财务管理信息化的发展。

第四节　高校财务管理信息化的创新建议

一、规范数据采集标准，降低财务风险

财务信息化建设离不开数据资源的支持，有效的数据采集才可提高财务信息化水平，如若缺乏统一的标准，便会导致财务信息混乱，不同系统无法打破相互鼓励的状态，更难以实现信息共享目标，从而抑制财务信息化的发展步伐。对此，在“互联网 +”背景下，高校应制定统一的数据采集标准，具体措施为：一方面，利用财务管理系统，明确财务信息采集标准，如高校不同收费平台的信息共享等等；另一方面，健全不同收费平台沟通体系，因财务管理系统包括多个部门，不

但负责收费，还与后勤、行政等部门关系紧密，通过创建良好的交流体系，可将相关部门衔接起来，打破系统运行壁垒，促进资源交流共享。

此外，通过规范数据采集标准，还可使财务管理系统得到有效防护，避免和降低财务风险发生。在网络时代下，财务系统性能日益完善，受到的安全威胁随之增加，尤其是在财务数据方面，更应加强防护，保障系统数据安全。对此，高校先要安装杀毒软件，对财务软件定期杀毒，还要避免与外网连接，以免非法分子乘虚而入；还要定期更新维护现有硬件设备，避免因硬件设备故障导致财务数据丢失；还可引入大数据技术，对海量财务数据进行筛选，准确选出有价值的信息，将格式不规范、内容不全、失真等数据剔除，由此减轻财务管理难度，促进管理效果提升。

二、加强内部控制管理

随着高校财务管理信息化建设的快速发展，原有的管理机制和内部控制制度已经很难适应现在的发展需求。完善内部控制、监督机制是防范财务风险最基础的保护屏障，根据普通高校的基本情况，应从以下方面加强内部控制管理：

（一）加强内部控制职能

取消“一人多岗、一人多职”的岗位设置，明确岗位职责，进一步细化岗位的分类，合理分配岗位，将责任落实到每个人，各司其职，保证各个岗位之间的相互独立性，相互监督，提高工作效率。

（二）加强职工风险意识培养

财务人员要对整个管理流程都要有清晰的认识，对岗位职责内的业务办理流程要严格把控。对职工要从里到外，加强管理，强调内部管控，碰到问题要及时上报给领导，保证出现突发状况时业务流程能正常运行。

（三）完善授权管理机制

财务管理信息化平台会将财务管理分成两类用户，一类是授权用户，一类是管理用户，这个设置的目的就是为了避免管理风险，对于不同的人员，设置不同的权限，系统不允许越权操作，防止一人包办所有业务。

（四）完善内控评估制度

根据学院制度，成立联合小组，对已经实施了的制度不定期检查，主要检查制度实施过程中存在哪些漏洞，制度管理上出现的新问题应该如何解决，评估会计核算变化带来的影响等。

（五）建立财务系统监督体系

现有的监督体系只是针对传统纸质凭证审核，而忽略了财务系统本身的监督，通过健全信息披露机制实现财务系统各部门统筹监督体系，接受计算机中心、纪检审查室、上级部门的监督。

三、大力引进先进的技术人才

在各项建设活动中，人才发挥着至关重要的作用，新时期高校财务管理信息化建设活动也不例外。要想加快推动各个高校财务管理信息化建设活动的完成，相关部门需要提升对技术人才的关注度，积极开展先进技术人才的引进活动。在开展具体工作的过程中，所有高校可以进一步强化财务管理人才的培养活动，现代化的财务管理人才，除了具备一定的财务管理能力之外，还应当熟练掌握先进技术，只有这样，才能够确保所培养的财务管理人才与具体工作岗位的需要相适应。针对当前的财务管理人才，高校有关部门还应当提升对其重视程度，定期组织开展先进技术的培养活动，确保财务管理人员能够掌握这些先进的技术，还能够将其熟练应用于具体工作中去，不断增强财务管理人员先进技术的应用能力和水平，这样可以加快推动各个高校财务管理工作信息化建设活动的进行，保障高校的财务管理工作发展情况能够与高校的发展相适应。为了将广大财务管理人员工作的积极性充分调动起来，高校还可以制定相关的激励机制，针对表现优秀的工作人员，予以一定的精神与物质奖励，这样可以对其他工作人员起到良好的鼓励作用，将高校财务管理人员工作的主动性高效激发出来，为高校财务管理信息化建设工作做出贡献。

四、建立评估考核体系

（一）针对教职工

有些高校暂无针对教职工的考核机制，部分教职工根本不会在乎自己的工作态度、工作质量、服务好坏，也不担心被人投诉而受到相应的处罚，从而导致部分教职工工作效率低、业务流程不规范，造成财务问题频繁出现。高校应建立评估考核体系，基于提高教职工工作效率为目标，根据每个教职工的岗位职责制定相关评估标准，并设置优秀、及格、不及格等三个评判等级，从中层干部、普通教职工、学生等三个维度进行网络匿名评分，依据评估等级，对给予处分或奖励。

（二）针对各部门

财务管理信息化的建立并不是简单的业务、人员、财务、数据的融合，而是以提高学校管理能力、促进学校健康高效发展为目标，将现实中的人力、物力、财力的投入转化为实际的管理效能。为了财务管理信息化平台的正常运行，应针对各部门建立考核体系。其一，对于预算应严格执行，通过大数据分析，对于没有完成预算的部门，下一年度应按比例扣除相应预算额度；其二，在经费使用方面应将投入情况、完成情况等计入考核范围；其三，对于业务办理方面，在规定时间内没有完成的应纳入年终绩效考核。

（三）针对财务部门

组织一支由校外人员为主校内人员为辅的评估小组，按照我国相关的财务法律法规及行政事业单位规定，定期对学校开展的各项经济活动进行准确的风险评估，保证经济活动的合法性、合理性，确保财务信息的公正性、透明性。

五、增加信息化建设的资金投入

在当前的管理体制和独特文化理念下，单位领导的关注和重视直接决定着一项工作的推进速度。高校开展财务信息化建设同样离不开领导的关注和重视。领导重视是工作有序、快速向前推进的前提，在这一前提下后续相关工作的开展和执行才能够得心应手。在开展和执行高校财务管理的过程中，一定要做好财务人员的培训，从财务专业和信息技术两个方面强化相关的能力，保证财务工作人员熟悉、适应信息化背景下的工作流程。

在此基础上，要不断提升财务管理的信息化水平，将信息化落实到财务业务实践中，对建设管理力度予以不断优化和持续提升，为财务管理信息化的有序推进提供保证。在这个过程中，还要有针对性地优化教学设备和办公设备，按照信息化的要求，为财务管理设定基本的方向。对于财务管理过程中存在的问题，要积极地探索运用信息技术解决的方法，从而切实提高财务管理的质量和效率，使得高校财务管理质量和水平有效提升。

六、高校财务管理信息化建设原则

（一）符合新形势下的改革需求

随着国家财政改革，财务管理的内容和管理方式都发生了重大改变，许多新业务、新项目被纳入了管理范畴，如财务信息化管理、内控制度建设、财政资金绩效评价等都给财务管理带来了不同程度挑战。

高校的财务管理信息化建设应符合国家中长期教育改革和发展规划纲要，符合部门预算、国库集中支付、政府采购、非税收入管理国有资产管理等财政改革要求，利用信息化技术优势，加强财务管理，规范会计基础工作，对分散和多样化的财务核算系统进行整合，促进高校健康发展。

（二）结合实际业务和自身特点

财务管理信息化平台建设必须基于高校的实际业务和自身特点出发，从学校整体高度全盘考虑，制定财务管理信息化总体规划，根据各个模块的轻重缓急逐步开展业务，解决财务资金的压力，也可以为后面的系统模块的建设提供经验指导。在财务管理信息化建设过程中，各部门的管理者需要高度重视，不能三天打鱼两天晒网，信息化建设不是一项短期任务，必须做好打持久战的准备，各部门应安排专职人员参与平台建设，保证各部门的数据采集的一致性、准确性、及时性，促进全员参与财务管理信息化平台建设。

（三）采用大数据和互联网平台

在互联网极速发展的今天，5G 时代已经悄然到来，随着大数据的深度发展与应用，传统的经济模式被逐步取代，这意味高校的竞争环境也发生了明显变化，在大数据时代下，高校应正视自身所处的位置，结合实际发展需要，突破自身管理壁垒，从而实现财务数据信息化。

财务数据的本身其实就是记录高校从办学以来的财务活动状况，是财务管理的重要支撑，因此高校财务管理信息化建设其本质就是为了提高财务数据的安全性、规范性、有效性。借助大数据与互联网平台，可以规避传统纸质数据遗失、不易查找统计数据等弊端，从而推动财务管理信息化建设，提高财务管理水平。

（四）充分利用现有资源升级改造

高校财务管理信息化建设需要充分利用现有资源进行整合升级，目前已经建立的部分财务子系统，如果可以满足现有的财务工作建议不替换。虽然采用新的系统，对现有的财务管理有一定的帮助，但是软件系统的更换及服务费用是非常昂贵的，而高校本身的资金很有限。故此新系统的平台搭建应从全局出发，充分考虑旧系统的兼容性，建立统一的信息化标准，打破数据壁垒，实现数据对接。对一些已经无法使用的系统，也必须将数据信息转移到新的系统，确保底层数据的原始性，避免出现数据断层。

参考文献

[1] 郑娇娇 . 高校财务预算与绩效管理探析 [J]. 财会学习，2021（32）：59-60.

[2] 周博文 . 平衡计分卡在高校绩效评价中的应用研究 [J]. 会计师,2021（14）：114-115.

[3] 陈慧燕 . 高校财务管理中管理会计的应用与推广 [J]. 当代会计,2021（03）：54-56.

[4] 刘九舒 . 高校改进财务预算绩效管理对策研究 [J]. 财会学习，2021（01）：78-79.

[5] 王官禄 . 高校资产管理与财务管理融合的实践思考 [J]. 会计之友，2020（20）：100-104.

[6] 孙玲 . 疫情防控形势下的高校财务应对策略 [J]. 教育财会研究，2020，31（04）：3-5.

[7] 张晨燕 . 疫情防控背景下高校财务管控流程优化研究 [J]. 会计之友，2020（08）：142-144.

[8] 刘静 . 疫情期间高校财务管理工作变革思考 [J]. 纳税，2020，14（08）：68+70.

[9] 关娜 . 民办高校资产管理问题的研究 [D]. 郑州：河南大学，2019.

[10] 陈燕 . 高校会计内部控制风险点及措施 [J]. 行政事业资产与财务，2019（07）：52-53.

[11] 耿刘利，王琦，陈若旸 . 高校财务管理专业课程思政教学改革的思考 [J]. 西南石油大学学报（社会科学版），2019，21（02）：65-71.

[12] 陈建凯，王鑫，翟俊海 . “互联网 +”的高校财务审签报销体系研究 [J]. 会计之友，2019（05）：95-98.

[13] 陈建凯，王鑫，王晶 . 基于“互联网 +”的高校财务信息化体系构建研究 [J]. 中国管理信息化，2018，21（22）：29-31.

[14] 顾效瑜 . 高校财务绩效评价体系构建 [J]. 财会通讯，2018（08）：71-74.

[15] 毛成银，叶剑 .“互联网 +”背景下电子发票对高校财务管理的影响 [J]. 会计之友，2017（24）：97-101.

[16] 张军民，连彦青 . 高校国有资产管理信息化建设思考与实践 [J]. 实验技术与管理，2017，34（05）：275-278.

[17] 黄韬 . 高校财务管理内部控制的探讨 [J]. 中央财经大学学报，2015（S2）：55-62.

[18] 刘福军 . 高校收入支出业务内部控制制度探讨 [J]. 职业，2015（36）：159.

[19] 殷涛 .“互联网 +”模式下高校财务报销工作改革探究 [J]. 教育财会研究，2015，26（06）：57-60.

[20] 刘辉，柴秋艳 . 公立高校财务资源配置模式研究 [J]. 山西财经大学学报，2015，37（S2）：31-32.

[21] 凌丹 . 高校财务管理系统设计与实现 [D]. 长春：吉林大学，2015.

[22] 许萍 . 高校财务绩效评价研究 [D]. 南京：南京工业大学，2015.

[23] 王欣维 . 高校内部控制问题研究 [D]. 北京：首都经济贸易大学，2014.

[24] 李梦苏，贺强 . 高校财务绩效评价指标体系构建研究 [J]. 东北财经大学学报，2013（06）：108-111.

[25] 刘卫民，杨媚，刘辉 . 高校内部资源配置优化研究——基于财务管理角度 [J]. 财会通讯，2013（13）：45-48.

[26] 蔡雪辉 . 内部控制视角下高校财务管理探究 [J]. 南京审计学院学报，2013，10（03）：104-110.

[27] 王维娜 . 高校财务收入与支出控制浅谈 [J]. 中国外资，2012（24）：69-70.

[28] 李彦兴，王琦，陈步高，曹政权 . 加强预算管理优化高校财务资源配置 [J]. 经济师，2011（09）：103-104.

[29] 王大勇，解建立 . 高校财务资源优化配置评价指标体系研究 [J]. 教育财会研究，2009，20（02）：34-40.

[30] 王燕芬 . 公立高校收入与支出的财务管理策略研究 [D]. 苏州：苏州大学，2008.